历史的问号

丁奇 / 编著

中国华侨出版社

一部拿得起、放不下的历史解谜读本
有趣 有料 有深度

前言

　　人类历史的长河汨汨流淌，从古至今。它从发源之初，裹挟着远古的泥沙、亿万年前的冰雪，照映着前人倒影、逝去的繁华，奔流至海。远远望去，那如长龙般蜿蜒的身姿是那么清晰婀娜，仿佛所有消逝的都未曾消逝，而是稳稳地照映在宁静的河面上……

　　然而阳光再明亮也有照射不到的地方，那未曾露出水面的礁石下是怎样的一番景象？阴暗未知的河底淤泥下又埋藏着哪些不为人知的秘密，而那些前人的倒影又是否包裹着伪装？夕阳西下，临河伫立的你是否也会生出丝丝疑问：那过去的一切都是如史书上记载的那样如此这般的吗？有多少秘密隐藏在历史的角落里，又有多少秘闻被人为地尘封起来……

　　跟着我们走进来吧，打开本书，带你看尽世间奇闻异事：幽暗的地宫、离奇的谜案、远去的传奇、隐藏的真相。看叱咤风云的枭雄脆弱的一面，看高高在上的帝王难言的隐痛，看传世珍宝的流离岁月……品味传奇背后的辛酸，感叹人世的无常。让那些沉睡在历史河底的人和事在后人好奇的瞳孔中渐渐明晰……让我们一同开启岁月的封印，褪去历史斑驳的外衣，展示出一幕幕尘封已久的画面。

爱因斯坦说："探索奥妙对于人类而言，是最为美妙的事情。"数千年来，前人已用智慧之砖敲开了一扇扇神秘之门，然而仍有未解的迷惑留在世间，让我们一同揭开那些悬而未决的谜团。

上篇 中国卷

目录 CONTENTS

003 第一章 皇家秘事

"千古一帝"为何终生不立后 — 003
曹操为何至死不称帝 — 005
晋武帝为何传位于傻儿子 — 007
唐太宗血统之谜 — 009
武则天到底生于何地 — 011
成吉思汗究竟身葬何处 — 014
建文帝真的削发为僧了吗 — 017
万历皇帝为何二十年不上朝 — 019
乾隆皇帝身世之谜 — 023

030 第二章 文臣轶事

伍子胥可曾鞭尸楚王 — 030
苏武牧羊原因何在 — 033
王允为何要杀掉蔡邕 — 037
大才子孔融因何得罪曹操 — 040
刘备真的做到三顾茅庐了吗 — 043
包公忠魂葬何处 — 045
方孝孺为何被"灭十族" — 047
清官海瑞为何备受排挤 — 052
林则徐是死于巴豆吗 — 055
戊戌变法失败与袁世凯的关系 — 058

063　第三章　武将秘辛

韩信真的是死于谋反吗	063
李广难封，原因何在	065
霍去病英年早逝之谜	068
李陵投降是真是假	070
荆州真是关羽大意所失吗	074
什么原因导致杨家将全军覆灭	077
杀害岳飞的只有秦桧一人吗	080
吴三桂降清是权宜之计吗	084
雍正为何要逼死年羹尧	088
李秀成自述真伪之谜	091

097　第四章　文明历程

华夏民族的由来	097
古人为何独尊黄色	099
古人为何讲究"同姓不婚"	102
清明扫墓是从何时兴起的	104
中秋节起源之谜	107
端午节的起源只是因为屈原吗	110
灶王爷到底是谁	114
真的有济公这个人吗	117
汉字是仓颉造出来的吗	119
"尧造围棋"是真的吗	121
探秘花木兰代父从军真相	124
牛郎织女故事版本有几多	127

131　第五章　古墓奇谈

后母戊鼎谜团探秘	131
越王勾践剑千年不锈之谜	135
和氏璧下落之谜	138
为何色彩斑斓的兵马俑刚出土就"掉色"	141
为什么武则天的墓碑上一字不刻	144
辛追古尸为何千年不腐	147
探秘曾侯乙墓	149
金缕玉衣的主人是谁	151
探秘雷台汉墓	154
为什么乾陵无人敢盗	157
"公主坟"里葬的是哪位公主	159

163　第六章　名士之谜

老子到底是谁	163
孔子是美男子吗	166
鬼谷子只是一个传说吗	169
骆宾王下落之谜	171
李白是怎么死的	175
杜甫是因食物中毒而死吗	177
张三丰是武当派的祖师吗	180
蒲松龄屡试不第之谜	182
曹雪芹家族巨变之谜	185
王国维投湖自尽之谜	188

下篇 世界卷

195　第七章　宫闱秘事

图坦卡蒙为何无故而亡　　195
暴君冈比西斯二世是自杀而死吗　　198
亚历山大大帝是被毒死的吗　　202
克劳狄皇帝是天才还是白痴　　205
提图斯的反复无常是伪装的吗　　207
伊丽莎白女王为何孤老终生　　210
巴士底狱"铁面人"之谜　　213
茜茜公主的一生幸福吗　　217
彼得大帝的遗嘱真伪之谜　　220
拿破仑是中毒而死吗　　223
温莎公爵是叛国者吗　　227

231　第八章　军事纵横

亚历山大大帝突然撤军之谜　　231
古罗马军团战术是谁发明的　　234
斯巴达克为何放弃打回家乡　　236
尼禄制造了罗马大火事件吗　　239
"无敌舰队"惨败之谜　　242
杰斐逊为何花天价购买一块荒地　　245
英军为何火烧华盛顿　　248
拿破仑兵败滑铁卢之谜　　250
珍珠港事件是一场阴谋吗　　253

258　第九章　名人秘闻

独裁者苏拉为何放弃权力	258
丹东是叛国者吗	262
杜桑·卢维杜尔是被捕还是投降	265
林肯遇刺背后的阴谋	268
西班牙为何没有参加"二战"	272
丘吉尔遇刺谜团	275
巴顿将军的车祸是巧合还是意外	279
马丁·路德·金遇刺案背后的阴谋	281

286　第十章　文化秘史

拉丁字母表起源之谜	286
是谁毁灭了亚历山大图书馆	289
羊皮纸典籍为何能流传千年	292
古罗马人为什么崇尚"角斗"	296
遣唐使是日本派出的间谍吗	299
《源氏物语》是出于女人之手吗	300
《我的太阳》是讴歌兄弟之情吗	302
"维纳斯"为何会断臂	304
《蒙娜丽莎》真品藏身何处	306

309　第十一章　遗迹传说

大西洲只存在于传说中吗	309

金字塔是外星人登陆地球的起降点吗	313
探秘狮身人面像	315
通天塔只是一个传说吗	318
特洛伊城遗址的发现之旅	321
庞贝古城消失之谜	324
泰姬陵的建造者是谁	328
米诺斯遗址是迷宫还是陵寝	329

332　第十二章　轶闻野史

苏格拉底为何被判处死刑	332
《马可·波罗游记》是虚构之书吗	336
舒伯特终身不婚之谜	338
拜伦为何一生背井离乡	341
安徒生是王室私生子吗	343
梵·高自杀之谜	345
托尔斯泰晚年为何离家出走	348
"猫王"普雷斯利猝死之谜	352

上篇／中国卷

第一章　皇家秘事

在中国两千年的封建史中，皇家向来是最神秘的一个群体，他们的生活远在深宫之中，高墙之内，一直不为外人所知。偶有皇家秘事流出宫墙之外，便成为市井之人所津津乐道的话题。然而，我们所知道的也许只是皇家秘事中的一鳞半爪而已。

·"千古一帝"为何终生不立后·

秦始皇开创不世之功，被誉为"千古一帝"，然而他却终生不肯立后，原因何在？

秦始皇统一天下以后，明确规定了后宫嫔妃的等级制度，皇帝的正妻就是皇后。但是，秦始皇在自己长达37年的统治期间，却始终没有册立皇后，这也成为一桩难以破解的千古之谜。经过后世众多学者的分析总结，秦始皇不肯册立皇后可能有以下几个原因。

第一，因受母亲赵姬的影响。秦始皇一生中，有一件事对他的影响非常深。根据《史记·吕不韦列传》中记载，在秦始皇长大成人之后，太后赵姬还和一个名叫嫪毐的人生下了两个私生子。这一事件使得秦始皇无地自容，因而心理上受到压抑，最终导致他的性格变得极为扭曲复杂，变成了一位内向、多疑、专制残暴、冷酷无情、失去理性的君主。秦始皇最终下令杀死自己的两个私生子弟弟。这件事很可能就是导致秦始皇不肯立后的根本原因。

第二，忙于朝政和巡游。从客观上来说，秦始皇是一位勤于政务的人，白天的时候他会审理案子，晚上的时候批阅公文。不仅如此，他还给自己定下了巨大的工作量，每天都要批阅一大堆的公文，可以说是公务繁重。到了秦始皇统治的后期，他更是把大部分的时间都花在了出外巡游上，所以就更加没有时间去关注后宫中的事情。

第三，自命不凡，觉得天下没有女子能够配得上他。秦始皇统一了天下，安抚四方，建立起一个强大的帝国，这些功勋都让他自命不凡，心高气傲，甚至认为自己的功德已经远远超过了古代的三皇五帝，所以他自称"始皇帝"。这样一个极度骄傲的人，对皇后的要求必然非常高。百般挑选以后，仍然觉得世上没有一个女子可以配得上自己。

第四，追求长生不老。众所周知，秦始皇一生都在追求长生不老，对炼丹术更是非常痴迷。秦始皇曾经4次巡视六国故地，其中有3次都会见了徐福等方士，以寻求长生不老之药，甚至还派徐福率领3000童男童女赴东海神山求药。正是这种对长生不老的痴迷，在一定程度上导致了秦始皇迟迟不肯立后。

千古一帝，却未立皇后。个中情由，令后人费思量。

· 曹操为何至死不称帝 ·

三国论英雄，才华横溢、雄才伟略的曹操当之无愧。

在波澜壮阔的历史长河中，有几个王侯将相、英雄豪杰能做到像曹操一般"挟天子以令诸侯"？当时，曹操已经拥有至高无上的权力，但是在那个动乱的时代中，他却到死都没有称帝，这是什么原因呢？

曹操是一代风流人物，可他的一生也有身不由己之处。东汉末年，曹操挟天子以令诸侯，从此开始了三国争逐的漫漫长路。曹操亲自去了洛阳拜见汉献帝，随即他挟持汉献帝迁都到许昌。他将汉献帝变为手中的一个傀儡和筹码，控制汉献帝达到自己的政治目的。汉献帝任命曹操为大将军，并封"武平侯"。之后，惹来袁绍的不满，曹操便将大将军的职位让给了袁绍，自己则任职司空兼车骑将军，从此主持朝政。曹操在朝廷的势力越来越大，而汉献帝则完全成了一个没有权力的木偶。

表面上，曹操的地位只是从"武平侯"升为了"魏王"。曹操虽然没有做皇帝，但是他的待遇和皇帝没有区别，他把持朝政，大小事务都必须经过他的手才能操办。或许"皇帝"对曹操来说只是一个称号，做不做皇帝都不影响他在朝堂上的主导地位。曹操到死都没有取汉献帝而代之，而是将登基大典留给自己的儿子，他这么做是何缘故呢？

学者们根据历史文献，给出了以下几个解释。

第一，不想被人利用。

在曹操当政的时候，东吴的孙权就曾经劝说曹操登基，但是这也只是出于自己的利益。孙权为了从刘备手中夺回荆州，从背后袭击了关羽，这无疑是帮了曹操的大忙，却得罪了刘备。此后，两家长达十年的联盟破裂，为了防止刘备的进攻，他便想借着劝曹操称帝的机会转移矛盾。若是曹操真的做了皇帝，那么拥护汉皇室的刘备自然会把进攻的矛头重新转回到曹操的身上，这样一来就得不偿失了。

第二，三国形势逼迫。

从当时的形势来看，如果曹操称帝，无疑会成为千古罪人，那些拥护汉皇室的人们定会大肆反对，让曹操陷入舆论的旋涡之中。纵观曹操的一生，每次被册封时都会引起政治上的动乱。如果将汉献帝赶下台，国家内部肯定会引起更大的动荡。另外，曹操的两个主要对手孙权和刘备也一直紧盯着他，稍有差池，酿成的危害将不可估量。

第三，曹操"自明本志"。

曹操曾对外宣称，自己没有取代汉献帝的野心，他的说辞极为恳切，坚持了几十年都没有改变。如果在后期的时候曹操突然称帝，那么无疑是在自毁声誉。

第四，曹操追求实际。

曹操当时已经控制了整个汉朝廷，他的权力和威严完全凌驾于汉献帝之上，皇位对他来讲只是一个可有可无的头衔。况且，那时曹操已经65岁了，皇位对他还有什么意义呢？再说，自己的势力已经完全掌控了朝廷上下，就算自己不登基，皇位早晚也是自己儿子的。

虽然学者们的看法不尽相同，但是能够达成共识的是，曹操的确是一个有勇有谋的人。他的壮志雄心，他的军事谋略，他的文学造诣，无不令人钦佩。

晋武帝为何传位于傻儿子

西晋王朝是司马家三代用鲜血和生命换来的,为何却拱手传给了一个傻子?

晋武帝司马炎(236~290),字安世,河内温(今河南温县)人。晋朝的开国君主,谥号武皇帝,公元265年至290年在位。曹魏末年,朝中政权相继由司马炎的祖父司马懿、伯父司马师、父亲司马昭所控制。公元265年,司马炎继承司马昭的晋王之位,数月后逼迫魏元帝曹奂禅位,他自己当了皇帝,改国号为大晋,建都洛阳。公元279年,他开始讨伐吴国,公元280年灭吴,统一了全国,结束了汉末以来近百年的分裂局面。司马炎在位的太康年间,大力发展经济,社会出现了一片繁荣景象,史称"太康之治"。

可惜好景不长,在司马炎死后仅仅27年,也就是公元317年,西晋最后一个皇帝晋愍帝司马邺被匈奴人擒杀了,西晋正式宣告灭亡。我们不禁疑窦丛生,如此强大的西晋王朝怎么这么快就分崩瓦解了呢?是什么原因导致了西晋的迅速灭亡呢?这还要从晋武帝所选定的继承人说起。

司马炎将国家社稷交给了一个傻儿子来继承,西晋王朝内忧外患、昏暗动荡,在短时间内走向了衰落。司马炎登基的第二年,立妻子杨艳为皇后,一年之后,立9岁的司马衷为太子。司马衷原有一个兄长,名叫司马轨,可惜很早就夭折了。就这样,司马衷顺理成章地成了皇位继承人。在他被立为太子时期,史书上没有任何有争议性的记载。大概是因为司马衷年幼,也没有过多地和朝中大臣有所接触,所以朝中大臣们并没有注意到他智商有问题。

随着时间推移，朝野上下皆知司马衷其实是一个弱智之人。

有一次，司马衷在御花园听闻蛤蟆叫，便问身边的随从，蛤蟆叫是为了官家叫，还是为了私家叫。司马衷从小深受儒家文化的熏陶，他的老师就是当时的名臣李意，所以才会提出这种让人啼笑皆非的问题。尽管他的脑子愚钝，但对于这种大是大非的问题他还是非常在意。随从们也不敢随意回答，只是告诉司马衷，如果是在官地里叫那就是为官，如果在私地里叫那就是为私。

既然司马衷如此痴愚，司马炎为什么还要传位给他呢？其实，问题的关键在于司马衷有个聪慧的儿子。

有一次宫中失火，司马炎站到楼上观看，忽然感觉有人在拉他的衣服，低头一看，原来是自己的孙子司马通。司马炎就很奇怪地问他为什么拉自己的衣服。年仅5岁的司马通机警地回答说："夜间发生突然事故，皇爷爷应该小心点，赶紧回屋，以免让火光照见您。"司马炎听后既惊又喜，没想到司马通小小年纪竟然有如此见识。虽然儿子呆傻，可是孙子却聪明机警，江山社稷后继有人。或许正是因为司马通异常聪慧，才使得司马炎下决心把皇位传给司马衷的。然而，司马炎的心里还是有一些不安，于是他在临终之前替司马衷挑选了两个顾命大臣。除此之外，司马炎认为有分封到各地的藩王做屏障，江山就可以稳固，结果事与愿违，还是埋下了祸根。

司马炎驾崩当日，时年32岁的司马衷就登基为帝，史称晋惠帝。做了皇帝以后，司马衷还是和从前一样，整日吃喝玩乐，把国家的治理大权交由他人。司马衷没有治理天下的见识和才能，于是皇后贾南风就独揽朝中大权。为了争权夺利，贾南风拉拢各地亲王，极力打击她的政敌——皇太后杨氏的娘家势力。结果造成天下大乱，征战不断，最终酿成了持续16年（291~307）的"八王之乱"，给天下百姓带去了无尽的苦难。

"八王之乱"平息之后，司马衷回到洛阳的宫中，可此时朝中的大权已经掌握在东海王司马越的手里了。公元306年，司马越觉得司马衷这个傀儡皇帝已经毫无用处，就暗中派人在食物中下毒。司马衷吃后中毒身亡，结束了他极其悲惨的一生。

皇位之争，向来是你死我活，哪管什么亲情、恩情。

· 唐太宗血统之谜 ·

唐太宗李世民开创了闻名于世的"贞观之治"，然而一幅画却给他的身世罩上了谜雾。

提起唐太宗李世民，大家肯定都不陌生，他是唐朝的第二位皇帝，也是一位杰出的军事家、政治家、战略家。唐朝建立初期，他被封为秦王，立下了赫赫战功。登基为帝后，他积极听取朝中众臣的意见，以文治天下，主动消灭各地割据势力，虚心纳谏，在国内厉行节约，使百姓休养生息，社会出现了国泰民安的繁荣局面，开创了历史上著名的"贞观之治"。然而，就是这样一位历史名人，却因为身世之谜引起了后人对他的猜测和争议。有考古学家推测，根据《步辇图》留下来的唐太宗李世民的最早画像显示，唐太宗李世民很可能是胡人。这到底是不是真的呢？

有人认为，李氏是鲜卑族大野部的姓氏，还有人据此判断李氏一族是没落的贵族。那么，李世民的祖先究竟是哪个民族呢？这还要从他的家世祖籍和先辈们的情况说起。

李世民的父亲李渊生于关陇，并自称祖居关陇，因此，民间流传他们就是西凉王李皓的后裔。那么，事实果真如此吗，还是李渊为了自抬身价才说自己是西凉王李皓的后代呢？李世民到底有没有胡人的血统呢？

　　我国历史有过少数民族统治的时期，历代朝臣里也有很多是少数民族。这其中的原因无非是两点：第一，因为文化状况不同从而承担各民族交融纽带的作用，只要是对文化发展有利，不管是哪个少数民族，都会采取接纳的态度；第二，南北朝时期，本身就是民族大融合的时代。

　　根据对上述两个原因的分析得出，汉族和少数民族之间没有清晰的界限划分，北方各民族大融合的现象在此之前就已经广泛存在。唐朝作为我国历史上文化繁荣和国力鼎盛的巅峰时期，民族之间的融合现象就更为普遍了。而唐太宗李世民又是我国历史上众人称颂的明君楷模，因而人们不会出现种族歧视现象，也不会对李世民的身世产生疑虑，更不会去探究李世民究竟是汉人还是胡人这个问题。

　　唐太宗李世民的祖母、李渊的母亲独孤氏和隋文帝的皇后是姐妹，她们是鲜卑贵族。李世民的母亲窦氏也是鲜卑族人，李渊也没有足够的证据证明他并非汉人，由此得出一个较为确切的说法就是："李世民是深受胡人影响的汉人。"这种说法相对来说比较中立，原因在于魏晋时期很多人都长期同胡人往来，所以深受胡风影响。另外，从唐朝女子的服装以及当时骑马打猎的行为来看，当时女子的行动是非常自由的。

　　同时，李世民还是一个好战的人。李世民平定了东突厥、吐谷浑、高昌氏。到了晚年，还亲征高句丽。一生都过着戎马生涯。这些是不是也间接证明了李世民的血统呢？

　　后世考古学家针对李世民的身世之谜，曾对昭陵做过详细考证，从中找到了新的证据。昭陵是李世民的墓穴，分为内外两城。外城现已无法考证，内城有当年所建筑的献殿，存放着李世民生前所用物品。北门曰玄武门，又称司马门，原有14个"蕃酋"的石雕像和驰名中外的"昭陵六骏"等浮雕。在我国所有的帝王陵墓中，仅李世民的昭陵里有战马石刻。难道这些也只是巧合吗？

不管怎样，几百年后，我们已无从得知那14个不知去向的"蕃酋"石雕的具体来历。但是闻名中外的"昭陵六骏"浮雕至今还依然保存在西安碑林博物馆里。众人皆知，马作为突厥人形影相随的伴侣，有着极为重要的作用，而李世民一生都非常爱马，把马视作生命中不可或缺的部分。此外，在突厥人的丧葬习俗中，就有把马作为随葬品的习俗。这些是否可以成为我们考证李世民身世之谜的一些参考呢？

昔人已乘黄鹤去，此地空余黄鹤楼。黄鹤一去不复返，白云千载空悠悠。

· 武则天到底生于何地 ·

女皇武则天除了给世人留下谜一样的"无字碑"外，还给人们留下了谜一样的出生地点。

在一些比较权威的历史文献中，人们对武则天的出生地记载各不相同。而后人们因为对女皇帝的崇拜，都争相将女皇与自己的家乡挂上钩，所以，关于武则天出生地的争论始终没有停息过。经专家们的研究总结，其出生地有以下三种说法。

第一，陕西长安说。此说主要是根据武则天的出生时间和她出生时其父武士彟任职的地方推断而来。因此，我们要先来了解一下武则天的出生时间和武士彟的履历。

但是历史文献上并没有记载武则天的出生时间，只有她的死亡时间和去世时的年龄，所以，我们可以据此推断她的出生时间。在《旧唐书》《新唐书》和《资治通鉴》上都明确记载了武则天死于神龙元年，即公元705年；但是这3部书所记载的武则天的年龄却略有出入。其中，《旧唐书》为83岁，《新唐书》为81岁，而《资治通鉴》却是82岁。我们用"年龄逆推法"得出女皇帝出生的时间，分别是公元622年、623年、624年。而据史料记载说武士彟在唐武德四年（621）娶杨氏（武则天的母亲），而武则天是杨氏所生的二女儿，因此，按时间来推算的话，武则天不可能早于唐武德六年（623）出生。目前，得到学术界一致认可的武则天出生时间是唐武德七年（624），即武则天享年81岁。不过81岁有虚岁和周岁之分，所以武则天可能是生于唐武德六年（623）或唐武德七年（624）。

我们再来看看武士彟在唐武德六年和唐武德七年的任职情况。据史料记载，武士彟从武德三年（620）至武德八年（625）在长安任工部尚书；武德八年（625）赴扬州任长史；武德九年（626）赴任豫州都督；贞观元年（627）十二月，为利州（四川广元）都督。

由此推断，不管武则天是生于唐武德六年还是唐武德七年，武士彟都在长安任职，所以，武则天应该出生在长安。由此来看，这个推理过程逻辑严谨，很令人信服。

第二，山西文水说。持此说者也以《旧唐书》《新唐书》和《资治通鉴》为证，因为这3部书中都明确记载，武则天为"并州文水人"，而且武则天也自称为并州文水人。另外，在山西文水还建有武则天的祀庙，即现在的"则天圣母庙"。

不过，这种观点遭到一些人的反对，反对者认为，这3部史书中虽记载说武则天是"并州文水人"，但并没有明确指出武则天"生在并州文水"。自古以来，中国人都有认祖寻根的习性，对籍贯很是看重，古代人更是如此。说武则天是"并州文水人"，只能说明武则天的祖籍在并州文水（这一点从武士彟的遗嘱"死后归葬文水"中也可以看出来），而不能说明武则天就出生在那里，出生地与祖籍地是两个概念。

反对这一观点的人还指出，文水为武则天建祀庙并不能说明什么，只因祖籍文水以女皇帝武则天为骄傲，所以为其立庙建祠是情理之中的事。于是，现在很多人都接受了"山西文水只是武则天的祖籍"的观点。

第三，四川广元（唐时称利州）说。持此说者的依据是《九域志》中有记载说武士彟曾在利州任都督，并且在此地生下了武后，皇泽寺有武后的真容殿。据其他史料记载，武士彟的确在利州担任过"利州都督"，而且此地还有武则天为父亲立的墓碑为证，墓碑上明确记载着"贞观元年拜利州都督"。另外，除了山西文水以外，广元的"皇泽寺"是全国唯一一所纪念武则天的庙宇；再者，广元当地还有一个"则天坝"，此地就是以武则天的名字来命名的，而且古代的很多文献上多有提及。

往事悠悠，岁月漫漫，遮不住一代女皇风神气韵。

成吉思汗究竟身葬何处

一代天骄，成吉思汗，在马背上成长，也在马背上长眠。

一代天骄成吉思汗是蒙古帝国的创始人，是世界上杰出的政治家、军事家。他戎马一生，征战沙场，征服了西到西亚、中欧的黑海海滨。公元1227年，成吉思汗率军攻打西夏时因病逝世，终年65岁。

成吉思汗不仅创建了有史以来疆域最广的中华版图，而且给后世留下了无数千古谜团。尤其是他的陵墓之谜，更是令世人捉摸不定。

据说，成吉思汗在临终前曾交代，他死后秘不发丧（为了避免军心涣散），并且要遵从祖先留下的丧葬风俗。当时，蒙古贵族死后，将其埋葬，但不起坟头，再用许多马匹将埋葬之地踏平。然后当着母骆驼的面将小骆驼杀死，并淋骆驼血在这片墓地上，还要派上千骑兵来守护此地。等到第二年春暖花开之时，墓地上长出茂盛的草木之后，骑兵才会撤走。这样一般人看到的只是茫茫的草原或者森林，根本不知道墓地的具体位置。如果亲人想要祭奠，就拉着那只母骆驼来引路，如果母骆驼在一片地方驻足并悲鸣，这片地方就被视为先人的墓地。

成吉思汗下葬后，他的墓地变成了一片森林，据说当时守护墓地的1000多名骑兵和造墓者都被杀死了，为的就是不泄露成吉思汗陵墓的位置，以免打扰他安息。后来，在那只母骆驼死后就没有人知道其墓地的确切位置了，这也就成了一个千古之谜。现在位于内蒙古自治区伊金霍洛旗甘德利草原上的成吉思汗陵，也并非成吉思汗的真正陵寝，而是一座衣冠冢。

不过，经过专家们多年来的探索和研究，对成吉思汗真正的葬身之处，大致有以下五种说法。

第一种说法，成吉思汗葬在了今蒙古国境内的肯特山南麓。依据是有关史料记载，成吉思汗在生前的某一天，曾经静坐在肯特山上的一棵树下沉思，后来突然起身站立，对随从说："我死后，就将我葬在这里。"另外，在南宋的一些文人的笔记中也有记载：成吉思汗病逝后，他的遗体被运送到了漠北肯特山下的某个地方，然后挖坑深埋，万马踏平。

第二种说法，成吉思汗真正的墓地在新疆北部的阿勒泰山上。据《马可·波罗游记》记载："在把大汗的灵柩运往阿勒泰山的途中，护送的人将沿途遇到的所有人都作为殉葬者。"另有史料记载说，成吉思汗在临终前曾命令属下将其灵柩运回蒙古安葬。这样看来，其遗体很有可能就安放在阿勒泰山上。

第三种说法，成吉思汗的遗体被葬在了宁夏境内的六盘山。依据是成吉思汗攻打西夏时死于六盘山附近，按照蒙古族当时的习俗，人在去世三天内就要下葬，以防止尸体腐烂，灵魂上不了天堂。成吉思汗死在了七月，那时正值盛夏，为了避免尸体腐烂，成吉思汗就地安葬的可能性还是非常大的。

第四种说法，来源于哈萨克斯坦一位历史学家奥斯科尔科夫的考证，他认为成吉思汗的安葬地点在哈萨克斯坦的里杰尔（今"列宁诺戈尔斯克地区"）。他说成吉思汗生前曾指定要将自己安葬在阿尔泰山脉的一处人迹罕至的地方，经他考证发现，里杰尔就是成吉思汗所指之处。奥斯科尔科夫说："考古学家在那里发现了石器时代的人类遗迹，却没有发现青铜器时代，以及铁器时代的人类遗迹，为什么这片地方这么特殊呢？很大的可能便是这里是人为划定的禁区，所以这里极有可能是'成吉思汗墓地的禁区'。"

第五种说法，源自内蒙古社科院的研究员潘照东，他认为位于鄂尔多斯高原的阿尔塞石窟附近极有可能就是成吉思汗的真正墓葬之地。这里的地貌、地名等特征与《蒙古秘史》《史集》等史料中关于成吉思汗墓葬之地的描述极为相似,并且在阿尔塞山的一个石窟中还有一幅与成吉思汗的安葬关系密切的壁画,潘照东推断,这幅壁画应是《成吉思汗安葬图》。另外,此处曾经是成吉思汗当年攻打西夏时的大后方,距离六盘山不太远,要是将他的遗体从六盘山运至此处,三天时间是足够用的。综合种种因素来看,潘照东的分析也不无道理。

分析至此,也许你该发问了,既然有这么多疑似成吉思汗墓的地方,为什么不把成吉思汗陵建在其中一地呢?至于选择伊金霍洛旗的甘德利草原来建造成吉思汗陵,也是有讲究的。成吉思汗的第 34 代嫡孙、中国的最后一位蒙古王爷奇忠义先生为我们揭晓了这个问题的答案,这是一个流传在鄂尔多斯草原上的美丽传说。

相传 1226 年,成吉思汗率军西征西夏时,路过了这个地方。他见这里水草丰美、花鹿出没,忍不住沉浸在这片迷人的景色中。而后,他对左右随从说:"这里简直是人间仙境,将来我死后就要葬在此地。"谁知第二年,他便真的病死在了六盘山的军中。属下在将其灵柩运往蒙古故乡的时候又路过了此地,恰巧灵车的车轮陷在了地里,人推马拉都无法将灵车拉动。这时,有人突然想起了成吉思汗途经此地时说的那句话,便将其安葬在了这片美丽的草原上。

对于一代帝王的墓葬之谜,考古学家可谓是费尽心思,倾其全力,但是却未能给我们一个准确的说法。

一代天骄成吉思汗,留下了辉煌的功绩,也留下了难解之谜。

· 建文帝真的削发为僧了吗 ·

三年的征战，建文帝被赶下神坛，那么他最终皈依何处呢？

经过三年的靖难之役，燕王朱棣攻占了南京，在位仅仅4年的建文帝朱允炆，被他的四叔用武力赶下台，而建文帝下落不明，从而成了我国历史上的千古疑案，后世对于建文帝的下落众说纷纭。经过总结主要有以下几种说法。

第一种说法，自焚说。这种说法是最早被记入正史中的，根据永乐年间《太宗实录》和《明史稿》中的记载，建文帝即位以后，采用了朝中重臣的建议，定策削藩。燕王朱棣听闻以后，打着清君侧的旗号，起兵南下，发起"靖难之役"。短短三年时间里，燕王朱棣便攻破南京城，兵临金川门，建文帝试图求和但遭到燕王朱棣的拒绝，只好死守。但是这时候他的主帅李景隆却打开了金川门迎接朱棣大军进城，文武百官纷纷投降。建文帝见大势已去，只得下令焚烧宫殿，并带着皇后跳入火中自焚，其他妃嫔和侍从们也大都跳入火中而死。朱棣入宫以后，四处查找建文帝的下落。宫中的太监和宫女们都纷纷表示建文帝已经自焚而死，并且从火堆中找出一具烧焦的尸体来证明。朱棣见尸体已被烧得面目全非，惨不忍睹，分不清楚男女。朱棣即位以后，只得按照天子的礼仪安葬了建文帝。《明史·成祖本纪》和《明史·方孝孺传》等古籍中都纷纷支持这一说法。

但是，后世也有人对这一说法持怀疑态度。他们认为建文帝并未葬身火海，主要依据就是《明史》中的相关记载。根据《明史·恭闵帝本纪》中的记载，建文帝的死亡记载如下："都城陷，宫中起火，帝不知所终，燕王遣中使出帝后尸于火中，越八日壬申葬之。"对于这段记载，后世人们不禁疑窦丛生。既然是"不知所终"，又是如何认定被烧得面目全非的尸体就是建文帝呢？而且既然已经发现了建文帝的尸首，为何又要说"不知所终"呢？如此自相矛盾的说法岂不让人怀疑吗？根据康熙年间补纂的《明史本纪》中的记载，明确说出了当时根本就没有找到建文帝的尸体。

第二种说法，削发为僧说。朱棣攻破南京当日，建文帝无可奈何，便想一死了之，被身边的人救下，然后由亲信程济等22人带领从地道中逃跑了。那么，逃走之后的建文帝又去向什么地方了呢？后世流传着他被宫中的主录僧溥洽削发，然后假扮成和尚，藏匿在某个寺院中，也有人说他南逃到海外等各种传闻。

建文帝出家为僧是众多说法中流传最为广泛的一种说法。根据古籍记载，建文帝在南京失陷以后出家当了和尚，并且在晚年的时候还回到过京城，去世以后被埋葬在北京西山。《明史·程济传》中就有此种说法的记载。根据《明朝小史》中的记述：朱元璋临终前，留给建文帝一个只有危难关头才可以打开的箱子。如今都城失陷，打开箱子一看，里面有三张度牒，就是做僧人的证明，于是立马削发为僧，换上僧衣，从御沟中逃出。从此，建文帝以僧人的身份四处流浪，直到朱棣死后才回归京城，死后葬在北京西山，没有加任何封号，只是号称"天下大师"。记述这段故事的王鏊生于1450年，又做过户部尚书、文渊阁大学士，所以他的说法基本可信。

朱棣对社会上广泛流传的建文帝尚在人世的消息颇为担忧，毕竟朱棣是冒着"夺嫡"和"篡位"的罪名登基为帝的，建文帝尚在人世或者出逃在外对他来说都是一个非常大的威胁。为了安定人心，他不得不一边煞有介事地发布建文帝已死的诏书，另一边又根据传闻四处寻找建文帝的下落。后世关于朱棣寻找建文帝的故事非常多。

根据《明史·姚广孝传》中的记载，84岁高龄的姚广孝临终之时，朱棣曾经亲自到广寿寺看望他。姚广孝说："和尚溥洽关押太久，希望能够放掉他。"溥洽是何许人？就是皇宫里的主录僧，也就是传闻中帮建文帝剃头换装，知道建文帝下落的人。这样一个和尚被关押了整整16年，可见朱棣对建文帝的下落有多担忧。

后世还有人推测，郑和下西洋的主要目的就是为了寻找建文帝的下落。根据《明史·郑和传》中的记载，朱棣怀疑建文帝逃到海外，想要找寻建文帝的下落，并且为了显示中国富强，去他国炫耀国力强盛。如此看来，"不知所终"才是建文帝结局的最真实的结论。

不管怎样，建文帝下落之谜至今仍未揭开，虽然就目前来说，已经有了自焚说和削发为僧说两种说法，但是仍然不能确定哪种说法是正确的。建文帝下落之谜，仍然是后世学者们争相探究考证的一个疑团。

一代帝王，竟不知所终，可叹世事无常。

· 万历皇帝为何二十年不上朝 ·

万历皇帝二十年不理朝政，导致朝纲颓废，朝廷乌烟瘴气。

万历皇帝朱翊钧是明嘉靖帝的孙子，也是隆庆帝的第三个儿子，他是明朝的第14位皇帝。他当政时期48年，这段时间是史上赫赫有名的"万历年间",而朱翊钧也被称为"万历皇帝"。朱翊钧当政的 48 年,学者们将其分为了三个阶段,分别是初政时期、亲政时期、怠政时期。在这几个阶段中,初期发展得有条不紊,其中少不了慈圣皇太后李氏、司礼监秉笔太监冯保、大学士首辅张居正三人的配合,这番景象是几人同心协力的结果,万历皇帝还是大有建树的。

万历十年(1582),大学士首辅大臣张居正去世,皇帝朱翊钧开始亲政,他先后采取了一定的措施摆脱了三巨头的影响,接着进行"三大征",这些果断行为表现出朱翊钧的魄力和能力。但是在最后的 20 年中,朱翊钧几乎全面停止了上朝,不理朝政了。在这期间,朱翊钧贪图酒色,不批阅奏折,完全不管朝政。朱翊钧之前的雷厉风行去哪儿了?后期的他为何如此颓废?这其中有什么秘密呢?

作为一个皇帝,在光鲜高贵的身份下,掩埋了无边的寂寞与无奈。朱翊钧在 10 岁的时候就登基了。在我们的印象中,10 岁的孩子天真无邪,但是身为皇帝,朱翊钧却受到了很多的限制。

首先,限制朱翊钧的是他的母亲慈圣皇太后李氏。朱翊钧从即位到大婚,这期间都是和皇太后一同住在乾清宫内,皇太后对朱翊钧的管教十分严厉,非常关注儿子的学习和行动。小皇帝若是有不正当的行为,她决不姑息。

其次,限制小皇帝的是司礼监太监冯保。朱翊钧还是皇子的时候,他就由冯保照顾。之后朱翊钧登上皇位,冯保也是一步登天。当时的皇帝还受控于皇太后,所以他经常向慈圣皇太后报告宫内外,包括皇帝本人的各种情况。太监冯保就像个监视器,他时刻提醒着朱翊钧什么该做,什么不该做。当小皇帝有不好的事传到皇太后耳中,受罚是少不了的。

再次,限制他的就是大学士首辅张居正。

在万历年间,有一位大臣叫作高拱,他是先皇的重臣,是一代元老。朱翊钧继位后，高拱根本不将小皇帝放在眼里，这引起了两宫太后的忌惮。当时张居正站出来出谋划策，最终铲除了大臣高拱。所以，张居正在两宫太后和小皇帝的眼中，地位颇高。

张居正不仅维护了君臣关系，还成为了小皇帝的老师。朱翊钧称张居正"元辅张少师先生"，待以师礼，张居正也尽心尽力辅佐教导小皇帝。《明史·张居正传》记载，张居正教导万历帝："戒游宴以重起居，专精神以广圣嗣，节赏赉以省浮费，却珍玩以端好尚，亲万几以明庶政，勤讲学以资治理。"在这六条内，分别提到了读书、为人处世、生活健康、品德等，所以朱翊钧在皇太后、太监冯保和张居正的监督和影响之下，非常勤勉。

初政的后期，发生了一件大事，就是在万历十年的时候，张居正去世了。张居正的去世成为这个年代的转折点。张居正生前在朝廷中安插了很多自己的人，正因为如此，他也得罪了不少人。张居正死后没多久，朝堂内的官员便纷纷上奏折指责张居正。皇帝朱翊钧看着这些奏折，发现张居正并不是他印象中那样的廉洁、正直，让他有种被欺骗的感觉。张居正去世两年后，朱翊钧派人抄了他的家，上报的财富确实让人震惊。涉及在内的还有太监冯保，因为冯保和张居正关系密切，两人在政治上不谋而合，大臣们将冯保一起弹劾了，冯保最终被驱逐出京。

从此之后，皇帝朱翊钧摆脱了太监冯保和张居正的控制。大婚后，皇太后搬出了乾清宫，她对皇帝的管束也不再像幼时那么严格。皇权完完全全落在了朱翊钧的手中，这也为其后来的怠政埋下了伏笔。

有学者认为，万历皇帝怠政 20 年最大的原因要归咎于朱翊钧的性格。他性格倔强，极端，喜新厌旧。比如，上朝的时候天还没亮，朱翊钧还在睡眠中就被宫人叫醒，这样长期催促他上朝，导致他越来越厌恶朝政。在他执政后期，他沉迷酒色，对自己的贵妃太过宠爱，整日慵懒无为地厮混于后宫，更加无心朝政。

还有学者认为，万历皇帝不理朝政与张居正的死亡有关系，没有张居正的督促，皇帝越来越放纵自己，以至于迷上了鸦片，体力渐渐出现不支的状况。再者，有史料记载，万历皇帝当政期间，朝堂出现拉帮结派的局面，每个官员都在尔虞我诈，在这样一个乌烟瘴气的朝纲中，万历皇帝哪有心思去理会朝政呢？

对于怠政说法，也有学者提出了反对的意见，他们认为万历皇帝不上朝，其实也是他治理国家的一种手段，是当时的环境造成他不上朝的。因为张居正死后，万历皇帝开始了他的"静摄"之旅，当时朝堂的各项制度比较完善，万历皇帝觉得没必要天天按照老祖宗的制度去上朝，搞那些形式主义，有问题可以在御书房解决。其中，"万历三大征"政策就是一个很好的证明，这个政策不是在金銮殿前议论出来的，而是在御书房中制定的。

造成万历皇帝不理朝政的原因有很多，这些大多是学者们的猜测和推论。一晃20年，万历年间经历了崛起、发展、衰落三个阶段。皇帝朱翊钧从初政时的众人相助到亲政时的亲力亲为，最终却演变成20年不理朝政，造成这种局面的原因究竟是什么呢？朱翊钧为何会怠政20年？是他懒惰还是他热衷醉卧温柔乡？这些离奇的状况的确让人们有些费解。

从励精图治，到慵懒无为，只在一念之间。

乾隆皇帝身世之谜

乾隆皇帝是有清一朝最传奇的皇帝之一,民间传说他不是正统的满人。

乾隆皇帝名叫爱新觉罗·弘历,是雍正皇帝第四个儿子,24岁的时候登基为帝,是我国历史上最有名的皇帝之一。乾隆皇帝在登基之初就表现出非凡的才能,并且以仁厚治国,平反了很多雍正时期处理的冤案。乾隆晚年的时候以"十全武功老人"自居,虽然退位为太上皇,但依然主持朝政直至病死于养心殿,享年88岁。乾隆在位时间长达60年,并且还做了3年的太上皇,死后葬裕陵,庙号高宗,谥号纯皇帝。

乾隆帝的一生享尽了荣华富贵,可以说是善始善终。然而,就是这样一位历史上著名的皇帝,他的身世却饱受争议。有人说他是雍正帝用调包计从海宁陈氏家中换来的孩子;也有人说他的生母并非富贵人家的女子,而是热河行宫中的一名宫女。各种猜测也让乾隆帝的身世更加扑朔迷离。那么,事情的真相究竟是怎样的呢?

清朝时期,浙江海宁陈家是江南的豪门望族,和清朝的皇室有着神秘莫测的联系。清朝末年,社会上广泛流传着这样一种说法:清朝的皇帝乾隆帝是浙江海宁陈家的儿子。著名武侠小说家金庸所著的《书剑恩仇录》,就是根据这个故事为主要线索的。书中描述道,当时江湖上最大的帮派——红花会的总舵主于万亭秘密潜入宫中,把乾隆的生母陈世倌夫人的一封信交给乾隆,信中还详细描述了乾隆出生的经过,并指出了他屁股的左上方有一块胎记为证。等到于万亭走后,乾隆就把乳娘廖氏传来,经过仔细询问,才知道了自己身世的真相。

事情要追溯到康熙五十年(1711),四皇子胤禛的侧妃钮祜禄氏生下一个女儿。当天,相邻而居的大臣陈世倌的夫人生下了一个儿子,于是就命人将这名孩子抱到府中观看。可是没想到的是抱进去的是儿子,抱出来的却是女儿。陈世倌知道这是被四皇子掉了包,悲痛之余却也无可奈何。这事也就只好这么不明不白地过去了。

这件事刚好发生在康熙诸子争夺储君的时候,各个皇子都是明争暗斗,用尽各种计谋手段。四皇子胤禛知道康熙对于立储君一事还在犹豫不决,其他几个兄弟的才能又并不比自己差,每个人看起来都是旗鼓相当。历代皇帝在选择储君的时候,不但会比较各个皇子的才干,还得看各个皇子的儿子,因为立储是国家大事,皇子一旦死了皇孙就要登基为帝。如果单单只是皇子英明神武,皇孙昏庸无能,也不是什么长远的计策。四皇子胤禛这个时候已经有了一个儿子,但是却懦弱无能,一直以来都不被康熙帝喜爱,他知道在这方面有些薄弱,所以就一直期盼着自己能够再生一个儿子。可是没想到最终生下来的却是个女儿。胤禛处心积虑想要做皇帝,所以在知道陈世倌生了个儿子以后,就强行掉了包。四皇子胤禛素来心狠手辣,世人皆知,因此陈世倌也不敢将此事说出去,怕招致灭顶之灾。后来,这个被换去的孩子就被取名为弘历,也就是后来的乾隆皇帝。

金庸曾经也陈述了这一段故事描写的来历,他在小的时候就经常听人说乾隆帝是陈家后代的故事,所以后来也就自然而然地写进了自己的小说里面去了。不管这件事是真是假,都说明这个故事在民间是广为传说的,甚至很多人都信以为真。

陈家经历了明朝和清朝两代几百年的富贵兴荣,并且家人也在朝中担任要职。自明代初期，陈氏就是当地富裕的书香门第。陈家在康熙年间，甚至两度出现父子兄弟三人同榜的盛事。康熙四十二年（1703），陈元龙的弟弟陈嵩、侄子陈邦彦、陈诜之子陈世倌三人同榜；康熙五十六年（1717），陈元龙的两个儿子和侄子陈武婴三人同榜，这在我国的科举史上可以说是前无古人，后无来者的事情。人才辈出自然让陈家风光无限，陈家先后在康熙、雍正、乾隆三朝为官。陈家父子和叔侄三人在朝中也是身居要职，其中两人还当过陪皇帝读书的学士。由此可见，陈家和皇家的关系非同一般，位高权重也是可想而知。

根据我国一些野史中的记载，雍正帝胤禛当皇子的时候，和海宁陈氏的关系也是非常的微妙，两家之间的往来十分频繁。当陈家发现儿子被换成女儿以后，知道这里面的严重性，所以不敢追究声张，只能沉默不语。不久以后，康熙帝去世，胤禛登基以后，就将陈氏家中的很多人都提拔到重要的位置。雍正死后，乾隆帝即位，对陈家更是隆恩浩荡。乾隆一生六次南巡江浙，其中有四次就曾到海宁陈家。或许，从这里面我们可以发现一些蛛丝马迹。

除此以外，还有一种说法就是，陈家这个刚刚出生的儿子在被抱进雍亲王府的时候，是王妃私自暗中调换的。雍正帝其实并不知道。等到乾隆帝即位以后，通过他人的只言片语推测出自己的身世，然后暗中和陈世倌对照，发现自己果然与陈世倌十分相像，于是心中也开始怀疑自己是否就是陈家的后代。为了查明自己身世的真相，乾隆帝还特意几次下江南进行查访，最终弄明白了自己的真实身份。这也就表明，这种说法其实也是倾向于乾隆帝是陈家的后代。

不仅如此，民间还有传说，乾隆帝在得知自己不是满人以后，就时常在宫中穿汉人的服饰。一日，身着汉服的乾隆帝问身边的臣子："朕像不像汉人啊？"一名老臣立马跪下答道："皇上的确有点像汉人，而不太像满人。"

乾隆帝在听完以后就更加相信这一传说，甚至还打算下令所有满人都改穿汉服，以此来表明自己的汉人身份。

陈府中有两块匾额，据说就是乾隆帝御笔亲赐。一个是"爱日堂"，一个是"春晖堂"。前面一个是出自汉代扬雄《孝至》中的"孝子爱日"，后面一个则是出自唐代诗人孟郊的《游子吟》，这两块匾额所题写的内容都含有孝顺父母的意思，如果说乾隆帝并非出自陈家，又怎么会写下这样莫名其妙的词语呢？但是正史文献却说，这两块匾额是康熙帝题写的。根据《清史·陈元龙传》中的记载，康熙三十九年（1670），皇帝召见朝中大臣，一时兴致勃发，说："你们家中的客堂都有名号，要不你们题词，朕来赐书。"于是陈元龙就奏称，自己的父亲已经年过八十，为了表达对父亲的孝意，请求皇上拟写"爱日堂"三个字赏赐，康熙听后非常痛快地写下了这个匾额。《海宁州志·列女传》中说道，陈邦彦早年丧父，他的母亲黄氏守寡41年，独自将儿子抚养成才。陈家富贵以后，康熙帝感念黄氏的牺牲精神，所以亲笔写下了"节孝"两个字赐给黄氏，随后又写了"春晖堂"匾额赐给了陈家。由此可见，陈家的这两块匾额跟乾隆的身世并没有任何关系，也并非像众人口中所传说的那样。

根据以上几种说法分析总结，可以看出都是倾向于乾隆帝是陈家的后代。那么，事实的真相真是这样的吗？我们可以从清朝皇族的家谱和陈家的儿子出生记录来一探究竟。

清朝皇族家谱上面记载，雍正帝共有10个皇子、6个公主，乾隆帝生于康熙五十年（1711），当时雍正33岁。在这以前他已经有了四个儿子，其中三个均已夭折，还有一个儿子弘时也已经8岁，而另外一位妃子耿氏也已经怀孕五个多月，是男是女尚不清楚，又怎么会去调换陈家的儿子呢？此外，清代的皇子、皇孙在诞生的时候，有着一套严密的验看奏报的程序，在这种情况下，又怎么能轻易地调包呢？就是偷换成功，在这之后雍正帝又生了好几个皇子，弘历又不是他唯一的儿子，他不让自己的亲生儿子登基为帝，而让别人的儿子来继承大统，岂非于理不合？

在《海宁渤海陈氏宗谱第五修》和《徐乾学家谱》中都记载了陈家的子孙情况。陈元龙共有一个儿子两个女儿，在他儿子死后的17年乾隆帝才出生，陈家的两个女儿也早于乾隆帝20多年就已出生，这样看来，陈家哪里有孩子可以让雍正调换呢？而且，乾隆帝出生那年，陈元龙的原配夫人宋氏已经50多岁，并且在同年病逝。陈元龙的两个小妾也都已经去世。这样看来，陈家根本就不可能会有孩子出生。由此可见，调换孩子的说法根本就是子虚乌有。

如此一来，可以断定乾隆帝并非陈家的后代。但是随之而来的是另外一个问题，既然乾隆帝不是陈家的后代为何会对陈家如此隆恩浩荡呢？其实，这一切和当年浙江海塘工程密切相关，这是有关钱塘江一带经济发展和社会安定的大事情。康熙帝在位时期，钱塘江就时常发生海潮泛滥，危害当地的百姓。雍正即位以后决定修筑海塘工程，但是此时雍正又要忙于巩固帝位和应付西北战事，所以无暇前去查看，等到这个工程终于有了进展的时候，雍正帝又突然去世了。乾隆帝登基以后，非常重视这件事，他借着六次南巡的机会，四次前往海宁视察。

根据常理，皇帝出巡势必要住在名门望族之家，就像当年康熙南巡总是住在曹家一样，并没有特别的意思。而当地最有名望的家族就是陈家。而且陈元龙本人又是水利方面的专家，正好可以询问一些关于海塘工程的问题。如此一来，陈家自然就成为了乾隆帝南巡的落脚点。乾隆帝在陈家居住期间也是十分地惬意舒适，所以每次到达海宁的时候，都会住在陈家。由此可见，乾隆帝先后四次前往海宁并非人们所说的认亲，而是为了巡查海塘工程，和他的身世也没有丝毫的关系。

关于乾隆帝的身世，野史中还存在着另外一种说法。据说，乾隆是由一名姓李的宫女所生。这位宫女名叫李金桂，是避暑山庄行宫里面的一个粗使丫头。康熙四十九年（1710），还是雍亲王的皇四子胤禛奉旨随康熙帝前往承德避暑山庄，举行一年一度的"木兰秋狝"。一日，雍亲王闲来无事便带着一名随从，在离山庄不远的围场打猎消遣，在射中一只大鹿以后，便打算砍下鹿角进献康熙帝，从而博取康熙帝的欢心。同时雍正还喝下了一碗鹿血。不料，雍亲王在喝下鹿血以后，欲火难耐，所以就随便临幸了一名宫女。事后，发现这名宫女相貌丑陋，所以并不打算将她带回府中。这事也就这么过去了。原本这事对于妻妾成群的王爷来说不算什么，但是事有凑巧，第二年的夏天，康熙帝又率众来到承德避暑山庄，偏巧就有人奏报了丑宫女李金桂怀孕的事情。康熙帝一问得知是自己的儿子所为，也就没再加以追究，但是雍正依然没让宫女进府。

不久之后，李金桂生下一个儿子。虽然生母身份低微，但是他的父亲却是当朝皇子，也算是龙种一脉。最后经胤禛的生母德妃和国舅隆科多的求情，胤禛也向父皇认错讨饶，康熙皇帝又一向以慈悲为怀，又见生一皇孙，一时龙颜大悦，并没有对四阿哥治罪。另外，他还准胤禛将李氏母子带回王府赡养，但胤禛嫌李氏容貌丑陋，不肯带回府中，只是在狮子园西边的松林深处，为她盖了两间平房，作为居住的地方。

虽说野史记载得十分详细，很多人也对此津津乐道，但是在我国的正史文献中却没有这类的记载。而是记载着乾隆帝的生母钮祜禄氏，是满洲镶黄旗人，虽然姓氏高贵，但出身寒微，所以在雍正没有登基以前一直号为格格，就是在生了弘历以后，也没有被封为侧福晋。雍正即位当年年底，她才被封为熹妃，不久之后晋封熹贵妃。乾隆帝登基以后，尊其为崇庆皇太后，并移至慈宁宫居住。

在当时特别看重出身的封建社会，可能正是因为这位皇太后的出身不够显赫，才会让很多人怀疑乾隆帝是由一名身份卑微的宫女所生。

至今为止，关于乾隆的身世之谜依然被很多人津津乐道。但是不管是真是假，乾隆帝都是我国历史上一位值得大书特书的君主。

英雄莫问出处，无论街谈巷议如何，乾隆终是一位明君贤主。

第二章　文臣轶事

在儒家传统中，学而优则仕是每个读书人的理想。然而，一样米养百样人，一部书也教出百样官：有人做官为君主开创基业，出谋划策；有人做官为天下苍生享太平，殚精竭虑；也有人做官只为一己之私，贪赃枉法，机关算尽……

· 伍子胥可曾鞭尸楚王 ·

> 怨毒之于人甚矣哉！

伍子胥是春秋时期的名人之一，他原本是楚国人，后来却成了吴国的大夫，一生成就非凡，为一个国家辅佐两代君王。太史公司马迁在著名的《史记》中也曾专门为伍子胥立传。可是，这样一位历史名人，却因为一件掘墓鞭尸的事情，引起了后世对他无休止的猜测和争议。

据说，伍子胥在吴军攻破楚国都城之后，曾经命令士兵挖开已经去世的楚平王坟墓，把楚平王的尸体拖出来用鞭子狠狠地抽打。掘君王的墓在古代绝对是大逆不道的做法，而且做这种事实在不符合伍子胥士大夫的身份，于情于理似乎都说不过去。不仅我们对此感到不解，历史学家们一直以来也是争议不断。那么，这件事到底是确有其事还是子虚乌有呢？伍子胥到底是个什么样的人？若是真事，究竟是怎样的刻骨仇恨竟让他不顾一切做出这样的事情呢？要了解这个悬案，咱们还得从伍子胥的生平说起。

伍子胥是楚国人，他的父亲伍奢原本是楚国太子的老师，后来楚平王因听信手下的一个奸臣费无忌的谗言，将伍子胥的父亲伍奢处死了。费无忌为了斩草除根，还施诡计想让楚平王把伍子胥和他的哥哥伍尚一起处死。伍子胥看穿了费无忌的阴谋，没有去见楚平王，而他的哥哥伍尚则没有逃过厄运。伍子胥背负着为父亲和兄长报仇的重责，千方百计地逃出楚国。据说，伍子胥当时因为悲愤和忧愁，一夜之间头发全白。恰巧因为这个相貌的改变，才使得他没有被守门兵将认出，顺利出了楚国最后一道关卡，最终辗转逃到了吴国。

到了吴国之后，伍子胥本希望吴王僚能帮自己讨伐楚国，可吴王似乎对此并不感兴趣。于是，伍子胥又将目光聚焦到了吴王僚的堂兄公子光身上。公子光为人谨慎却野心勃勃，伍子胥料定此人今后必成大事，便开始专心致志地辅佐他。后来，伍子胥找来勇士刺杀了吴王僚，辅佐公子光顺利地当上了吴国国君，还推荐足智多谋的孙武做军师，二人成为吴国国君的左膀右臂。

经过一段时间的准备，吴国正式出兵讨伐楚国，一举攻破了楚国的都城，伍子胥也终于盼到了自己报仇雪恨的一天。然而，他没有想到的是，当时楚平王已经过世，根本没有办法再让他受到酷刑的制裁。尽管如此，伍子胥的心中还是愤恨难平，为了却自己的报仇心愿，他把一切抛在了脑后，命令士兵挖开楚平王的坟墓，将其尸体拖出，狠狠地抽了这个大仇人三百鞭子，以此来消解内心沉积多年的心头之恨。

关于伍子胥挖坟鞭打楚平王尸体这件事情，后世的不少史书都是持肯定态度的，认为这件事确实发生过，而且伍子胥为父兄报仇也是正义之举。对于伍子胥掘墓鞭尸的记载,最权威的来源是出自司马迁所著的《史记》,其中详细记载了吴兵攻入楚国首都,伍子胥没有捉到楚昭王,怒气难消,便掘开楚平王的坟墓,狠狠抽了楚平王尸体三百鞭。到了东汉,越国人赵晔也在自己的专著《吴越春秋·阖闾内传》中有了更详细的记载:不但鞭尸三百,而且还在尸体上踩上一脚,他愤怒地斥责楚平王听信奸臣费无忌之言,冤杀了自己的父亲和兄长。

这件事情流传下来,在许多的文学和戏曲作品中不断被加工渲染,几乎已经被所有的人所接受。但也有一些历史学家提出了不同的意见。他们认为伍子胥或许只是抽了楚平王坟墓三百鞭子而已,并没有真的掘墓鞭尸。或者,伍子胥仅仅采取了鞭坟的行为,因为古代君王的陵墓一般设计得都是相当严密的,想要将其尸体拖出坟外必然要费一番周折,并不是那么容易就能做到的。况且,从当时的礼制观念来看,挖掘君王之墓绝对是一种大逆不道的行为。伍子胥是当时吴国的重要人物,掘墓鞭尸是让他日后承担千古骂名的罪行,这也迫使他必须三思而后行。

相比之下,鞭坟似乎更符合当时人们对于礼制和思想的看法。而且鞭坟的说法,早在先秦时期的《吕氏春秋·首时篇》中就有过相关的记载,由于《吕氏春秋》成书早于《史记》一百多年,其中所记载的内容可信性还是比较高的,其史料价值也受到世人公认。此外,在后世的《春秋谷梁传》《淮南子·泰族训》《越绝书·卷一》中也都有过"鞭坟"的相似记载。因此,有不少史学家以此推断"鞭坟"的说法是有根有据的,伍子胥只是率领士兵鞭打了楚平王坟墓三百鞭而已。

还有一些学者认为,伍子胥掘墓鞭尸一说纯属虚构,事实根本不能成立。因为在《春秋》《左传》《国语》这三部对春秋史实论述最具权威性的史籍记载中,根本就没有提到有关鞭尸或鞭坟的事情。而在当时,假如做出这种挖开君王坟墓的"犯上"行径，《春秋》必然会有所记载，并浓墨重彩地加以批判。在《左传》中，笔者用两千八百多字非常详细地记录了历时一年多的吴破楚之战，可书中不但没有记载伍子胥掘坟鞭尸或鞭坟之事，甚至在整个记载中，连伍子胥的名字都没有提到。因此，很多学者推断，伍子胥很可能根本就没有参加吴军攻破楚国都城的战争，即便有这个心，也没有实施这个行动的机会。

不管怎样，两千多年来，伍子胥掘坟鞭尸的故事早已被演变成小说、戏曲等无数个版本广为流传，最终成为家喻户晓的故事。但历史上究竟有没有发生这件事情，就目前来看，有鞭尸、鞭坟和子虚乌有三种不同的说法，史学家们对此已经争论多年，每一种说法似乎都有成立的史料依据，因此难以推断孰真孰假。随着历史的推移，春秋的年代距离人们也越来越久远，伍子胥掘墓鞭尸这件事情是真是假，是虚是实，很可能会成为一桩难以破解的千古之谜了。

隐忍就功名，非烈丈夫孰能致此哉？

· 苏武牧羊原因何在 ·

苏武留胡节不辱。

苏武牧羊的故事相信很多人都听说过，苏武被迫在遥远的贝加尔湖放了十几年的羊，始终思念故土，不忘大汉朝。千百年来，"苏武留胡节不辱"的故事不仅被写进了史书，还被写进了教材，写成了歌谣、戏剧，被人传颂千古。无数的史学家都认为，苏武是汉朝以来最有民族气节的英雄人物。可是，关于苏武牧羊的详细情况，并没有太多的人知道。

苏武是汉朝人，他为何跑到了千里之外的少数民族地区？他在汉朝是怎样的身份？为什么要到塞外去放羊？他只不过在贝加尔湖放了十几年羊而已，又为何被众多的史学家所称颂？这其中有着怎样的故事呢？这一切，还要从汉武帝当政时期说起。

汉武帝是一个有雄才大略的皇帝，汉朝在他的统治之下国富民强，一片繁荣。只是，北方的匈奴对汉朝的威胁一直以来都是汉武帝的心病。匈奴当年被著名的将领卫青和霍去病打败之后，元气大伤，与汉朝和平相处了一段日子。虽然口头上一直表示要跟汉朝和好，可私底下还是对汉朝虎视眈眈，有所图谋。

当时，匈奴与汉朝有互派使者拜访的习俗，但匈奴无缘无故扣留了一些汉朝的使者，作为报复，汉朝也扣留了一部分匈奴的使者。双方名义上和好，暗地里却是相互钩心斗角，争斗不断。后来，匈奴的单于去世，由他的弟弟且鞮侯单于接替王位，这个且鞮侯单于担心汉朝会在他刚刚即位立足未稳的时候出兵收拾他，就决定要抢先一步向汉朝表示友好。他首先释放了所有被扣押的汉朝使者，又派使者带着自己的亲笔书信护送这些汉使们回汉朝，他的书信写得非常谦虚恭敬："汉武帝，您是我的长辈，我们匈奴作为晚辈，怎么敢对长辈大汉朝不尊敬呢？"总之，净挑好听的话说，说得汉武帝心花怒放。因为古人都提倡"化干戈为玉帛"，这种化敌为友的事情，对于汉朝的百姓来说也是一件好事。

于是，汉武帝立即决定放回此前被扣留的匈奴使者，还要再派一大批使者前往匈奴，去化解双方几十年来的恩怨，友好相处。苏武，正是这批使者的负责人之一。当时的苏武是汉武帝的贴身侍从，专门负责掌管汉武帝的马厩以及平日打猎所用的弓箭武器等，深得汉武帝信任，因此被委以重任，出使匈奴，负责这件重要的外交大事。

苏武带着自己的副将张胜、常惠率领使团浩浩荡荡出发了。但他不知道，自己长达十几年的苦难将从此开始。苏武本以为自己带着汉朝的礼物和汉武帝的亲笔书信，以及归还的匈奴使者，会顺利与且鞮侯单于会面并完成使命，然后很快回到汉朝复命。可谁知道，刚刚到匈奴就出了岔子。

原来，在苏武没到匈奴之前，有个叫卫律的汉朝的使者在出使匈奴后投降了。单于特别重用他，封他为王。这个卫律有一个部下叫作虞常，一向对卫律很不满，而虞常又碰巧跟苏武的副将张胜是好朋友，他趁着这个机会私下找到张胜，说自己的母亲和弟弟都在汉朝，心里很牵挂，愿意出力除掉汉朝的叛徒卫律，希望汉朝能多照顾他的家人。张胜这个人好表现，想暗地里完成这件大事出个风头，便私下跟虞常商量了一个杀掉卫律的计划。更过分的是，他还想抓且鞮侯单于的母亲带回汉朝做人质，以此要挟匈奴。苏武摊上这么一个胆大妄为的副将，也算是倒霉。张胜这个欠缺考虑的计划，最后肯定不能成功，他不仅没有杀掉卫律，反倒让虞常被且鞮侯单于抓住了。

无奈之下，害怕承担责任的张胜才把这一切都告诉了苏武。苏武得知自己的手下捅了这么大的娄子，匈奴人一定不会善罢甘休。他对张胜说："事情已经到了这个地步，是无法挽回了，我身为汉朝的使节，要是被匈奴人严刑拷打，等于是丢了我们汉朝的脸，还不如及早自我了断。"说着就要拔刀自杀，手下的人连忙劝阻。

虞常被匈奴人严刑拷打之后，供出了自己与张胜合谋的事情。张胜贪生怕死，很快也投降了。苏武作为张胜的上司，自然脱不了干系，且鞮侯单于大怒之下要杀掉苏武，后来在大臣的建议下又改变主意，要苏武投降匈奴。苏武大义凛然地拒绝了："我是大汉朝的使节，如果丧失气节投降了匈奴，即使我保全了性命，还有什么脸面面对自己的国家呢？又有什么脸面回去见乡亲父老？"说完，立刻拔出佩刀自刎，且鞮侯单于的手下急忙上前阻拦，此时的苏武却已受了重伤。且鞮侯单于敬佩苏武的气节，命医生给苏武治伤，想尽一切办法威逼利诱苏武，想要让他投降匈奴。结果，都被苏武拒绝了。恼羞成怒的且鞮侯单于不甘心放苏武回去，就把苏武流放到匈奴最北边的北海去放羊，他告诉苏武："什么时候你放的羊生了羊羔，我就放你回归汉朝。"但卑鄙的且鞮侯单于给苏武的全部都是公羊，这明摆着就是永远不让苏武回汉朝。

　　匈奴的北海就是如今的贝加尔湖一带，荒凉而且寒冷。苏武独自一人在这片荒凉的土地上放牧，饥寒交迫之下，却始终拿着象征自己汉朝使者身份的符节，以表达自己对汉朝的思念和忠诚。日复一日，年复一年，使者符节上面的装饰都掉光了，苏武的头发和胡须也都变白了，他还是在这片荒凉的地方牧羊。且鞮侯单于死了以后，匈奴发生内乱，分成了三个国家。新单于没有力量再跟汉朝作对，又派使者来求和。这时候，汉武帝已经死去，他的儿子汉昭帝即位。汉昭帝派使者到匈奴去，要单于放回苏武，匈奴对使者撒谎说苏武已经死了，使者和汉昭帝都信以为真。幸好，当初与苏武、张胜一同被扣押在匈奴的副将常惠，私下买通一个匈奴的使节，把苏武还活着的消息传回了汉朝。

　　于是，汉昭帝派遣使者给单于传话："匈奴既然真心同汉朝和好，就不该这么没有诚意。我们皇上在御花园射下一只大雁，雁脚上拴着一条绸子，上面写着苏武还活着，你怎么说他死了呢？"单于听了吓了一大跳，以为真的是苏武的气节感动了飞鸟，连大雁也替他送消息，于是答应把苏武放归汉朝。

　　苏武在匈奴19年，从当初被汉武帝信任派遣出使匈奴，到受自己的一个副将牵连而被匈奴扣押；再到孤身一人在荒凉的匈奴北海放牧羊群十几年，饿了就吃野草，渴了就喝雪水，受尽苦难；最后被自己的副将报信搭救而得以回归故土，可谓是一波三折，经历了种种磨难。苏武当年出使匈奴的时候是40岁，带领一百多人出使匈奴，可如今却只剩下副将常惠。他们回到长安的那天，长安的老百姓都出来迎接。他们瞧见白胡须、白头发的苏武手里拿着已经失去颜色的符节，没有一个不感动的，说苏武是个有气节的大丈夫。汉昭帝也重赏了苏武，后来苏武去世，当时的汉宣帝把苏武列为麒麟阁十一功臣之一，足见汉朝对苏武的尊重。

　　后世大都知道苏武被困匈奴牧羊19年的故事，却很少有人了解其中的细节和原因。在一个个偶然或者必然的事件之中，苏武凭着自己心中"宁为玉碎，不为瓦全"的民族气节，终于坚持到了回归故土的那一天。相对于投降匈奴的使者卫律，以及贪功又怕死的副将张胜来说，苏武用自己坚贞不屈的民族气节证明了自己的伟大人格，也征服了当时的百姓和后世的人们，成为坚持民族气节的楷模，苏武的这种精神将会铭刻在历史的长河之中，名垂千古。

　　风餐露宿，牧羊北海边，十九年如一日，苏武不弃符节。

· 王允为何要杀掉蔡邕 ·

　　蔡邕是我国东汉末年的名士，在社会上的声望非常高，被当时的人称为"旷世逸才"。

　　蔡邕（133~192），字伯喈，是陈留圉县（今河南杞县）人。他是我国东汉末年举世公认的名士。然而，就是这位饱学之士，却在东汉末年风云变幻的政治斗争中被无辜杀害了。那么，蔡邕究竟为何会被杀害呢？

根据范晔《后汉书》中对蔡邕之死的详细记载，蔡邕在得知董卓被杀以后，情不自禁地发出了一声叹息。于是，王允就认为蔡邕是董卓的同党。但是，在《后汉书》中还有一段记载："卓重邕才学，厚相遇待，每集宴，辄令邕鼓琴赞事，邕亦每存匡益。然卓多自假用，邕恨其言少从，谓从弟谷曰：'董公性刚而遂非，终难济也，吾欲东奔兖州，若道远难达，且遁逃山东以待之，何如？'谷曰：'君状异恒人，每行观者盈集。以此自匿，不亦难乎？'邕乃止。"这段话的意思就是董卓非常欣赏蔡邕的才学，蔡邕在董卓身边的时候，一有机会就会向董卓提出一些好的建议，但是董卓为人一向刚愎自用，听不进别人的劝告。蔡邕曾经对别人叹息着说："董公性格刚强，又好掩饰自己的过失，最终是很难有成就的。我想找机会逃走，可是我每次弹琴都有那么多人围观，担心走到哪里都有人认识我。这可怎么办好呢？"结果到最后，蔡邕也没能逃出京城。由此可见，如果说蔡邕是董卓的同党，那么在董卓被杀以后，蔡邕是不可能还和王允共事的。可是既然蔡邕不是董卓的同党，并且根据史书中的记载，蔡邕帮助董卓处理朝政也是被逼的，并且王允也为董卓做过事，如果因此来定蔡邕的罪名，那么王允岂不是罪责更大，因为当初董卓入朝为官，就是王允和何进推荐的。既是如此，王允为何非要在董卓死后认定蔡邕是其同党，并将其杀害呢？这其中的缘由，就连给《三国志》作注的裴松之也困惑不解，所以只好认为是史书记载有误。

后世有学者认为，裴松之之所以会认为史书记载有误，是因为他没有看到王允在杀掉董卓之后的转变。根据《后汉书·王允传》中的记载，董卓是王允的敌人，王允为了能够消灭董卓，从大局出发，隐思周旋，最终杀掉董卓。董卓死后，王允就以功臣的身份成了群臣之首。为了整治朝纲，树立自己的个人威信，王允决定杀掉几个曾经追附过董卓的大臣。根据南朝梁人殷芸在《小说》中的记载，王允是为了消解自己的个人恩怨才要杀害蔡邕的。近代学者顾炎武在《日知录》中的记载,蔡邕不是一个崇尚节义的党人,而王允却是党人时代的名士。所以,王允早就对蔡邕怀恨在心了,最后做出杀害蔡邕的举动也就合乎逻辑了。

除此之外,后世还有学者从性格方面来分析蔡邕被王允杀害的原因。王允和蔡邕有过很多共同的经历,都曾为了反对宦官专权而斗争过,最终失败而惨遭陷害,被迫逃亡;也都曾在董卓专权的时候为他做事;又都是东汉时期的忠臣名士。但是两人在性格方面却有着极大的差别,王允是一位偏执、固守己见、心胸狭窄的人,因为自诩名士,交往之人很少;而蔡邕为人则心胸宽广、不拘小节,所以在三教九流之中都有过从甚密的朋友,例如桥玄、马日䃅、王朗、卢植、曹操等都是他的至交。王允为人棱角分明,而蔡邕则平易随和。王允对蔡邕产生了很强的忌妒心理,因而无法容忍蔡邕的存在。当蔡邕在毫无防范的情况下,王允勃然大怒骂道:"董卓这个逆贼,好几次都差点毁了汉室,你作为皇上的臣子,应该对董卓的行为加以斥责,如今你却因为自己的私人情感,就忘却了国家,今天我历数出董卓的罪行,你反而为他叹息,难道想要和董卓一样逆反吗?"于是下令将蔡邕杀害。至此,王允终于能够宣泄出心中多年的积怨,找到了报复蔡邕的机会。

经过总结,我们不难看出,王允一定要杀害蔡邕的原因不过是以下三点。第一,蔡邕和王允虽然都帮董卓做过事,但是董卓却比较欣赏器重蔡邕的才华,和蔡邕的关系也较为亲密。所以,王允只有杀了蔡邕才好向汉室交代。第二,蔡邕在董卓死后的确抱有同情之心,并且在没有分清楚场合的情况下表露出来。所以,这就在很大程度上触怒了王允。第三,王允的性格原因,由于王允为人心胸狭窄,刚愎自用,所以就非常忌妒比他有才华的蔡邕。

一千多年来,对于王允为何非要杀害蔡邕这件史实,史学家们一直猜测争论不断,上述的每一个说法似乎都有可成立的史料依据,因此难以推断哪种才是正确的，结论也就因此成了一个谜。要想揭开这个真相，还需要史学家作进一步的研究考证。

蔡邕悼董卓，是真名士自风流。

· 大才子孔融因何得罪曹操 ·

孔融4岁时，便因让梨而名扬四海。

孔融是东汉末年的名士，是有名的"建安七子"之首，同时他还是孔子的第二十世孙。孔融天资聪慧，在少年的时候就已经非常有名了，再加上他才华横溢，因此在当时的声望非常高。

汉献帝即位以后，孔融先后任职北军中侯、虎贲中郎将、北海相、大中大夫等职。然而，就是这样一位历史名人，为什么会在建安十三年（208）的时候被求贤若渴的曹操杀害呢？按理说，曹操是一个爱才惜才、求贤若渴的人，对于孔融这样一位才华横溢的人，他应该重用才对。于情于理都不该出现这样的事情，那么又是什么原因导致曹操非要杀了孔融不可呢？孔融之死成为了后世学者们争相探索之谜。后世对于孔融的死因也有着各种各样的猜测和争议，大致可以归纳为以下几种说法。

第一种说法认为，孔融被杀主要是因为他的政治主张与曹操背道而驰。孔融是维护正统的汉室的，他的思想言论同曹操在很多地方相互抵触。而且屡屡反对曹操的一些决定，并且还在公开场合多次令曹操难堪。建安十二年

(207），曹操出兵征讨乌桓的时候，孔融就曾公然嘲笑说："大将军远征，萧条海外。昔肃慎不贡楛矢，丁零盗苏武牛羊，可并案也。"不仅如此，孔融还反对恢复肉刑，反对曹操禁酒，讽刺曹操的儿子曹丕私纳袁绍儿媳甄氏等。再加上孔融忠于汉室，上奏主张"宜准古王畿之制，千里寰内，不以封建诸侯"，意思就是要尊崇汉朝的天子，确保汉朝天子的独尊地位，讽刺曹操受封魏王，孔融的这些主张同当时曹操实施的"挟天子以令诸侯"的政治政策相抵触，从而严重地激怒了曹操。因此，建安十三年（207），曹操以"欲图不轨""谤讪朝廷"等多项罪名将孔融全家杀害，孔融被杀时时年55岁。

另外一种说法认为，孔融是天下名士，家世出身、政治背景与宦官之后的曹操有着明显的差异。从东汉末年开始，许多士大夫都是倚仗自身的世家门第而目空一切，并以与普通人结交为耻。例如当时的河南尹李膺就规定家人，不是当今的社会名士和世家子弟，不准入府通报。而孔融是孔子的第二十世孙，在10岁的时候就出入河南尹李膺府第，自然是名门望族。而曹操恰恰相反，曹操的祖父是宦官曹腾，父亲曹嵩是曹腾的养子，所以身为名士的孔融就从心里看不起曹操。在公开场合多次嘲笑讽刺曹操。曹操在消灭袁绍以后，曹操的儿子曹丕私纳袁绍儿媳甄氏为妻。于是孔融就写信给曹操，说"武王伐纣，以妲己赐周公"，讽刺曹操为儿子私纳袁绍儿媳甄氏为妻的行为。但是曹操没有看懂这封信的意思，便去向孔融询问。孔融回答说，我看你如今的这种做法，就可以想象到当年的武王一定也是如此。曹操明白了这个意思之后，非常生气。

近代学者郭沫若指出："曹操虽然是一个爱才惜才的人，但对于那些恃才傲物，不肯依附自己的人，是无法容忍的。"身为宦官之后的曹操，在统一了中原以后，就试图借自己的政治权势来笼络那些名门望族的名士。但是，作为世族名士代表的孔融，却偏偏不肯受曹操的拉拢，还处处让曹操难堪。

所以曹操在忍无可忍的情况下，就拿孔融开刀，杀一儆百。根据翦伯赞《中国史纲要》的记载："曹操统一中原后，开始向那些不亲附自己的士人展开了进攻。"就足以证明这一说法。

对于上述的两种说法，有些学者予以了否定。他们根据史料记载指出，其实孔融在一些具体问题上还是同曹操合作的。例如，孔融曾在《崇国防疏》中斥责刘表的僭伪不轨，这其实在舆论上对曹操是有利的。而且，孔融所作的六言诗中，就曾写下"郭李纷争为非，迁都长安思归。瞻望关东可哀，梦想曹公归来"来称赞曹操在政治上的功绩。而在《与曹公论盛孝章书》中，孔融更是把曹操比喻成齐桓公。由此可见，如果说曹操杀害孔融是因为政治主张不同或者说是身份门第悬殊的原因，很难令人信服。

还有些学者认为曹操之所以杀害孔融，是因为孔融本身的性格造成的。孔融天资聪慧，才华横溢，又出身世家名门，少年的时候就名满天下。这就养成了他恃才傲物、目空一切、狂傲不羁的性格。他从来都不去刻意结交权贵，对当时的权贵代表董卓、曹操也是公然嘲讽，惹得当时这些权贵们对他不满。所以，在古代也有很多学者认为孔融被杀是因为他自身的性格造成的。例如颜之推的《颜氏家训》，就认为孔融是因为生性傲慢而被杀的；张瑶在《汉纪》中分析说，孔融恃才傲物，不识时务，而曹操虽然表面看起来宽容大度，但是内心却是非常不满的。由此可见，孔融狂傲不羁的性格同曹操之间形成了不可调和的冲突，从而造成了孔融被杀的悲剧。

其实上述的各种说法都是没有确切而有力的证据来证明的，但是似乎每种说法的背后都有着一定的依据。孔融究竟为何被杀？很有可能会成为一桩无法破解的千古之谜了。

才子真性情，主公多妒忌，身首异处，时也？命也？

・ 刘备真的做到三顾茅庐了吗 ・

先帝不以臣卑鄙，猥自枉屈，三顾臣于草庐之中……

刘备三顾茅庐请诸葛亮出山的故事世人皆知。我国古代四大名著之一《三国演义》就详细叙述了刘备"三顾茅庐"请诸葛亮出山辅佐他成就霸业的故事。将刘备的求贤若渴、礼贤下士的态度描写得惟妙惟肖，把刘备对诸葛亮的敬仰之情，关羽、张飞的居功自傲也是刻画得入木三分。这段"三顾茅庐"的故事，是罗贯中根据陈寿《三国志·诸葛亮传》中的记载，加入了艺术构思创作而成的。那么，刘备真的曾三次前往茅庐拜访诸葛亮吗？一直以来，史学界都是众说纷纭。

第一种说法认为，刘备的确"三顾茅庐"拜访诸葛亮。《三国演义》中关于刘备和诸葛亮第一次见面的记述是，刘备带领军队驻扎在新野的时候，徐庶向刘备推荐了诸葛亮，刘备就让徐庶带诸葛亮来见他，可是徐庶说只有登门去拜访诸葛亮，却不能让诸葛亮来拜见刘备。由此可见，刘备是亲自到诸葛亮那里拜访的，总共去了三次，才得以见到诸葛亮。但是这里面却没有写到关羽和张飞同刘备一同前往拜访诸葛亮，也没有记载刘备同诸葛亮见面的地点是在茅庐中。

根据诸葛亮在《出师表》中的记载："先帝不以臣卑鄙，猥自枉屈，三顾臣于草庐之中……"从这段记载中，可以确定刘备曾三顾茅庐拜访诸葛亮。陈寿也在《三国志》中写到了《隆中对》，里面记载了刘备三次前往茅庐拜访诸葛亮以及同诸葛亮议论天下形势的过程。一直以来，刘备"三顾茅庐"请诸葛亮的故事都被视作礼贤下士、爱才惜才的典范。加上当时刘备正处于危难之时，急需大量人才相助，根据这个情势，刘备"三顾茅庐"是有很大可能的。所以，后世对于刘备"三顾茅庐"事件的真实性从来没有质疑过。

根据三国人鱼豢《魏略》中的记载，提到了刘备和诸葛亮第一次见面时的情形，并没有记载刘备"三顾茅庐"时候的情形。《魏略》中也曾记载道：刘备屯兵樊城的时候，曹操已经统一了黄河以北的地方，诸葛亮已经预见到曹操很快就会对荆州发兵进攻。而荆州的统治者刘表软弱无能，是不足以抵抗曹操的大军的，于是诸葛亮就北上求见刘备。刘备看诸葛亮年轻，并没有引起对诸葛亮的重视。诸葛亮通过对当前政局的讨论分析以及提出了相应的对策才让刘备对他刮目相看。最后，刘备才对诸葛亮加以重用。西晋司马彪《九州春秋》对此也做过同样的记载。而且《魏略》一书是当时人们对当代历史的记录，具有一定真实性，因此书中所记载的内容是毋庸置疑的。

其实，从诸葛亮本人积极进取的态度可以看出，《魏略》《九州春秋》中的记载是有一定可信度的。但是后世也有学者调和了上述两种说法之间的冲突，认为刘备"三顾茅庐"和诸葛亮的樊城自请相见刘备都是真实可信的事情。根据清代学者洪颐煊在《诸史考异》中的记载，诸葛亮第一次见刘备是在樊城，刘备虽然以礼相待诸葛亮，但是并没有重用他。直到徐庶向刘备推荐诸葛亮的时候，刘备再次会见诸葛亮才逐渐对他加深了了解，建立起了深厚的感情，并指出：在建安十二年（207）初见，再次相见是在建安十三年（208）。后来诸葛亮非常感激刘备的赏识重用之情，所以才在《出师表》中进行了记载。

第二种说法认为，刘备并没有"三顾茅庐"拜访诸葛亮。认为"三顾茅庐"所记载的事件根本不可能存在。诸葛亮是一位胸怀大志，想要有一番作为的人，刘备请他出山相助，其实正符合他的需求，他又怎么会多次拒绝拜见刘备，不肯抓住眼前这个机会呢？刘备在当时已经是一位非常有声望的政治家，而此时的诸葛亮却是一位年轻的布衣，刘备又怎么会那样低声下气、苦苦相求诸葛亮呢？虽然，根据陈寿《隆中对》中的记载可以证明刘备曾"三顾茅庐"，但在当时，刘备正面临着曹操几十万南征大军压境的威胁，《隆中对》中却没有提到这个紧迫面临的问题，是不合乎情理的。

另外，刘备第一次拜访诸葛亮，又怎么会安排人进行现场记录呢？因此，所谓的《隆中对》，很有可能是陈寿附会诸葛亮的《出师表》而杜撰出来的。况且，在我国的正史上也没有对《隆中对》一事的记载，《隆中对》的内容是当时最高的军事机密，不可能随随便便一字不漏地告知天下。由此可以判定，刘备"三顾茅庐"是不可信的。

刘备礼贤下士"三顾茅庐"的故事对后世有着很重大的现实的进步意义，在世人眼里也是一个不老的传说。而有关刘备和诸葛亮见面时的具体情形如何，恐怕只有当事人才会知道。

鞠躬尽瘁，死而后已，孔明未负三顾之诚。

· 包公忠魂葬何处 ·

"包公"原名包拯，因"为官清廉，铁面无私"而得名"包青天"。

包拯（999~1062），字希仁，庐州（今安徽肥东县）人，是我国北宋时期颇有名望的一位清官。包拯出生于一个官僚家庭，28岁考中进士。按照宋朝的制度，进士就可以去当官了，但他为了照顾父母，便一直留在家中，直到36岁才正式开始了他的仕臣生涯，他先后担任龙图阁大学士、开封知府、御史中丞、枢密副使等官职。在职期间，他惩恶扬善，为民申冤，以"断狱英明刚直"著称于世。嘉祐七年（1062），包公去世，享年63岁。

早在北宋时期，包公的故事就开始在民间流传，包公也因此成为一个无所不能的传奇人物，直到今天仍然深受人们的喜爱。这时，我们不禁要问，我们去哪儿才能祭奠一下这位北宋名臣呢？关于包公墓的问题历来就是人们关注和争议的焦点，因为在河南巩县（今巩义）和安徽合肥各有一座包公墓，而且还各有历史记载为证。一个包公，为什么会有两座墓葬呢？

河南省巩义市西南有座"巩县宋陵"，这里有北宋王朝9个皇帝的陵墓。在这9个皇陵中，有一座陪葬墓，它位于宋真宗的墓旁，是一座高约5米的圆形冢墓，这就是人们所说的包公墓。关于巩县包公墓，明代嘉靖年间修订的《巩县志》以及清代顺治后的各版《河南通志》中都有记载，可见巩县包公墓在明朝初期就已经存在了。

然而，十几年前，考古学家们在安徽省合肥市东郊大兴乡又发掘出一个包公墓，并且这里还有包公的夫人董氏墓、长子夫妇墓、次子夫妇墓，以及孙子包永年墓。在这里发掘出土的墓志铭中记述了包公的一生。从墓志铭上的记述来看，这里确实是包氏族墓。

如果合肥的包公墓是真墓的话，那巩县的包公墓又是怎么一回事呢？它里面究竟埋葬着什么？为什么要建这个包公墓呢？或许巩县包公墓只是人们的臆断？陪葬在宋真宗墓旁的另有其人？

合肥包公墓的发现让人们对巩县的包公墓产生了疑问。有人在对巩县包公墓进行过研究后提出了这样一个问题：依宋代的宗法制度来看，巩县包公墓的位置有失君臣尊卑之序。因此，有人怀疑，巩县的包公墓内埋葬的不是包公，极有可能是宋真宗的爱弟——燕王赵元俨。赵元俨排行老八，被尊称为"八大王"，是戏曲中八贤王的原型。因为他的人品和威望与包公十分相似，所以人们就将他的墓误传为包公墓了。1949年，有人曾发掘过巩县的包公墓，但是他们只在墓中发现了一些宋代官员佩戴的饰品，所以有些专家认为这里的包公墓很可能只是衣冠冢。当然，这些也只是猜测，究竟这里是否是真正的包公墓，以及此地的包公墓与合肥的包公墓有着怎样的关联，至今仍难以回答。

一个包公两座墓之谜尚未解开，紧接着又出现了一个谜中之谜。在合肥出土的包氏墓地中轴线的西南部，又发现一个较大的封土堆，它约有4米高，底径约有10米，其外形酷似在合肥出土的包拯夫妇的墓冢。专家认为，这个土堆很可能是"疑冢"，就如曹操的"七十二疑冢"一样。那包公墓为什么要设此"疑冢"呢？难道他也是为了防止盗墓贼盗墓吗？另外，它是什么时代修建的呢？真是一波未平，一波又起，北宋名臣又为他的后世留下了千古之谜。

忠魂已逝，青天耀千古。

· 方孝孺为何被"灭十族" ·

方孝孺出身书香门第，自幼聪慧过人，被誉为"小韩非子"。

方孝孺是明朝学士方克勤的儿子，方孝孺自小受到父亲的教育，而他的父亲相当于现在县学校的老师。方孝孺从小就喜爱作诗和写文章，并且对于读过的书更是过目不忘。年纪轻轻的方孝孺是宁海县的一个小神童，被称作"小韩非子"。不过，此刻笼罩在各种光环中的方孝孺，他能预见到自己日后死得不明不白吗？

洪武四年（1371），方孝孺一家迁离宁海，因为受朝廷任命，方克勤接受了山东济宁知府的官职，方孝孺也就和父亲一起离开故乡，远赴济宁。方孝孺一家北上济宁之后，方孝孺就拜师学艺，江南第一大儒宋濂是方孝孺的老师。当时的明代开国元勋宋濂是一位了不起的人物，门下弟子无数，这些弟子中也不乏优秀人才，例如当时有名的胡翰和苏伯衡，但是他们和方孝孺比起来还是逊色了一些，唯独方孝孺是最为优秀的弟子，而宋濂对于方孝孺也是十分地器重。

"仁政"的思想一直是宋濂所坚持的，"仁"就要求反对杀戮和暴政，认为君主应该是一个以德治国的明君，而不是以暴制暴，受后人怨恨和指责。宋濂还主张恢复古代的礼乐，他认为情操的陶冶和思想的熏陶让人受益匪浅。方孝孺深受老师的影响，这一切仁义道德虽让方孝孺感受颇深，却免不了受到动乱的牵连，"空印案"的发生，致使方孝孺之父方克勤难逃被诛的命运。

洪武九年（1376）发生的"空印案"，让一向清廉守法的方克勤受到牵连被诛，洪武十三年（1380）的胡惟庸案让宋濂也受到牵连。方孝孺几年间看到自己的父亲和老师先后遇难，方孝孺的内心承受着巨大的打击。后来，方孝孺一直都提倡仁政和反对暴政。年轻的方孝孺受到了很多关注，26岁的时候就被东阁大学士吴沉等人推荐进京。明太祖朱元璋看到了年轻的方孝孺，认为这样一位举止端庄的人是个奇才，而且方孝孺言谈举止间流露出来自己的才情，让朱元璋也很欣赏。可是论及方孝孺的为政思想，朱元璋却对他产生了芥蒂。朱元璋不赞同方孝孺的那些仁政和教化的想法，只是给了方孝孺厚礼，让方孝孺回到了故乡。

年轻气盛的方孝孺身怀旷世之才却得不到重用，只是拿了一些勉强的厚礼，不能步入仕途，这对于方孝孺来说是一个巨大的遗憾，他不能够从政为官造福百姓和报效国家。不过方孝孺并没有因此自暴自弃，而是用了10年的时间隐居在家，潜心撰写自己的著作。

《周易考次》和《宋史要言》是方孝孺的代表作品，空怀政治抱负的方孝孺在著书上花费了很大的心血，甚至一度断了米粮，方孝孺仍是潜心于著作，从来没有停笔。生活清苦却未放弃理想的方孝孺大概是感化了朱元璋。

在洪武二十五年（1392），方孝孺经人再次举荐的时候，朱元璋终于松口让他当了陕西汉中府学教授，方孝孺的才情终于有了用武之地。但是，真正让方孝孺一展才华的人是朱允炆，即建文帝。朱元璋于洪武三十一年（1398）病逝，随后朱允炆即位，年号为"建文"。建文帝生性善良，他很是器重方孝孺，认可方孝孺的"明王道，致太平"，年轻的朱允炆没有排斥方孝孺，而是重用方孝孺。

"仁政"和"尚武"是政治的极端，朱允炆有着自己的一套当政理念，因此当时那些饱读诗书的才子都受到重用，齐泰、黄子澄和方孝孺等人都是因为建文帝的仁政而遇到了一展抱负的机会，方孝孺的仁政思想和建文帝的执政理念不谋而合，二人有着相见恨晚的感觉，建文帝对方孝孺的才情青睐有加，于是方孝孺的官职是节节高升，先是在翰林院任职侍讲，后来又做了文学博士，每日的任务就是伴随在建文帝身边，建文帝和方孝孺惺惺相惜，建文帝也正在针对社会的弊端进行改革，"建文新政"是建文帝在方孝孺的辅佐下完成的一次意义重大的改革。

建文帝主张礼教和文治，废除之前的严刑酷法，以及赦免了之前的很多牵扯到文字狱中的人。建文帝还兴办学校和重视农桑，对于交不起田租以及身处危难的百姓，建文帝给予了极大的救助，努力做到让百姓生活改善，国家也繁荣昌盛，欣欣向荣。建文帝的这一番改革受到很多人支持，仁政永远比暴政深得人心。可是随着时间的推移和仁政的实施，建文帝的改革遇到了阻碍，因为从小就生活在皇宫中的建文帝没有经历过百姓的疾苦，没有感受过现实的残酷，而且任用的大多数读书人远远不能够满足政治的需要。

仁政的思想较于暴政固然优越，可是却缺乏现实的基础，有时候未免过于理想化。正是在这样的情况下，方孝孺建议建文帝恢复西周时期的井田制，而且还依照古时候的某些措施来改革吏治，这样的改革在社会上引起了不小的轰动，建文帝的改革本意虽好，可是缺乏实际。他照搬那些书本上的理论知识，甚至想要依靠古人的方法来巩固自己的国家，最终建文帝失国，败在自己叔叔的手中，这和他的性格有着莫大的关联。

后来朱棣起兵，朱棣的大将姚广孝就建议不要杀方孝孺，认为这是一位不肯归附的倔强人才。而朱棣也听取建议，在政变成功之后，将方孝孺关进监狱。方孝孺将自己的命运和建文帝紧紧相连，他过分依赖于这个帝王，最后自己随着建文帝的失败而入狱。身在狱中的方孝孺没有受到什么刑法，明成祖朱棣非常敬重他。朱棣让方孝孺帮其拟登基诏书，一来是想让这一位才子为自己办事，看是否能够归降；二来是朱棣想要借着方孝孺的名气为天下人做一个榜样，好让天下的有才之士都识时务地归顺于他。但是朱棣的预想没有实现，方孝孺誓死不从。纵使朱棣三番五次派人规劝，方孝孺硬是不答应朱棣的要求。

朱棣没有放弃对方孝孺的规劝，无奈之下，朱棣让方孝孺上殿觐见，方孝孺却穿着丧服。方孝孺一进殿就开始大哭，是在为器重自己的建文帝哭泣。朱棣见不得方孝孺的此番行为，便要人撕去方孝孺身上的丧衣，让人给他换上了上朝的朝服。紧接着朱棣的表现更是让人诧异：朱棣给方孝孺赐座，而且劝解他不要难过。一个君王能够如此对待一个不愿归顺的大臣，这显然是朱棣为人的深谋远虑之处,而方孝孺却是一心关心朱允炆的去向,朱棣说朱允炆自焚死了。

之后,方孝孺提出立君要立成王的弟弟或者是儿子,但是朱棣刻意回避,说是家事不要别人操心。朱棣还是要让方孝孺为自己写下登基诏书,方孝孺写下了"燕贼篡位"之后就放声大哭起来,朱棣终于抑制不住怒火,称要灭了方孝孺九族。方孝孺哪里顾得了这些威胁,灭十族也动摇不了方孝孺忠君爱国的决心,因为他认为建文帝是正统,朱棣是乱臣贼子。

方孝孺的嘴巴被割开,一直流血,随后朱棣抓捕了方孝孺的家人,展开了对方孝孺全家的杀戮。自己的家人受牵连,方孝孺非常难受,可是他仍然不肯屈服于朱棣。后来,年仅48岁的方孝孺被押到南京城聚宝门外处死,其妻子和两个儿子都上吊自杀,两个女儿投河自尽。

这一次,受方孝孺牵连的家人共有873人,数千人入狱或者是充军流放。因为方孝孺整个方氏家族都惨遭迫害。

后人对于方孝孺忠贞的气节称颂不已,在政治动乱的年代,能够做到像方孝孺这样不畏权势的又有几人?深受儒学忠君思想影响的方孝孺宁死不屈,甚至不惜以全家人的性命为代价,这里既有方孝孺与建文帝之间的君臣情感,即建文帝对怀才不遇的方孝孺的知遇之恩,也是方孝孺忠君思想在现实中的体现。

明代历史学家王士性曾评价方孝孺:"自古节义之盛无过此一时者。"

清官海瑞为何备受排挤

海瑞有"明朝第一清官"之称,然而其仕途却一路坎坷。

海瑞是历史上赫赫有名的人,他敢于进谏和惩治恶人,对待好的人和事,他喜欢加以赞扬和鼓励。嘉靖时期,很少有人能够拥有像海瑞那样的清廉名声。

海瑞恩怨分明,公私关系处理妥当,老百姓十分爱戴海瑞,将海瑞比作是"海青天"或者"南包公",这些都证实海瑞的确是一位时时刻刻为百姓着想的好官。不过海瑞的仕途十分坎坷,造成坎坷的因素有哪些呢?

首先介绍海瑞的生活环境和家庭状况,从这两点我们可以看出海瑞的性格,并可以从海瑞的性格上分析他为什么仕途坎坷。

海瑞出生地在海南,他生于正德九年(1514),祖父和伯父都是为官之人,海瑞之父海瀚是知识分子,母亲也是一位贤妻良母,将家里打理得井井有条,后来海瑞的父亲去世,日子就更加清苦了。

母子二人便相依为命,海瑞的母亲誓死都不改嫁,坚持独自养大海瑞。海瑞也没有让母亲失望,他一直是个孝子,而且学习非常勤勉,小时候就开始读《大学》《中庸》等书籍。母亲将海瑞教育得很好,是他的良师益友。海瑞不仅孝顺母亲,而且怀着爱国情怀,他时刻都想要为国家做些贡献。

嘉靖二十八年(1549)的时候,海瑞考中了举人,后来担任福建南平县学教谕,在此期间,海瑞的各种言行都被传为佳话。在迎接提学御史的时候,海瑞不下跪,说是学校不应该变成衙门,凡事还要跪着接待,百姓们此时已经感受到海瑞凡事为民着想，因此海瑞被誉以"笔架博士"的美名。在嘉靖二十九年（1550）的时候海瑞参加会试，可是失败了。再过三年，海瑞再一次失败，榜上无名。

海瑞仕途坎坷的第一个原因，海瑞出淤泥而不染，不与贪官污吏同流合污。

后来海瑞当上了淳安县的知县，在这里，海瑞认为自己责任重大，一县之中百姓的冷暖安危都和自己息息相关。于是海瑞开始对淳安县进行治理，以保证淳安县百姓的安危。那时候贪赃枉法的事件接二连三地出现，官员们不理会百姓的疾苦，反而以受贿作为人生的乐趣，为官者都想尽一切办法榨取百姓的钱财，甚至有的违法犯罪之人贿赂钱财给官府，所以冤假错案就经常出现。

面对这样的淳安县，海瑞没有跟风，而是继续做一个守法的官员，因此他的日子过得相当清贫。有时候海瑞甚至要靠借钱度日，可是对于县内的各种冤假错案都查得一清二楚，海瑞被当地百姓称为"海青天"。海瑞是青天似的官员，因为他所做的任何事都是为了黎民百姓。恶霸豪强已经不能够阻止海瑞为百姓做事的决心，纵使是对待自己顶头上司的儿子，只要对方是恶霸之类的人物，海瑞都毫不退让，坚决和这些鱼肉百姓的人抗争到底。

海瑞仕途坎坷第二个原因，海瑞与恶势力勇于斗争，至死不妥协。

胡宗宪就是海瑞的顶头上司，但是胡宗宪的儿子四处为非作歹，虽说胡宗宪对海瑞一直不错，但是正义的海瑞还是没有向这些邪恶势力妥协。有一次，胡宗宪的儿子路过淳安，海瑞的接待让胡公子很不满意。胡宗宪之子以为会有人过来好好款待自己，可是海瑞却吩咐下去不允许特殊招待，这个胡公子一生气就将饭菜掀翻，还将差役毒打了一顿。胡公子将淳安县衙门闹得鸡犬不宁，为了平息这一场风波，海瑞也有自己绝妙的计策。海瑞一口咬定胡公子是假冒的，而且还搜了他身上的钱财充公。后来胡公子回到家中向父亲胡宗宪告状，海瑞已经将假冒胡公子一事散播出去，说有人假冒胡公子之名为非作歹，还在衙门毒打差役，胡宗宪为了保全自家面子，只好忍气吞声。

后来淳安县又发生了一件事，就是一位京城的御史和海瑞之间发生了过节。这位御史是一个表面上虚伪装廉洁，实际上却是希望别人给自己特殊招待的人，他每到一个地方都假惺惺地要求一切接待都从简，不要铺张浪费，实际上就是要求别人大摆筵席接待自己。这位御史快到淳安县的时候，给了海瑞一个通知，通知海瑞不要特别隆重地招待自己，简单招待就好。海瑞知道这个人虚伪，于是就回信问他到底是一切从简还是招待山珍海味，要求御史明示。御史看到海瑞的回信非常生气，于是就痛恨海瑞，海瑞被御史编造假罪名，随后被降职为兴国知县，一年多后才回到京城。

海瑞仕途坎坷第三个原因，海瑞性子耿直，不知进退。

海瑞后来任职户部主事，嘉靖四十四年（1565），皇帝一心要修炼成仙，完全不顾国家和百姓，海瑞就上书指责皇帝的过失，句句刺中了嘉靖皇帝的心。海瑞免不了被皇帝惩罚，在上奏折之前，海瑞吩咐家人万一自己出了事，就要给自己办丧事。后来海瑞果然被嘉靖皇帝关进监狱。

从上述三个原因可以看出，海瑞骨子里是倔强的，他不为贫穷而折腰，他不畏强权，真正为老百姓着想，这些都导致他得罪了很多达官贵人，在那样一个官官相护的年代，海瑞的仕途还能一帆风顺吗？

嘉靖皇帝去世后，新皇帝登基大赦天下，海瑞才得到了隆庆皇帝的赦免，并且重新做了户部主事，又被任命为应天府巡抚。海瑞官位节节高升，可是从来没有放弃自己的为官理念，一直都是勤政爱民，还帮助百姓修筑了吴淞江水利工程——海瑞是百姓的福星。

在海瑞去世的前几天，海瑞还将多发的七两银子退回兵部，海瑞的家里没有多少钱财，只有当月的俸禄，甚至海瑞的丧事都是朋友们凑钱办的。海瑞的一生都过得清苦，可是却为百姓做了很多好事，是一个不可多得的好官。

明代思想家李贽评价海瑞：先生如万年青草，可以傲霜雪而不可充栋梁。

·林则徐是死于巴豆吗·

林则徐主持虎门销烟，是中华民族的大英雄，然而人们却说他的死因跟巴豆有关。

林则徐是福建侯官人，在嘉庆年间考中了进士，这才步入了仕途。林则徐历任巡抚、总督等职位。他在百姓的心目中口碑极好，他为官清廉，办事认真，更难能可贵的是拥有强烈的爱国思想。当国家主权被帝国主义列强侵犯时，林则徐顽强抵抗，他是第一个坚决反对鸦片走私的人，他也是第一个用实际行动反抗侵略战争的人。

虎门销烟的事迹轰动古今，林则徐担任钦差大臣，他在广东搜出了237万多斤鸦片，并在虎门当众销毁。他反抗外国列强，挽救民族危机，他不执拗于传统旧习，是一个拥有独立思想的好官员。但是好官总会受到贪官的排挤，他被人诬陷，革职流放到新疆。在那片广阔的荒凉之地，他没有自暴自弃，他关心老百姓，在新疆重视发展生产。他兴修水利，救灾放赈，为开发边远地区做出了巨大贡献。之后林则徐被重新重用，他刚正不阿，恪尽职守到65岁那年。在那一年，他在赴广西任上的途中突然暴毙。林则徐的死震动了朝野，咸丰皇帝还特别颁发了《御祭文》和《御赐碑文》，目的是为了称颂林则徐一生的功绩，士大夫们也纷纷悼念他。

这样一个让人敬仰的民族英雄突然死亡，不得不让人怀疑，这成了人们难以解开的一个谜，林则徐的一生如何呢？

林则徐出生在一个下层的封建知识分子家中，他的父亲叫作林宾日，是一个教书的先生，靠着私塾的微薄收入无法维持生活，所以林则徐的母亲就用手工劳动来分担家庭的负担。传说，林则徐出生在晚上，林宾日梦中亲见凤凰飞，这使他想到南朝才子徐陵，徐陵出生的时候其父亲梦见了麒麟。林宾日认为是吉兆，于是便给儿子取名"则徐"。在清朝，想要一步登天，唯一的出路就是走科举之路。林则徐的父母把所有的希望都放在了他的身上，希望儿子能够高中做官。林则徐自小不负众望，他十分聪慧，4岁的时候父亲抱着他坐在自己的膝盖上口授四书五经，在父亲的精心培育下，他较早地读了儒家经传。

林则徐14岁的时候就中了秀才，之后到福建著名的鳌峰书院读书，他的老师是郑光策和陈寿祺。林则徐在父亲和老师的悉心教导下，19岁就中了举人。林则徐的学业取得了惊人的成就，但是家中十分困难，父母年岁已高，他只能去当私塾先生。没过几年，他去了厦门任海防同知书记。这里鸦片泛滥引起了林则徐的关注，在次年的时候，他受到了新任福建巡抚张师诚的赏识，于是被招入幕府。林则徐此后学到了很多的知识，这些为他日后步入官场做了准备。

嘉庆十六年（1811），林则徐会试中选，赐进士，选翰林院庶吉士，开始进入官场，实现了父母的愿望。林则徐为官后为百姓做过许多好事，由于性情过于急躁，他请人写了"制怒"两个大字挂在家中大堂中央，以这样的方式来告诫自己。林则徐一生经历了嘉庆、道光、咸丰三个皇帝，见证了清政府日益衰败的过程。在 1841 年 5 月，虎门销烟已经结束，但是林则徐没有受到封赏，反而被撤去官职。他被昏庸、刚愎的道光皇帝调往浙江军营"戴罪立功"。

道光皇帝为了讨好英国人，又将林则徐发配到新疆伊犁充军。其后，65 岁的林则徐被朝廷重新起用为钦差大臣，他带着儿子林聪彝和亲信幕僚刘存仁离开了家乡福建，直奔广西。

当林则徐等人路经广东普宁时，他突然发病，不省人事。林则徐的儿子林聪彝急得束手无策，幸亏随行的亲信幕僚刘存仁老成持重，他差人连夜请来大夫，在大夫的诊治下，病情终于有了好转。不过暴风雨之前都是平静的，而林则徐病情的好转，引来的却是一双黑手。

林则徐在生病期间每天都吃鸡丝小米粥，并且都是由同一个小厮从厨房端来的，林则徐见到这个小厮后，觉得极为眼熟，他边喝粥边想，发觉粥的味道有些怪异。他猛然想了起来："这不是我在广州查禁鸦片时，外国人雇用的厨子郑发吗？自从我获罪充军伊犁（新疆），他不是为洋人做饭去了，今天怎么会到了这里？"林则徐想起来已经晚了，等到林则徐命人传郑发时，人早已不知去向。当夜，林则徐腹泻不止，卧床不起。到第四天，林则徐已是奄奄一息。这天傍晚，林则徐躺在病榻上，他的手紧紧握着儿子的手说："聪儿，为父一生全力以赴，志在抗英御外……可恨壮志未酬，那班卖国贼仍在为非作歹，番鬼仍在我中华大地横行不法……为父死不瞑目啊……"突然，林则徐松开手，直起身子，指着前方大叫："新豆栏，新……"话未说完就"咚"的一声倒了下去……

林则徐突然暴毙，其实在他死前就想到自己的死因了。因为林则徐在虎门销烟的时候，触及了很多商人的利益，这些商人怀恨在心，于是便买通厨子郑发。在林则徐生病期间，郑发在每日熬好的鸡丝小米粥中放入巴豆，而这种巴豆就是广东地区独有的，在新豆栏街区有卖的。林则徐已经感觉出小米粥的味道有些怪异，但是发现的时候已经晚了。林则徐的儿子林聪彝见父亲死去，当即大哭起来，不过父亲所说的"新豆栏"，他到生命的最后一刻也没有明白是什么意思！

林则徐真的死在巴豆上吗？这些秘闻还没有得到证实，只是这样一个民族英雄、大清官没有实现自己的远大抱负就抱恨而逝，实在让人扼腕叹息。

近代开眼看世界第一人，竟为宵小所害，令人唏嘘。

· 戊戌变法失败与袁世凯的关系 ·

清朝末期，变法图存已是人所共知，然而变法屡屡受挫，原因何在？

甲午中日战争的失败引起了帝国主义列强瓜分中国的狂潮。为了改变中国半殖民地半封建社会的历史现状，不愿做亡国之君的光绪帝站了起来，他采纳康有为、梁启超等人的建议，准备在维护清朝政府统治的同时，在保证封建地主阶级根本利益的前提下，效仿日本"明治维新"，进行一次资产阶级改良性质的革命，这次革命被称为"戊戌变法"。但是，由于此次变法触及了以慈禧太后为首的顽固派的根本利益，1898年9月21日，慈禧太后发动政变，她囚禁主张变法的光绪帝，"戊戌六君子"都被处斩，康有为、梁启超逃亡国外。这次维新变法持续了百余日，故而又称为"百日维新"。

有人认为，导致这场变法失败的罪魁祸首是袁世凯，是他向慈禧太后告密的，袁世凯为此背上了千古骂名。但是也有人不同意袁世凯是祸首的说法，那么导致"戊戌变法"失败的罪魁祸首是谁呢？

持袁世凯是罪魁祸首的学者拿出了证据。在中国一般的正史、野史中记载，都说戊戌变法是败于袁世凯之手，认为袁世凯的告密，最终导致了戊戌变法以失败告终，这一观点来自袁世凯死后公开发表的日记。日记的大意是说，"戊戌六君子"中的谭嗣同夜访袁世凯，他气焰凶狠、状似疯狂地逼迫袁世凯派他的新军去包围颐和园，然后囚禁慈禧太后。

袁世凯在日记中称，由于看见谭嗣同的腰间衣服高高地耸起，看起来好像藏着凶器，他心中有些担忧，秉持好汉不吃眼前亏的理念，袁世凯假意答应，但是随后就向在天津的官员荣禄告密。袁世凯在日记里口口声声说是为了铲除那些误国误君的人，为了保护皇上才向荣禄揭发谭嗣同等人。袁世凯还向荣禄宣誓说："如果我所说的话连累了你，那么我会服毒药自杀。"荣禄被袁世凯的话说服，他当晚就入京向慈禧告密。日记记录表明，9月21日的政变正是因为袁世凯告密才发生的。

但是也有人反对袁世凯是罪魁祸首的论点。他们认为，其实"戊戌政变"早在9月19日（八月初四）的那一天就已经发生了，因为在19日的那天，慈禧提前从颐和园赶回皇宫，在颐和园的时候她就得到了消息。于是，她让人监视光绪皇帝的一举一动，光绪帝失去自由，所有的大权都被慈禧掌握在手中，这意味着政变即将发生。紧接着在21日的时候，慈禧宣布"训政"，这仅仅只是一个形式而已。因为袁世凯在20日晚才向荣禄告密，这和19日的政变没有一点关系，因此把戊戌变法失败归罪于袁世凯身上是不公平的。

还有人提出，袁世凯当时答应谭嗣同出兵颐和园，并非是对谭嗣同虚与委蛇，他曾是真的想要助维新派和没有实权的光绪帝发动政变。但是袁世凯在前往天津的时候，无意中撞见了慈禧太后派人来通知荣禄，因此，他见风使舵，将准备在21日发动政变的消息告诉了荣禄，目的是为了免受株连，他将维新派要他出兵包围颐和园的详细消息和盘托出。还有人提出证据，说在谭嗣同夜访袁世凯时，袁世凯人尚在北京城，那么他为何不直接向慈禧太后告密？反而舍近求远地跑到天津向荣禄告密呢？当然，这其中也不乏袁世凯是受到维新派和光绪帝压力的缘故。

针对袁世凯是否是导致变法失败的罪魁祸首的观点，有人提出截然相反的看法，他们认为日本首相伊藤博文来华是变法失败的主要原因，而御史杨崇伊的密折则是变法失败的导火线。

9月18日（八月初三），在政变前夕，御史杨崇伊起草了一个密折，他通过庆亲王奕劻呈给慈禧太后。密折中说道："伊藤博文就快来京，目的就是掌握朝廷政权。在这些日听到很多的传闻，这些传闻愈演愈烈，传闻都是关于日本来的伊藤，如果伊藤掌握政府的政权，那老祖宗打下来的江山不是白白地送给别人吗？"正是这道密折，坚定了慈禧太后最终发动政变的决心。

因为在维新变法开始的时候，慈禧对新法并不反对，光绪帝颁布的变法诏书，慈禧当时并没有反对意见。慈禧关心的只是她个人的尊贵地位，只要不对她的无上地位造成威胁，光绪及维新派的各种行为，慈禧是不会多加干涉的。但是，杨崇伊的密折触动了慈禧的神经，再加上变法期间发生的几件意外事件，最终使得慈禧决定发动政变。那么在变法期间发生了哪些事呢？

第一件事情，光绪帝请求启用议事机构懋勤殿，该机构的实质是专属于光绪皇帝的特务机构，不属慈禧掌握。慈禧从中嗅到对自己不利的味道，她认为光绪帝想要摆脱自己的控制，实现真正的亲政，此事引起了慈禧太后的警觉。

第二件事情，光绪帝宣召袁世凯进京，并且对他大施恩宠。袁世凯手握兵权，尤其是他的手中握有装备精良、训练有素的北洋新军，这让慈禧太后极为忌惮,再一次让慈禧敏感的神经紧张起来。

最后一件事也是最为重要的,因为日本首相伊藤博文突然以私人名义来华访问。9月12日,正当戊戌变法进行得如火如荼的时候,日本的实力派人物伊藤博文以"私人"的名义访华,并与康有为等维新派实力人物频繁接触。维新派也得到日本的支持和鼓励,许多维新派人士争相向光绪皇帝建议,把伊藤博文聘请为顾问,以便辅助新政;同时说中国想要转贫为富、转弱为强、转危为安,变法是不可缺少的。光绪帝对维新派的说法也颇为心动,他心里有了决定,他准备在9月20日(八月初五)召见伊藤博文,而这恰恰再一次触及了慈禧太后心中的底线。

慈禧太后等顽固派,他们骨子里对洋人十分痛恨和排斥。这一点,从后来慈禧接纳义和团,借以铲除帝国主义在华势力,并凭一时气愤向八国联军宣战,点点滴滴都可以看得出来。在慈禧等顽固守旧派看来,维新派没什么可怕,可怕的是维新派与外国势力的联合。所以,在变法之初,康有为等维新派提出的联合日、英,来抗拒北方沙俄的入侵,即所谓的"以夷制夷"的主张,那时曾遭到守旧派的极力反对。后来,伊藤博文来华的活动更是让顽固派无比恐慌。

以上几件事情连续发生,以致戊戌变法最终在慈禧太后的手中夭折,这与袁世凯的告密并不存在直接的联系,袁世凯的告密只是造成政变结果的诱因。伊藤博文来华访问,让守旧派的忍耐达到了极限,这才是政变发生的主要原因。因此,当时就有人说过:"八月发生的政变,导致光绪皇帝被幽禁,维新派中的六君子和很多维新分子都受到株连。新政被篡改,慈禧太后很担心,这样的担心不是一朝一夕,因为伊藤的到来,才有了发难的借口。"

历史已经成为过去,想要证实当时的情况确实是一个极大的难题。无论袁世凯的告密是否是造成戊戌变法失败的直接原因,袁世凯的千古骂名不会因此而削减，因为，袁世凯后来窃取辛亥革命的胜利果实，他为称帝接受日本提出的丧权辱国的《二十一条》，他废共和称帝，他为镇压辛亥革命向帝国主义高利率巨额贷款，这些都加重本就灾难深重的中国人民的负担，使得帝国主义借此控制中国的经济命脉。这些都是袁世凯造成的，对中华民族来说，袁世凯无论如何都是民族的罪人。

袁世凯终其一生，善弄权术，终为权术所害。

第三章　武将秘辛

金戈铁马，鼓角争鸣；黄尘古道，烽火边城……古战场上，多少将士埋骨他乡，多少将士九死一生。然而自古名将如红颜，不许人间见白头，有多少征战而还的将士能得善终……

· 韩信真的是死于谋反吗 ·

韩信点兵，多多益善，时人评价他"功高无二，略不出世"。

每一个朝代的建立都会经历由兴到衰的过程，在秦朝灭亡后，西汉建立起来。刘邦建立西汉后，为了巩固自己的统治，他杀死大量的建国功臣，朝堂之上人人自危。那些与刘邦出生入死的人没有享受到胜利的成果，反而连自己的命都丢了。这些被杀之人中，最为显赫的就是淮阴侯韩信，有人说韩信是因为造反所以才被杀害，但是事实真的如此吗？

韩信是秦汉交替时期最为有名的军事家，他为西汉的建立立下汗马功劳。韩信与萧何、张良并称为"西汉三杰"。这位大功臣非但没有受到刘邦的赏赐，结果却被刘邦的皇后吕雉、大臣萧何二人捕杀于长乐宫中。那么究竟是什么原因让这位大功臣落得如此下场？

韩信被杀，学者们给出了很多不同的看法，主要有以下几点。

第一，韩信被杀害起因是自封为齐王。

在汉高祖五年（前202），刘邦平定三齐，但是被楚军围困于荥阳。刘邦焦急地等待韩信率兵来救他。但是刘邦等来的不是韩信的大兵，而是韩信要挟刘邦封他为王的信函，这让刘邦十分愤怒。但是当时刘邦有求于韩信，所以就同意了封韩信为齐王。从当时的情况来看，刘邦并不是出于自愿。韩信要挟刘邦的做法为日后自己的死埋下了隐患。在楚汉争霸之际，刘邦设计夺走了韩信的兵权，改封韩信为楚王。韩信那时候还没有意识到自己已经身处险境，他与项羽的旧部交往密切，这更引起了刘邦的猜忌之心。但是身为开国帝王，刘邦又怎么能凭着怀疑诛杀建国功臣呢？他需要一个理由让天下百姓信服。最终让刘邦杀死韩信的机会是有人告发韩信谋反。

第二，韩信被杀是因为他想造反。

韩信封王的事情过后，刘邦对韩信心存芥蒂，他早已经有了杀韩信的心，他需要的只是一个合适的理由。此时恰好有人告发韩信谋反，刘邦没有任何犹豫，他使用调虎离山之计，借着出游的借口，将韩信宣到宫中。宫中早已布下天罗地网，果断而深谋远虑的刘邦仍念着韩信的功勋，并未杀之，只是降为淮阴侯，让他居住在长安。韩信到了这个时候还没有看到危险，他被刘邦封侯后，经常称病不上朝。甚至勾结手握重兵的陈豨，准备趁着刘邦伐陈之时，与陈豨里应外合发动叛乱。韩信的诡计被识破，随后被捕杀于长乐宫。其实韩信最可能的是居功自傲，说他造反，实在牵强。

第三，韩信被杀源于刘邦想消除割据势力，集中自己的大权。

刘邦平定天下之后，一共分封了七个异姓诸侯王。这些诸侯王为西汉建立做出了极大的贡献，他们的手中掌握着强大的兵权和封地。"王中之王，国中之国"成为西汉王朝统一集权的重大隐患,刘邦为了自己的统治地位,所以不得不下手。

第四,韩信被杀与刘邦无关,而是吕后为了自己日后的篡权扫除障碍。

萧何和吕后一起捕杀韩信,是因为萧何是韩信的引荐人,萧何知道自己已经受到了刘邦的猜忌,为了保全自己,他不得不屈服于吕后。假如不遵从吕后的旨意,他日必定会株连九族。"人不为己,天诛地灭",韩信所谓的谋反纯属子虚乌有,吕后为了日后能够独揽大权才设计把韩信捕杀,这才是真正的原因。

学者们各执一词,但是这些观点都没有确切的证据。韩信被杀,真的是因为谋反吗?这个谜案沉淀千年,谜底能否有解开的一天呢?

狡兔死,走狗烹;飞鸟尽,良弓藏;敌国破,谋臣亡。

· 李广难封,原因何在 ·

冯唐易老,李广难封。

汉武帝时期,出现了一位英勇善战的大将军,这个人就是李广。李广追随汉武帝一生,他与匈奴交战 70 多次,杀敌无数,受到士兵的爱戴。李广有着一个美誉,叫作"飞将军",这个称号出自匈奴,这表现出李广的威慑力。在汉武帝为功臣加官晋爵的时候,原来职位比李广低,才能和军功不如他的人,因攻打匈奴有军功被封侯者有几十人,但是唯独李广没有被封侯,这究竟是为什么呢？李广一生征战沙场，到死都没封侯，说起来也有些怪异，难道是皇帝故意为之？

李广在北方征战近50年，守卫着汉朝的疆土，多少次命悬一线，多少次痛苦挣扎，为的只是保家卫国。李广那个时候没有想到封侯，他只是想为皇帝打好仗，之后赐封一个爵位或者一块土地，让自己的儿孙能够有饭吃。对于当时的军人来说，封侯赐地是莫大的荣耀，这意味着得到帝王和天下人的认可。李广戎马一生，他有着辉煌的战绩，然而却没能封侯。

可能李广到死都没有想明白，为何自己没有封侯呢？对此，学者们给出了几个观点。

第一个观点是，生不逢时和命运不济。

李广年轻时，正是汉文帝执政时期，虽然每次战役都立下大功，但"文景之治"时期，汉朝的主要政策是休养生息，是以文治天下的时候。那时不鼓励征战，因此，汉文帝对李广说："现在汉朝是地广人稀，国力贫弱。假如你生在高祖的时代，那么一定会被封为万户侯。"汉景帝时期也大致如此。

到了汉武帝时期，国富民强，汉武帝喜欢开疆辟土，但战场的主角，已转换成卫青和霍去病这些年轻人。李广已不是主帅，只是大将军，他率性而为，兵无常法的指挥策略不能发挥至极致。因此，李广面对匈奴，每次都血染战袍，但战绩不佳，多次死里逃生。李广在大的战役中都与卫青和霍去病共同作战，可是这二人总是胜利而归，风头尽被二位抢去。

第二个观点是，李广不是军事全才，所以不得封侯。

李广治理军队的方式比较宽松，他不追求表面的形式，只要能够杀敌就行。宋人何去非认为，李广领兵作战不讲军阵，他军中的表册也非常简单。李广也爱护士卒，他打了胜仗得到皇帝的赏赐，都分发给自己部下。他与士兵们同吃同住，在士卒的心中有很高的地位。有人认为李广在后半生作战的时候屡屡失策，主要和他的战略方针有关系。李广喜欢打硬仗，很少使用计谋。汉武帝时期，李广带兵只进无退，每每与大敌厮杀的时候，都是伤亡惨重。但是，因为他与敌人拼杀的时候，骨子里带着一股狠劲，所以也能限制住匈奴。但是汉武帝时期，不及李广的人照样封侯，这又如何解释呢？

第三个观点是，汉武帝对李广有偏见，所以不想封他为侯。

李广是个率直的人，虽然很有才华，但他不善言辞。虽然他对士兵爱护有加，深受士兵爱戴，但他不善于媚上，加上年龄的差距，因此，汉武帝并不十分喜爱李广。李广多次出师不利，汉武帝就不愿重用李广。因此，李广最后一次出征时，汉武帝私下命令卫青不能让李广夺首功。汉武帝这么做主要是因为他相当迷信，认为李广屡征不顺，不是福将。汉武帝的偏心和成见，让李广不得封侯。除了这些观点外，也有人认为李广担任陇西太守时，杀过已经投降的羌人 800 名，有损阴德，所以无福享受侯位。这种说法带着一些迷信的色彩，很难让人信服。

李广征战沙场近 50 年，他服事了三位君主，但是都没有达到封侯的愿望，原因真的是上述学者们的猜测吗？这些我们无从查起，但正如太史公评价的那样：桃李不言，下自成蹊。当年的那些王侯将相早已湮没在历史的长河中，尽管李广将军没能封侯，却名垂千古。

惜乎，子不遇时！如令子当高帝时，万户侯岂足道哉！

霍去病英年早逝之谜

匈奴未灭，何以家为？——霍去病

汉武帝执政时期，出现了两位军事奇才，一位是卫青，一位是霍去病。霍去病是卫青的外甥，他是沙场上的传奇，手下猛将无数，很多人追随他杀敌立功。他一生共四次正式领兵，都是大获全胜。他为大汉开疆辟土，功绩比他的舅舅卫青还要辉煌。总结霍去病的一生，他对整个世界军事历史和中国历史来说，都是一个不可超越的传奇。

只可惜，霍去病的人生就像一颗流星，虽光芒璀璨却一闪而逝。漠北战役是霍去病生命的终点，一代将星在这场战役后陨落。霍去病的死因在历史上是个谜，很多学者对他因何英年早逝百思不得其解。那么，战神霍去病的死究竟是因为什么呢？

有文献记载，漠北战役结束后，有一件事刺激到了霍去病，少年得志的他因为射杀李敢而蒙上了一层心理阴影。李敢是飞将军李广的三儿子，漠北战役中，他是霍去病的偏将，两个人都是富家子弟，在战场上出生入死，所以关系不错。这场战役中，李广因为迷路而耽误了参战，最终自杀谢罪。李广晚年是卫青的部下，所以李敢对卫青十分不满，他将父亲的死亡归咎到卫青的头上。有一天，李敢趁机打伤了卫青，卫青也因为李广的死感到惋惜自责，所以将这件事隐瞒下来。但是年少的霍去病得知后十分气愤，李敢的做法就是向他的舅舅挑衅，他为自己的舅舅感到不平，也觉得窝囊。于是，在霍去病陪伴汉武帝打猎的时候，他射杀了同去的李敢。

汉武帝对霍去病的鲁莽行为感到很生气，但是霍去病在他心中的地位极高，并未深究。因为霍去病是个不可多得的军事奇才，在战场上屡建奇功，所以汉武帝才会如此偏爱他。汉武帝舍不得治霍去病的罪，于是将这件事隐瞒了下来。汉武帝对外宣称，李敢是死于意外。

霍去病军事才干出众，又遇上了汉武帝这样喜欢开疆辟土的君主，所以被汉武帝赏识和重用，以至于在少年的时候就很得志。不过，也许老天爷都在为李敢抱不平，在元狩六年（前117），年轻的霍去病死了。历史上记录，霍去病死的时候只有24岁。年纪轻轻的霍去病没有像他的名字一般去灾去病，那么他是怎么死的呢？对此，后世的学者们围绕霍去病的死做出种种猜测，最有分量的就是病死之说。

这种说法最早出现在西汉时期，是一位叫作褚少孙的人留下的记载，他借大将军霍光之口说出霍去病是病死，然而具体是什么病，并没有详细说明。

汉武帝时期的史官司马迁在他的书中记述了霍去病死后的葬礼，从送葬队伍、着装打扮、陵墓形状，甚至连霍去病的谥号意义都做了解释，但是却没有提起霍去病为何在风华正茂的时候死去。《史记》的描述是：汉武帝十分悲痛，他下令全国的百姓为霍去病哀悼，在选择墓地的时候，他特地将霍去病安葬在自己的皇陵旁边，让他永远陪伴自己。定谥号的时候，汉武帝合并"武"和"广地"两层意思，称霍去病为景桓侯，荣誉无比。随后，举行了非常隆重的葬礼。下葬的时候，阵容盛大，披铁甲的官兵列队护送灵柩，从长安城一直排到茂陵。汉武帝为了赞颂霍去病的功绩，特地为他雕刻了一块石碑。上书其座右铭："匈奴未灭，何以家为！"

霍去病死后，他的儿子霍嬗承袭了他的爵位，霍嬗年纪很小，表字叫子侯。因为霍去病的关系，所以汉武帝很喜爱他，原想等他长大后任命为将军，可惜的是，过了六年，霍嬗也死去了。

大诗人李白在《乐府诗胡无人》中写道："严风吹霜海草凋，筋干精坚胡马骄。汉家战士三十万，将军兼领霍骠姚。流星白羽腰间插，剑花秋莲光出匣。天兵照雪下玉关，虎剑如沙射金甲。云龙风虎尽交回，太白入月敌可摧。"里面就提到了那块功绩碑，他赞叹霍去病有保家卫国的精神。

病死之说被很多学者否定，他们认为，霍去病死时才24岁，又没有受外伤，身体还在上升期，不可能会有什么病，这种病死之说很难令人信服。如果真的是病死的话，那么司马迁为什么不记载下来呢？他为什么记了那么多细节却漏掉这个主要原因呢？

按照学者们的推测，如果霍去病不是病死的话，那么他是怎么死的呢？是被人暗杀的，然而汉武帝为了隐瞒事实而杜撰出来病死这种说法，又或是其他什么原因？朝廷又为什么要掩盖霍去病的真正死因呢？这个疑团至今是个未解之谜。

将军铁马踏匈奴，纵死犹闻侠骨香。

· 李陵投降是真是假 ·

彼之不死，宜欲得当以报汉也。——司马迁评李陵。

公元前140年，太子刘彻登上皇位，成为大汉朝的第六位天子，被称为"汉武帝"。汉武帝雄才伟略，他带领中华民族又一次进入了辉煌的时代。汉武帝在位53年，在位期间，他开辟了丝绸之路，使得经济迅速发展，大汉国力达到了空前鼎盛的局面。同时，汉武帝派张骞出使西域，将面积广大的西域诸国纳入大汉的版图之内。他重用霍去病、卫青等名将多次出击匈奴。这些大将立下许多汗马功劳，大将军李陵就是其中一位。不过历史上记载，李陵在攻打匈奴的时候投降匈奴，这是真的吗？李陵真的叛国了吗？

汉武帝统治早期，匈奴被打得几近亡国，但是在汉武帝晚年，匈奴再次强大起来。为了彻底击破匈奴势力和完全解决大汉帝国北方的威胁，以及收复被匈奴占领的大汉国土，汉武帝决定再次出击匈奴。当时一位将领名叫李陵，此次汉武帝派遣的便是他。

李陵出生时间不详，字少卿，陇西成纪（今甘肃秦安）人，他是西汉名将"飞将军"李广的孙子，父亲李敢也是汉朝名将，李陵可谓是出身名将世家，他从小受到祖父、父亲的影响，自幼习武，晓畅军事。

李陵初始担任侍中建章监，血气方刚的李陵想要证明自己出色的指挥才能，也想证明作为名将之后，自己的指挥造诣绝不输给祖父和父亲。所以，西汉天汉二年（前99年），年轻的李陵上表请求，他表示想率军5000参加出击匈奴的战斗，汉武帝也批准了。

李陵率兵5000，从延陵出发，经过一个多月时间的长途跋涉，他们突袭浚稽山，与匈奴单于所率领的3万精骑相遇，并被包围在山下。李陵凭借出色的指挥能力和汉军强大的战斗力，以寡敌众，击败了匈奴人。

据了解，李陵命令前队的士兵拿盾和戟，后队的士兵都持弓弩。他下令："听到鼓声就向前冲，听到锣声就停止。"匈奴见汉军人少，就一直向前挺进。李陵指挥弓弩手，千弩齐发，匈奴单于所率精骑兵，在汉军弓弩射击下，大片大片地死亡。匈奴一时军心大乱，逃到山坡之上。汉军乘胜追击，杀死匈奴兵数千人。

汉军大胜之后，李陵军中一个名叫管敢的兵士，因为犯有过失，被李陵手下校尉韩延年辱骂，管敢便悄悄逃离汉军营地，向匈奴人投降，并将汉军情况向匈奴人和盘托出，他将李陵的排兵布阵、兵力部署也全部告诉了匈奴单于，并说道："李陵的军队没有援军，弓矢也快用完了。"

匈奴全面了解了汉军的兵力部署，又知道李陵是孤军深入，便集中了8万多的匈奴精锐士兵同时围攻李陵，并按照管敢的建议出动骑兵，攻击以步兵居多的汉军。李陵面对匈奴的再次进攻，为避免不必要的损失，他率军后退，准备撤往辊汗山，凭险坚守。但是，汉军还没有到辊汗山时，弓矢便已经全部用光了，汉军被单于的匈奴军队困在峡谷中。匈奴单于趁机日夜急攻，汉军死伤惨重，而援军迟迟未到，为了保全部下性命，李陵只得投降匈奴。

那么，李陵是真正的投降匈奴，还是在走投无路的情况下假意投降匈奴的呢？

李陵投降匈奴的消息传回汉朝首都长安后，汉武帝勃然大怒，群臣也纷纷指责李陵，只有太史令司马迁替李陵求情，司马迁向汉武帝进言道："李陵这个人诚实而讲信义，他为国家常常奋不顾身。现在他处境不幸，我们应该同情他。况且，李陵只带步兵5000人，面对匈奴8万大军转战千里，已经难能可贵了，现在粮草和武器都用完了，赤手空拳同敌人拼搏。这种勇往直前、无所畏惧的精神，即使古代名将也不过如此。他现在身陷匈奴，但是全天下的人都知晓他的战绩，他不自尽殉国，估计是还想再为汉朝立功。"

司马迁的话彻底激怒了汉武帝，汉武帝将司马迁定下"为陵游说"的罪名，因此对司马迁施以宫刑。但司马迁并没有因此自暴自弃，他忍辱负重，耗尽19余年心血，终于著成史学名著《史记》。在《史记》中，司马迁秉持"不掩功，不隐恶"的治史精神，他为李陵正名。李陵率领5000步兵深入匈奴境内，击败单于3万精兵的功劳，也流传千古。

事实上，汉武帝认为李陵叛国还有一个原因。李陵在匈奴数年，大汉朝没有他们的任何音信。汉武帝派大将公孙敖带兵设法救回李陵，公孙敖却带回了李陵正在为匈奴训练士兵，以期南侵汉朝的消息。得到此消息，汉武帝再次大怒，下令灭了李陵三族，李陵的母亲、妻儿、弟弟都被汉武帝处死。身陷匈奴的李陵听到家人被处死的消息后，知道自己今生再也没有机会回归汉朝，索性横下心来，留在了匈奴。其实，为匈奴人训练士兵的并不是李陵，而是早年投降了匈奴的大汉都尉李绪，消息不灵通的公孙敖张冠李戴害了李陵。

李陵假意投降的说法除了司马迁有记录外，还有一个人能够证明李陵的本意，这个人就是使臣苏武。

李陵在投降匈奴后，受到了匈奴人的优待，并被单于册封为"少校王"。在李陵投降匈奴的前一年，汉武帝派遣苏武出使匈奴，不过苏武却被匈奴扣留，并在北海牧羊19年。苏武始终保持着崇高气节，他不屈服于匈奴的淫威。为了诱使苏武投降匈奴，单于派李陵前去劝降。

李陵设下酒宴，宴请苏武。在酒席中，李陵为苏武斟满酒说："你不降匈奴，忍辱负重，名扬天下，功劳盖世。"并且推心置腹地对苏武说："我投降的目的原本是想找机会劫持单于，为国家效力。却不料皇上不了解我的心意，杀了我的老母和妻儿，绝了我的归路。"苏武说："过去，我深知老友的为人，但现在你的处境不同过去，是非功过，也只好由人们去评说，但是我绝不能做对不起大汉的事。"李陵听苏武说完后，长叹一声："比起苏君来，我这个人真如粪土一般。"说罢，热泪纵横，起身吟唱了一首《别歌》："径万里兮度沙漠，为君将兮奋匈奴。路穷绝兮矢刃摧，士众灭兮名已颓。老母已死，虽欲报恩将安归!"

一曲歌罢，李陵朝着南方跪拜不起，苏武望着他，也是叹息不止。这就是李陵"身在塞外心在汉"的故事。由此可见，李陵投降匈奴，初始只是为保全部下的性命，但是，汉武帝不明所以，统治者更是一厢情愿地要求将士为国捐躯，"不成功便成仁"。汉武帝怒杀李陵一家，这才是造成李陵最终留在匈奴的主要原因。

将军百战声名裂。向河梁、回头万里，故人长绝。

荆州真是关羽大意所失吗

夫关羽好勇而无谋，恃气而骄功，此其势甚易诱也。

关羽被后人称为"关公"，长须赤面，凶猛霸气。在三国时期，关羽杀敌无数，为刘备立下一个又一个汗马功劳，不过他却在荆州留下了一个败笔——大意失荆州。这对当时的蜀汉来说，无疑是丢失了半壁江山。有学者认为，关羽是因为大意才失去荆州的，那么荆州之失果真是由关羽的大意而造成的吗？对于关羽失荆州的说法，很多人都赞同"大意"之说，并且给出了以下理由。

第一个理由是，在襄樊之战中，关羽给了东吴夺取荆州的机会。

建安十六年（211），刘备带领军队西征，他留下诸葛亮和关羽在荆州镇守。建安十九年（214），刘备进攻雒城（今四川省广汉县）失利，他将诸葛亮和张飞、赵云等人召集到身边，留下关羽一人驻守荆州。刘备夺取四川后，他让关羽管理荆州事务，并要求关羽"北拒曹操，东和孙权"，等待时机成熟再北伐曹魏。但是关羽因为轻敌，擅自离开防地，他盲目发动襄樊之战，在他和曹军打得难解难分之时，东吴悄悄占领了荆州。

第二个理由是，关羽的性格造成了荆州失陷。

《三国志》记载：关羽性格骄横无礼，当初他与张飞对待诸葛亮的态度，简直是目中无人。好在诸葛亮才智过人，才将暴躁的二人收服。关羽在镇守荆州的时候，他也没有将盟友孙权放在眼里。孙权派遣大臣诸葛瑾做媒，为自己的儿子向关羽的女儿求婚，但是关羽却口出狂言，他说："猛虎的女儿怎么能嫁给狗的儿子？如果不是看在诸葛亮的面子上，立马将你斩首。"

关羽的话无疑是破坏了刘备和孙权的联盟，这为孙权日后倒戈相向埋下了伏笔。

第三个理由是，东吴大将军吕蒙巧施调虎离山之计，挑动关羽和曹军进行襄樊之战，关羽对后方防务失去警惕，东吴趁机攻打后方，荆州被夺。

在建安二十四年（219）的时候，曹操采纳司马懿、曹椽、蒋济的建议，他们趁着刘备不在荆州，利用刘备不愿意还所借荆州，从中挑起了吴蜀联盟的矛盾。曹操发动了襄樊之战，他和关羽正面交战，并且派人劝说孙权偷袭关羽后方，承诺将江南一块划给孙权。

东吴大将吕蒙认为，关羽一直对江南一地图谋不轨，得到了荆州对东吴有很大的帮助。他提议孙权趁机消灭关羽，除去祸患。孙权觉得吕蒙言之有理，就采取了他的建议。于是，吕蒙假称生病返回吴都建业，将军陆逊代替了吕蒙。陆逊写信给关羽，他利用关羽自大和骄傲的性格，在信中曲意奉承关羽，并且表示不与关羽为敌。关羽看完信后，十分轻视陆逊，以至于对东吴丧失警惕。关羽与曹操对战，他俘获魏军3万多人，但是后方却被东吴攻陷，荆州又回到了孙权的手中。

当时，就是吕蒙袭击关羽后方的。吕蒙到了浔阳（今湖北黄梅西南），他把所有的战船都改装成商船，开往荆州的北岸处。到了北岸后，蜀军以为是商船，便放松警惕。但是蜀军却没料到，那些商船在晚上发动了突袭，东吴的士兵偷偷上岸，吕蒙神不知鬼不觉地占领了北岸，然后又进军荆州的东岸。当关羽得到消息，他急忙从樊城撤军，但是荆州已经被夺。关羽被逼无奈，只好退守麦城。

虽然有不少人赞同关羽"大意"失荆州的说法，但是也有人持反对的态度，他们认为并非是关羽大意，而是有以下几个原因。

第一个原因，关羽与曹军发动的襄樊之战，并非是盲目的。

在建安二十三年（218），刘备亲自率领军队进军汉中，他与曹操同时争夺汉中，两军发动了汉中战役。建安二十四年（219），刘备大败曹军，屯兵阳平关。在同年，曹操率领大军在斜谷与刘备决战，两军相持数月，最终曹军官兵病的病，逃的逃，死的死。刘备夺取了汉中，为了巩固自己的统治和提防曹军卷土重来，最终不得已发动了襄樊之战。

关羽认为，在这场战役中，他们现在的实力和曹操大军对战，没有一点要顾忌的，他认为东吴不会打破盟友的关系，但是没有想到孙权背信弃义，他派兵袭击荆州城的后方，最终关羽失去了荆州，自己也死于非命。

从这个角度来看，关羽并没有大意，根本原因是孙权的背信弃义。

第二个原因是，孙权为儿子求婚是假，为夺取荆州早有预谋是真。

荆州的地理位置得天独厚，有着易守难攻的优势，它地处长江上游，当时孙权将荆州借给刘备对抗曹军，哪知道会一去不复还。为了重新夺回荆州，孙权想尽方法。他派人去为自己的儿子向关羽的女儿求亲，但关羽为女儿拒绝了求婚，这才导致了东吴的突袭。但是求婚有没有被拒绝只是一个幌子，孙权对荆州是志在必得。

第三个原因是，曹操与孙权两家勾结，荆州被夺实属无奈。

关羽与曹操进行的襄樊之战，刘备并没有派兵援助，这让关羽腹背受敌，荆州之失也在所难免。襄樊战役中,关羽大获全胜,他的胜利威胁着曹操和孙权。于是曹孙两家密谋,一个前面攻击,一个后面偷袭,这才导致关羽大败,失去了荆州。

综合以上的几个原因,得出的结论是,荆州被夺走不能说是关羽一个人的错误,但究竟哪一个才是丢失荆州最主要的原因很难说,也许是当时环境下政治时事等多方面的因素才导致的这一结局。

胜败兵家事不期,不以成败论英雄。

· 什么原因导致杨家将全军覆灭 ·

杨家将一门忠烈,七子去,一子回。

在中国,杨家将的故事流传千古,激励了一代又一代人。杨家将故事是否是真实的呢?他们真的如民间传说一般满门忠烈、功勋卓著吗?那么杨家将又是如何全军覆灭的呢?

杨家将的故事在历史中是有记载的。但是,民间一些带有传奇色彩的故事,并不能当作真实的历史来看待。真实的杨家将故事同民间传说中的杨家将有很大的出入。那么,历史上真实的杨家将故事是怎样的呢?为何会有杨门女将代夫出征的故事?

中国历史在唐朝灭亡之后,又一次进入割据混战的时代。"五代十国"时期,短短的数十年间,先后出现了后唐、后蜀、后汉、后梁、后周等多个朝代的更迭，同时吴越等十余个割据政权开始分裂。

在此期间，辽太祖耶律阿保机在辽河上流建立了大辽国，并以支持石敬瑭称帝为契机，占据了燕云十六州。赵匡胤在"陈桥兵变"后黄袍加身，他自立为帝，建立了宋王朝，逐步统一了分裂的中原政权。

天下之势分久必合合久必分，宋辽之争相持多年，北宋建立之前，中原政权四分五裂。云南建立了以苗族政权为主体的大理政权，西藏建立了以藏族人为主体的吐蕃政权。宋朝疆土只局限于中原、江南一带。为了恢复汉人的传统疆域，宋太祖在灭亡北汉之后，便率军北伐辽国，结果被辽军击败。公元982年，辽景宗去世，12岁的辽圣宗耶律隆绪即位，由母亲萧太后执掌辽国政权。宋太宗采纳了大臣们的意见，想要趁辽国政局动荡、"主幼国疑"的大好时机，收复被辽国占领的燕云十六州，为了收复失地，北宋进行了第二次北伐辽国的战争。

这场战争，北宋并没有得到任何好处，辽军的勇猛让宋军始料未及。辽国这时候实际是萧太后在统治，这位太后是一位巾帼不让须眉的女政治家、军事家，在萧太后的反击下，宋军很快失去了战争主动权，宋太宗匆忙之下，只得命令各路大军后撤。

杨家将主将杨业，当时负责西路大军的战事，宋太宗在撤退时要求杨业在放弃四州的同时，把当地的百姓转移到宋朝的势力范围内。宋太宗的举动，表面上是仁义爱民，但实际上是另有图谋。因为在冷兵器时代，军队的数量往往是克敌制胜的一大法宝。同时，一个国家的统治基础也在于人力。因为，百姓不光是军队士兵的来源，同时也是恢复发展、医治战争创伤和生产力的来源。三国时，曹操军队在同敌人交战时，常常屠城，为的就是不给自己的敌手留下生产力。宋太宗不将老百姓留给辽军，自然是不希望这些劳动力、军队士兵来源遗留给辽军。但若执行屠杀政策的话，显然又与宋朝廷仁爱万民的宣传不相符合。宋太宗下令将四州居民移走，可能就是出于此种考虑。

当时情形可以说是十分严峻，应、寰二州已失守，宋军想把四州百姓撤出来十分困难。杨业提议派精兵佯攻寰州，吸引寰州辽军注意力，并且派精兵埋伏在退路的要道，掩护军民先撤退。但是监军王侁不认同，他认为，杨业的做法是畏敌怯战的行为，他仗着自己手中拥有精兵数万，便不怕辽军，主张沿着雁门大路走，而且要大张旗鼓地行军。杨业完全不赞同，他认为，现在敌强我弱，应当避敌锋芒。而王侁却讥笑杨业胆小怕事，就连主将潘美也支持王侁的主张。

杨业在无奈之下，只得带领手下人马出发。临行时，他伤心落泪，指着前面的陈家峪对潘美说："我在撤兵的时候会退到这里，希望你们在这个峪口两侧埋伏好步兵和弓弩手。等我退到这里的时候，你们就带兵接应，然后从两面夹击，这样也许能转败为胜。"可是，杨业率军退到陈家峪之后，太阳已经落山，空山荡荡不见宋军，宋军究竟去了哪儿呢？

原来，杨业领兵出战之后，潘美确实把人马带到陈家峪。后来等了一天，没听到杨业和宋军的消息，他们便认为辽军已经退兵，为了将这个不可靠的消息上报给朝廷，王侁就催着潘美把伏兵撤去，离开了陈家峪。后来听闻杨业兵败的消息后，二人又领兵从小道逃跑了，留下杨业一人孤军奋战。杨业率军到了约定地点，根本不见援军的接应，杨业只得再次率军杀进辽军阵营中，他率领将士奋力抵抗辽兵，战况极为惨烈。辽军见到杨业是在孤军奋战，便派出越来越多的军队围剿杨业。战到最后，杨业身边只剩下了百余人。杨业想到自己的部下都已经跟着自己战死沙场了，实在不愿意看到大家跟着自己玉石俱焚，便奉劝自己的部下去逃生，他高声向兵士说："你们都有自己的父母家小，不要跟我一起死在这里，赶快突围出去，也好让朝廷得知我们的情况。"将士们听了杨业这些话，再看着杨业浴血奋战的情景，他们都很感动,很多人流下泪来。他们被杨业决一死战的精神所鼓舞,坚持留下来战斗,最终没有一个人活着离开战场。战到最后,杨业身边所有的士兵都已经阵亡,儿子杨延玉、部将王贵都在这场战斗中阵亡。这就是历史上真实的杨家将的故事。

民间传言,杨业与辽军拼杀到最后身中百余处伤,他感叹于壮志难酬,不愿意当辽兵俘虏,在绝望之下一头撞死在李陵墓碑之上。杨老将军奋起杀敌,最后壮烈殉国的事迹感动了很多人,以杨业抗辽故事为原型写成了《杨家将》,自此流传千古。民间传说中的杨家将,杨家一门忠烈金沙滩一战"七子去,一子回",最后一门孤寡,也跟着一起上阵杀敌,甚至还引出了另一位巾帼英雄的传说——穆桂英挂帅。时至今日,杨家将抗辽的故事,仍然感动着很多人,它的影响力仍是经久不衰。

君不见,沙场征战苦,至今犹忆杨将军!

· 杀害岳飞的只有秦桧一人吗 ·

出师未捷身先死,长使英雄泪满襟。

岳飞是家喻户晓的民族英雄,他满腔热血保家卫国,最后却落得个"出师未捷身先死"的下场。历史上记载,岳飞之死是因为奸臣秦桧从中诬陷,事实真是那样吗?杀害岳飞的真凶除秦桧外会不会另有其人?

公元1140年,岳家军取得朱仙镇大捷,南宋抗金北伐迎来了前所未有的大好形势。据了解,当时打着岳家军旗号的义军达百万人,放眼望去,漫山遍野均是岳家军大旗。河北等地广兴义军,截断金军北归之路。据史料记载,岳家军胜利后,当时金军内部军心涣散,原来被大金降服的宋人,纷纷向岳飞暗示他们可以在大金军中做内应,甚至连一些女真族将领,也准备向岳飞投降。大金百战百胜的名将金兀术,也不得不发出"撼山易,撼岳家军难"的感叹。在此情形下,岳飞一边联络河北义军,一边上奏宋高宗,希望能派来援军,协助他直捣黄龙,雪洗靖康之耻。

正当岳飞踌躇满志地表示"直捣黄龙府,与诸君痛饮耳"的时候,高宗皇帝却连下十二道金牌诏令岳飞班师回朝。接到诏书的岳飞满含悲愤地仰天长叹:"十年之功,毁于一旦!所得州郡,一朝全休!社稷江山,难以中兴!乾坤世界,无由再复!"一心对大宋王朝尽忠的岳飞,最终只得撤军南归。

当时北方百姓听到岳家军撤走的消息后,纷纷痛哭,哀恸之声响彻云霄。为了防止百姓被金兵报复屠杀,岳飞"留兵百日",目的是为了掩护百姓撤离。得知岳家军撤走的消息后,金兵重新占领被岳家军收复的郑州、蔡州、陈州、颍昌。

皇帝宋高宗软弱无能,他提出议和。大金将军金兀术提出停战的条件是:"先杀飞,方可和。"这其中的"飞"便是指岳飞。为了与大金议和,宋高宗于1141年剥夺了岳飞、韩世忠、张俊等人的兵权,任命岳飞为掌管兵权的枢密副使。几个月后,岳飞又改任万寿观使的闲差。不久,秦桧唆使右谏议大夫万俟卨,以居功懒惰为名弹劾岳飞,最终岳飞被解职离京。随后不久,秦桧又诬构岳飞策动兵变、拥兵自重、意图谋反的罪名,将岳飞及他的儿子岳云、部将张宪逮捕下狱。

文献记载,当时岳飞"谋反"一案由宋高宗亲自审理,御史中丞何铸负责审讯,何铸知道岳飞的背上文上了"尽忠报国"四个大字,他十分感动和佩服岳飞，于是上奏为岳飞鸣冤，宋高宗遂另派万俟卨审理此案。在狱中，秦桧一党用尽酷刑逼迫岳飞认罪，岳飞忠贞不屈，绍兴十一年（1142）冬，大理寺执法官再次威逼岳飞在供状上画押，最后被冤杀于风波亭。临死前，岳飞在狱中墙壁上留下了"天日昭昭，天日昭昭"八个大字。同年年底，宋金议和，和约规定：东划淮水，西以大散关为界。宋朝必须每年大量地向金进贡，并向金俯首称臣。

那么，在岳飞北伐节节获胜，即将收复失地、直捣黄龙的紧要关头，为何宋高宗会突然命令岳飞班师回朝呢？这其中有没有什么隐情？

有史料记载，岳飞打败金兀术的时候，金兀术在带兵撤离时，路上遇上一个书生，书生说道："自古未有权臣在内，而将领用兵于外者。"言下之意是暗示他，一定会有人阻挠岳飞的北伐，金兀术听了之后当即停止后退，果然见到岳家军撤军。没多久，岳飞的死讯传到了金兀术耳中，原来是秦桧告发岳飞谋反。

在一般的正史和民间评书演义之中，人们都认为是秦桧忌妒岳飞屡建奇功，生怕影响到自己的地位，于是便陷害岳飞，最终使得岳飞北伐功亏一篑，冤死于风波亭。当时，四大名将之一的韩世忠，就曾当面质问秦桧，岳飞到底所犯何罪？秦桧说："飞子云与张宪书虽不明，其事莫须有。"秦桧口中的"莫须有"就是不需要有理由，岳飞即便没罪也得死。韩世忠听后指责秦桧说："'莫须有'三字，何以服天下？"

由此可见，岳飞北伐的失败的确是要归咎于秦桧。但是，秦桧是何等聪明，他要置岳飞于死地，怎会找出一个连韩世忠这样的武夫都不能信服的理由呢？宋朝当时政治环境严谨，一个皇帝或者丞相，他们做什么事都要让全天下人信服，秦桧又怎么敢冒天下之大不韪，以"莫须有"三个字来堵住天下人的嘴？又或者，秦桧的话是一个暗示，想要杀岳飞的其实不是他，而是一个比他更加厉害的人物，这个人会是谁呢？

在中国历史上，常常将迫害忠良的事情归咎在奸臣头上。可是，封建王朝所有大权都在皇帝的手中，若非皇帝昏庸、怂恿、默许，那些奸臣怎能得逞？所以，学者们推测，在宋高宗时期，权力在秦桧之上的人只有高宗皇帝赵构。

宋高宗早就对岳飞大为不满，他早有杀岳飞的心思，但是不想背负残害忠臣的骂名，于是让秦桧替他背了黑锅。高宗要杀岳飞有几个理由。

第一，岳飞一心要直捣黄龙，迎回在靖康之变中被金人俘虏到北方的宋徽宗和宋钦宗。

众所周知，徽钦二宗是宋高宗的父、兄，按照封建王朝的继承顺序，若不是皇帝被擒，皇帝怎么都轮不到他来做，赵构只能做个亲王。岳飞如果真的迎回了二帝，他这个皇帝还能当下去吗？这是岳飞所犯的第一个忌讳。

第二，岳飞在建炎年间曾经建议高宗立嗣。

高宗当年为了躲避金人，他曾经有过近十年的逃亡生涯，在历史上有"逃跑皇帝"的骂名。

曾经，高宗在后宫突然得知金人打来的消息，因为受了惊吓，又逃得匆忙，竟失去了生育能力。高宗此后没有儿子，为了皇位有继承人，他从民间收养了一个养子。岳飞请立太子的时候，无意中碰触到皇帝心中的伤痛，小心眼的皇帝便忌恨岳飞。

可事实上，岳飞请求立太子，正是出于对高宗的愚忠。因为当时徽钦二宗尚在北方，金人有意想将二宗送回南宋做傀儡，为了安定人心，岳飞才有此意，但是高宗却误解为岳飞居功自傲，干涉皇家之事。

第三，岳飞功高震主，这也是高宗杀岳飞的主要原因。

据了解，当时岳家军的兵力占了南宋武装力量的一半以上，加上岳飞功劳过高，时间久了，他就成了高宗皇帝的心腹之患。

这些理由综合到一起，岳飞只有死路一条。

还有史料记载，当时，南宋史官胡铨反对议和，并请求处死秦桧，秦桧也未能奈何得了胡铨。当然，这当中固然有宋朝"不杀士大夫，不杀上书言事者"的原因。不过手握重权的秦桧若想将胡铨贬官撤职，还是能够做到的，但是他没有那么做。由此可见，秦桧并没有排斥异己的能力。此外，秦桧曾上书请求免岳飞的儿子岳云一死，但最终岳云一起被冤杀。从这些蛛丝马迹中，学者们认为，真正杀害岳飞的可能就是宋高宗。

岳飞虽然被冤杀，但岳飞反抗侵略、坚贞不屈的民族气节却一直是中华民族精神意志的典范，影响了无数的中华儿女。在杭州西湖畔的岳坟，岳飞被铸成铜像，秦桧也同样被铸成铁人，双手绑缚，跪在岳飞像前，正所谓："青山有幸埋忠骨，白铁无辜铸佞臣！"

靖康耻，犹未雪；臣子恨，何时灭！

· 吴三桂降清是权宜之计吗 ·

恸哭六军俱缟素，冲冠一怒为红颜。

熟知历史的人都知道，吴三桂"冲冠一怒为红颜"，他引清兵入关，并从辽东一直打到云南，为清廷南下入关和扫荡明朝残余势力开启了便捷之路，最终导致了明王朝的彻底覆灭。

然而，近年来有很多历史学者认为，吴三桂其实并没有投降清王朝，并为此提出各种证据。这让吴三桂"冲冠一怒为红颜"这一历史事件变得扑朔迷离，那么吴三桂到底有没有卖国呢？我们先来回顾一下这段历史故事。

崇祯十七年，也就是公元1644年，李自成的农民起义军先后夺得大同、真定、京畿之地，然后从北京西部进攻，北京城成为农民军进攻的目标。在北京城危在旦夕的情形下，崇祯帝只得下诏，加封吴三桂为平西伯，将宁远地区划入吴三桂辖下，希望吴三桂可以率军救援北京城。

据《明史》记载，吴三桂连行十六日才抵达山海关，一路上"迁延不急行，检阅步骑"。当抵达河北丰润时，传来北京被农民军攻克、崇祯帝在景山上吊自杀的惊天消息。同时又得知，居庸关总兵唐通投降农民军，为防唐通乘虚占据山海关，吴三桂只得撤回山海关。此后，吴三桂一直在投靠农民军首领李闯王建立的"大顺"政权和清政权之间游移不定。

按道理来说，吴三桂投降李自成也算符合当时的礼教。古人常言"天下乃天下人之天下"，改朝换代也是自古亦然。明朝开国皇帝朱元璋可以君临天下，李自成也可以做皇帝。况且，按照当时的观念，清廷是异族，如果投效清廷，就要遭到千古骂名。就在此时，李自成多次派人劝降吴三桂。在吴三桂有些意动之时，他接到了两封书信，其中一封是父亲吴襄的，劝他投靠李自成；另一份文书秘密告知吴三桂，老父吴襄是被李自成的人毒打才写下书信。更重要的是，吴三桂的爱妾陈圆圆也被李自成的部下霸占了。

吴三桂为此大怒，当即拔剑击案，将来使双耳割去，同时让他给李自成带信："李贼自送头来。"李自成听后也勃然大怒，率领20万精锐兵马讨伐吴三桂。随后，两军交战，吴三桂初战兵败，他向大清摄政王多尔衮求救，多尔衮坚持要吴三桂剃发降清，然后才能出兵相救。无奈之下，吴三桂只得亲自到多尔衮军营，并剃发投降。

次日，吴三桂按照多尔衮的命令先行出战，双方几场大战后都疲惫不堪，就在吴三桂的军队体力渐渐不支时，清军趁势杀入农民军中。李自成完全没想到吴三桂会和清军勾结，结果兵败如山倒。《明史》称，当时的战场情景是"一时之间，战场空虚，积尸相枕，弥满大野"。吴三桂也因此获得战功，被清王朝册封为平西王。

根据明史的记载，很多学者认定，吴三桂是真正地投降了清朝，并提出几点理由。

首先，清廷直接视吴三桂为降将，多次对吴三桂发号施令。《清史稿》中有这样的记载："命三桂兵以白布系肩为号"，"命三桂军为先锋"，又"命吴三桂以步骑二万前驱追贼"。为表彰其功劳，"授三桂平西王大印"。

其次，吴三桂自己本人也曾多次拒绝明朝的拉拢。当时，明朝的福王派人送给吴三桂大量财物，以图收买吴三桂，但吴三桂却毫不犹豫地拒绝。吴三桂说"时势如此，我何敢受赐，唯有闭门束甲以俟后命耳"。尽管吴三桂一再拒绝，明朝朝廷也始终未曾断绝对吴三桂的拉拢，吴三桂以"破流贼，定陕、定川、定滇，取南明王于缅甸，又平水西土司安氏"等一系列的战绩来作为报答，同时又向清廷表明自己的忠心。

最后，吴三桂引清兵入关的时候，打的是为明朝的亡国之君崇祯帝复仇的旗帜，但被很多人认为是欺瞒天下的做法。在北京城被起义军攻破之后，吴三桂被农民军、清王朝两股强大势力包围，要想在夹缝中求生存，吴三桂当时只有两条路可以选择：一是降清，联合清廷镇压农民军；二是联合农民军，一同抗击清军的入侵。在吴三桂犹豫不决的时候，却传来吴三桂父亲被鞭挞、爱妾被人霸占的消息，吴三桂考虑前者也是人之常情，最终投靠清廷。

综合上述的几个理由，很多学者认为，吴三桂是真的投降清廷了。

除了提出吴三桂是自愿降服清廷外，也有人持反对的意见，根据部分史料记载，他们认为吴三桂只是联合清廷，而非降清。为此提出五条理由。

第一，吴三桂在此之前与清兵作战的时候十分英勇。在担任宁远总兵期间，吴三桂多次与清兵苦战。松锦战役是明清之间的一次最大决战，在战事后期，明军兵败如山倒，吴三桂抗清态度仍然十分,坚决，对清廷的劝降函都"答书不从"。

第二，在山海关战役之后，吴三桂发布追击农民军的檄文，檄文中称"周命未改，汉德可恩""试看赤县之归心，仍是朱家之正统"等口号，在这些檄文中，吴三桂处处透露明朝朱家才是正统的统治者。若吴三桂真的降清，清廷掌权者又怎会允许吴三桂发布这样的讨贼檄文？

第三，在山海关战役之后，吴三桂联合清军夺回北京城，吴三桂曾经要求立明朝崇祯帝的儿子为皇帝。当时吴三桂提出"约自成同军，速离京城，吾将奉太子即位"，又"传帖至今，言义兵不日入城，凡我臣民为先帝服丧，整备迎候东宫"。可惜，"多尔衮命其西行追贼"，让吴三桂这一筹划没能实现。

第四，在山海关战役之后，多尔衮一面安抚吴三桂，一面加强对吴三桂的控制。从这点也可以看出，吴三桂并没有降清的意愿。在山海关之役获得胜利的时候，多尔衮表面上册封吴三桂为平西王，又调拨给他1万精兵，其实都是在笼络和控制吴三桂。因为，多尔衮给他的1万兵马他自己也能调用，个中司马昭之心路人皆知。

最后一点，从吴三桂联络耿精忠、尚可喜等人一起反清复明，可以看出吴三桂降清只是一时的权宜之计。在得到了云南的封地之后，吴三桂一面招贤纳士，培植党羽，一面厉兵秣马，为将来的反清大业积蓄钱粮。不过，清王朝的根基已深，吴三桂想要取得胜利简直是难于登天。

妻子岂应关大计？英雄无奈是多情。……为君别唱吴宫曲，汉水东南日夜流！

雍正为何要逼死年羹尧

雍正继位，内有隆科多，外有年羹尧。

年羹尧，汉军进士出身。他曾经平复西藏、青海的叛乱，功盖天下，位极人臣。后来他又辅助雍正登上帝位，他自己被封为一等公，父亲也被封一等公加太傅的头衔，两个儿子分别封为子爵、男爵，其家仆皆封四品顶戴副将，妹妹也是雍正帝最为宠爱的年妃。可谓一人之下万人之上。然而，仅仅时隔一年，情形逆转，年羹尧被雍正帝夺去所有官衔，并公布了年羹尧九十二大罪状，最终逼其自杀。

大家可能觉得很奇怪，雍正皇帝为什么要逼死这位大功臣呢？这其中又有哪些不为人知的秘密呢？

关于年羹尧死因，长期以来，史学界争论不休。有人说他罪不可恕，死有余辜；有人认为是雍正帝无法容忍年羹尧功高盖主，只能杀了他。除了这些说法之外，还有什么原因将年羹尧送上死路呢？学者们提出了这样几种说法。

第一种说法，年羹尧之死跟雍正帝篡权夺位有关。

持这一观点的学者认为，康熙帝的本意是让十四子允禵继承皇位，可雍正却篡改圣祖遗诏，时任四川总督的年羹尧也曾参与了夺位之争。十四皇子当时手握重兵，有"大将军王"之称，雍正帝指使年羹尧带兵震慑住十四皇子，让他无法带兵争夺皇位。待雍正帝登上皇位之后，雍正帝对唯一一个知道自己皇位真相的年羹尧大为猜忌，故而起了杀人灭口之意。他先对年羹尧大施恩宠，然后再罗织罪名，杀害年羹尧。

第二种说法，年羹尧之死是他自己居功自傲酿造的苦果。

《清史稿》中有这样的记载：年羹尧居功自傲、专权跋扈，胡乱弹劾贤能官吏，引起了朝野的公愤。雍正帝看在眼里，也不能不当一回事。《清代轶闻》也有类似的记录："年挟拥戴功，骄益甚。且年残暴对待部下，任人唯亲，乱劾贤吏，引起公愤，也为雍正帝所不容，故被杀。"更加严重的是，年羹尧在权势遮天之后，丝毫不知收敛，反而明目张胆地任命亲信胡期恒为甘肃巡抚、岳周为西安布政使、刘廷琛为广西布政使。清朝是中国封建王朝，是君主中央集权制达到顶峰的朝代，年羹尧此举自然要影响到雍正帝的中央集权，是对雍正帝权威的挑战，雍正帝自然大为恼火。后来，雍正帝曾经有过这样的朱批："大凡才不可恃，年羹尧乃一榜样。"

最让雍正帝无法忍受的，还是年羹尧有了反叛称帝的心思。当时，年羹尧在雍正帝面前，"无人臣礼"，大有藐视皇权之意。《清代轶闻》曾经记载了年羹尧被削夺兵权之后的一段轶事，称："当时其幕客有劝其叛者，年默然久之，夜观天象，浩然长叹。"可见，年羹尧确实有称帝的心思，但是因为自己的兵权被雍正皇帝夺走，才不得不打消了主意。乾隆年间，《永宪录》中也曾提及年羹尧与静一道人、占相人邹鲁密议称帝的事。

此外，年羹尧任川陕总督之时，每逢官员逢五逢十到衙门办公时，辕门、鼓厅画上四爪龙，吹鼓手着蟒袍，如同宫廷一样。按照清朝祖制，皇帝圣谕所到之处，地方行政大员都要行三叩九拜大礼，跪请圣安。但是，雍正帝的圣谕到达西安之后，年羹尧竟然"不行宣读晓谕"的大礼。他的飞扬跋扈可见一斑。

再者，年羹尧在和督抚、将军来往的咨文中，竟敢擅用令谕，竭力模仿皇帝说话的语气。他向雍正帝上呈他自己出资刊刻的《陆宣公奏议》，雍正帝本想要亲自书写序言，但是年羹尧却以"不敢上烦圣心"为由，代雍正帝书写序言，然后颁布天下。年羹尧如此僭越无礼的行为，雍正帝自然对年羹尧大为不满。

年羹尧甚至利用手中职权大肆滥封官职，于是很多想要当官入仕的人，纷纷到年羹尧府上行贿。据闻，年府门前，前来行贿的人可谓是络绎不绝，门庭若市，年羹尧也因此聚敛了大笔的财富。

这种种劣迹，很快便传到了雍正帝的耳中。雍正帝曾经在一道谕旨中暗示年羹尧不可居功自傲，否则会给自己带来祸难。

那么，雍正帝又是用什么理由，在什么机会下，将年羹尧逼入死地的呢？有学者认为，是因为"虎入年家"一事造成了年羹尧之死。

雍正三年（1725），相传一只老虎突然闯进年羹尧在京城的住宅，被赶来的官兵杀死。而年羹尧出生时有白虎托生的说法，官兵们在年羹尧家中杀死老虎，显然是上天暗示，年羹尧该死了。于是，雍正帝便下令赐死年羹尧。

还有人认为，年羹尧死于文字狱。雍正三年，京城出现五星连珠的天文奇观，年羹尧上表庆贺，本想用"朝乾夕惕"一词来称颂雍正帝。却不慎用错了词，成为雍正帝杀年羹尧的借口。但是，年羹尧到底是犯了怎样的笔误，第一种意见认为，年羹尧将"朝乾夕惕"写成"夕惕朝乾"，这样写似乎并没有什么失误之处。第二种意见认为，年羹尧写成了"夕阳朝乾"。

早就想惩治年羹尧的雍正帝借题发挥，他认为年羹尧虽是一介武夫，却并非粗心大意之人，认为他这样做的意思是："直不欲以'朝乾夕惕'四字归之于朕耳……谬误之处，断非无心。"于是，早就等得不耐烦的雍正帝开始下手除去年羹尧。最后，朝廷内部以及地方官，他们一起定下年羹尧九十二条大罪，按照律例应该凌迟处死，雍正帝却只是让他自杀。由此看来，雍正帝早有预谋，因为他无法容忍年羹尧的权势，所以才罗织罪名。

之后，年羹尧交出抚远大将军的印章，改任杭州将军，雍正帝将年羹尧从他的"西北小朝廷"调出。几个月后,又逮捕年羹尧,押送京城会审。同年十二月,定下年羹尧九十二大罪:大逆之罪五条,欺罔之罪九条,僭越之罪十六条,狂悖之罪十三条,专擅之罪六条,贪罪十八条,侵蚀之罪十五条,忌刻之罪六条,残忍之罪四条。年羹尧被刑部判定的罪行大致有:作威作福、滥用职权、行事不谨、收贿纳赂、冒用军资、巧立名目、聚敛财物,等等。

每一项罪名都足以置年羹尧于死地。年羹尧自己也说:"臣今天一万分知道自己的罪了……臣的罪过不论哪一条都死有余辜,臣如何回奏得来?"

史学家杨启樵则站在雍正帝的角度提出雍正杀年羹尧三条理由:第一,雍正帝明察秋毫,赏功罚过,年羹尧的作为为自己引来杀身之祸。第二,年羹尧存在上述所说的问题,功高盖主最终导致了年羹尧的死。第三,雍正派到年羹尧那里监视他的情报人员被年羹尧收买,忍无可忍之下,雍正才起了杀心。

时至今日,关于年羹尧的死因,各派史学家众说纷纭,年羹尧到底犯了哪一桩大错惹来了杀身之祸,到现在也没有确切定论。

大凡才不可恃,年羹尧乃一榜样,终罹杀身之祸。

· 李秀成自述真伪之谜 ·

历史是由胜利者抒写的。

1840年,英国发动了蓄谋已久的鸦片战争,腐朽的清王朝和海陆两线战事皆呈溃败之势,并和英国政府签订了丧权辱国的《南京条约》。条约的签订,一方面使清政府在屈辱下苟且偷生;另一方面,由于清政府财政的亏空,为了赔偿巨额战争赔款,不得不加重了对中国底层农民的剥削。1851年,爆发了以洪秀全为首的太平天国农民起义。

太平天国农民起义历时14年,在洪秀全率军攻入南京后,太平军达到鼎盛的时期。但是在起义中期发生天京事变,之后,太平军内部开始走向衰败,石达开率领20万太平军精锐脱离队伍,这使得太平天国实力锐减。后期的太平天国在清军同帝国主义的共同剿杀下,在清军攻克天京城后,忠王李秀成被俘,李秀成被俘后写下了投降书,这份投降书的真假在史学界广受争议。

据史料记载,兵败被俘后的李秀成,一改往日同湘军、洋枪队作战时的英勇,他在囚牢中写下长达六万字的《亲供》,这份《亲供》被后人称为《李秀成自述》。在这篇自述中,李秀成概述了太平天国起义的历程,为了迎合清政府,甚至刻意夸大在天京事变中太平天国诸王的内争。为了活命,李秀成在投降书中对镇压太平军的刽子手曾国藩大力吹捧。

这篇自述使得李秀成晚节不保,成为李秀成十多年来征战中的污点。也因此,很多研究太平天国历史的史学家对李秀成口诛笔伐,大力抨击。但是仍然有很多学者对李秀成的这份自述提出了质疑,他们认为清政府公布的这份投降书有很大的疑点。凭借这份投降书来认定李秀成是个贪生怕死的叛徒,这对李秀成本人也是有失公允的。

那么,李秀成真的是千夫所指的叛徒吗?清政府公布的李秀成投降书是真实的吗?史学界对此提出了很多质疑。

第一个疑点,李秀成投降书的原稿一直不为外界所知晓。

李秀成被曾国藩杀害后,曾国藩另行将他的《自述》删改、誊抄了一份,然后上呈军机处,这份誊抄的文本后来由九如堂刊刻,即所谓的"九如堂本"。至于原稿的去向,世传曾国藩并未曾将它上交清政府,同时也不肯公开示人，而是私下扣留。曾国藩的后人对李秀成投降书严加保管，对外人一概保密。当九如堂的刻本问世后，人们就对其真实性提出了种种怀疑。

有些史学家从根本上认为，这份投降书是清政府为了夸大战果伪造的。如《太平天国革命亲历记》一文说："1852年，在太平天国农民起义军占领南京以前，清政府官方就已经秘密捏造了一篇名为《天德供状》的文件，清政府为了让叛军们屈服，谎称他们俘获了李秀成这个领袖。《忠王自述》很可能也是靠不住的。这篇文件或为某个著名的俘虏所伪造（他可能因此而得到赦免），或者是两江总督曾国藩的狡猾幕僚所伪造。"

学者认为李秀成投降书根本就是别人伪造的，甚至李秀成被俘虏一事也可能是伪造出来的。因为湘军在同太平军交战时，常常有意夸大太平军数量，造成湘军以寡击众，有着屡战屡胜的辉煌战果，这一点已经在史学界得到证实。那么，湘军谎称生擒了太平军名将李秀成，以此来夸大战果，也不无可能。

1944年，广西通志馆的吕集义来到湖南湘乡曾国藩的老家，在吕集义的百般请求下，曾家后人终于将藏在藏书楼中的投降书原稿拿出来给吕集义看，原稿中比之先前流行本还多了五千余字，之后根据这些文字和原来"九如堂本"的两万七千多字，最终出版了《忠王李秀成自述原稿校补本》。罗尔纲先生根据吕集义的校补本和照片进行了仔细的研究与对比，写出了著名的《忠王李秀成自传原稿笺证》。罗尔纲先生曾经一字一句、一笔一画地拿曾家后人出示的"原稿"，然后和李秀成亲笔的真迹进行了仔细的校核，还征求了笔迹鉴定专家的意见，最后断定"原稿"是真品。第二个疑点，从内容上看，曾家后人出示的原稿十分详细。

这份投降书讲述了太平天国自金田首义到天京陷落的14年历史，若非历史的亲历者，绝对不可能这么详细地了解太平天国运动的每一个细节，这也是曾国藩无法捏造出来的。

罗尔纲先生指出，"原稿"的称谓大都遵循太平天国的制度，若非太平天国的将领，其他人不可能了解得这么清楚。曾国藩是大清帝国的核心大臣，他又怎么知道太平天国的详细细节呢？此外，书中还用到大量的李秀成家乡方言，曾国藩是地地道道的湖南人，这也是不可能伪造的。罗尔纲的这一观点几乎成为对李秀成评价的盖棺定论。但是随着曾氏后人所存"原稿"的出版，更多人看到了《李秀成自述》的全貌。

这份李秀成投降书并没有因为罗尔纲先生的定论而定型，在1980年前后，史学界再一次掀起为李秀成"正名"的大论战。

荣孟源曾经两次撰文断定，曾家后人出示的这份"原稿"并不是忠王李秀成的真迹，而是"曾国藩修改后重抄的冒牌货"。为此，荣孟源提出了自己的几个观点。

其一，根据其他史料记载，李秀成的自述一共写了9天，每一天若干页。按照书写文章的常理，李秀成写的《自述》，全文应该分为八段才是。但是，今天所见的《李秀成自述》原稿全文连接自然，行文流畅，完全无任何间隔。何况，既然是每天各交一些，真迹就应该是散页或分装成9本，但是今本却是一本装订好的本子。由此可以推测，所谓的"原稿"显然是曾国藩派人将李秀成每天所写的内容汇抄在一起的。而且，据很多材料的记载，李秀成《自述》写了五万余字，然而今天的"原稿"影印本却只有三万六千多字。显然，有一万余字被曾国藩撕毁。可是，在影印本中，页码标注得十分明显，首尾衔接一点也不突兀，完全不见删改后的样子，人为的痕迹十分明显，显然是删节后的抄本。

其二，李秀成的写作形式也存有很大的问题。太平天国有严格的书写规定，而"原稿"的影印本中出现多处"上帝""天王"等词。在中国古代史上，人们对待文字的避讳很严格。

清朝雍正时代，一个主考官的考题为"维民而止"，其中的"维止"二字怀疑是藏有将"雍正"砍头的意思，于是雍正将那位主考官满门抄斩。清末年间，慈禧太后十分喜爱听戏，有一个戏班子在京剧中唱道"我好比那羊儿入了虎口"，被慈禧大加惩罚，因为慈禧太后的生肖是羊，慈禧认为戏班子是希望自己"羊入虎口"。

从清朝时期对文字的避讳看，那些书写时候应该避讳的理念早已经深入人心，太平天国也有着自己的一套书写规定。但是在李秀成的《自述》中，一些该避讳的称呼、字迹，他毫不避讳，但不该避讳的时候却避讳了。如凡"清"字均不避讳，而不该避讳的"青"却写成了"菁"等。这些显然都是违背太平天国避讳制度的。这样的笔误在"原稿"中出现的次数很多，李秀成作为太平天国的高级将领，不应该多次犯这种低级错误。针对荣孟源的观点，陈旭麓曾提出反对意见。他认为，我们不可能设想当时的李秀成像后来的作家一样，为每天要写的章节提前做好安排。至于书写形式，李秀成作为一个成年人早就已经形成了通行的书写习惯，尽管他熟悉太平天国的书写格式疏忽犯讳，但格式不对并不奇怪。而且，这也不能排除李秀成是为了活命而刻意迎合清政府。

第三个疑点，陈旭麓说曾国藩作假也不合情理。

曾国藩若真要作假，应该在上报军机处和刊刻的时候就已经完成，何必造个假东西当作宝贝传之后代？曾氏后人又何必要将这个显然会招来众议的假东西公之于众？而钱远熔认为，这个"原稿"不仅是李秀成的真迹，也并未有任何的缺少，曾国藩只是对原稿进行了删改。对钱远熔"完整无缺"的观点，罗尔纲先生不同意，他认为"原稿"虽是李秀成真迹，但是仍然有很多地方被曾国藩撕毁。

在国际上，很多研究中国太平天国历史的史学家，他们同样对李秀成投降书之真伪存在很多争议。1978年,国际友人路易·艾黎对李秀成真假降书发表了自己的看法:"曾国藩为自己做事肯定考虑得十分周到,他俘获了李秀成,那他怎么会不去充分利用李秀成来进一步达到自己的目的呢?他先鼓励李秀成写下他本人的历史,详细地描述投降的过程,然后再让他的幕僚在同样的纸张上,以同样的文风添加上有害于太平天国事业的东西。之后,再显示他本人宽宏大量,同时对全部东西加以剪裁,杜撰出真实性很强的投降书。"

这位友人还表示:"由于这封李秀成的自首书是经过篡改的,所以,曾国藩对它的完整显得异常地神经过敏。他曾命令自己的家属不能给其他人看。我在上海的时候,曾亲耳听见过他的孙子说过这件事。"

国际上很多学者对此也同样持反对意见,认为今天所见到的《李秀成自述》确实是李秀成亲笔写的。

李秀成作为太平天国后期的主要将领,曾屡屡痛击清军和帝国主义组织的洋枪队,对太平天国后期的政治、经济、军事都有过重大的历史影响。后世争论了许久的《李秀成自述》的真伪,也是评判李秀成功与过的最好证据。但是,目前史学界中,各种争论不休的意见比比皆是,看来在短时间内,忠王李秀成《自述》的真伪之谜,还是很难解开。

成败千古事,从古如斯。为之奈何?

第四章 文明历程

当我们抬头仰望，穿越悠远的时空，透过重重迷雾和尘埃，我们也许只能隐约勾勒出中华民族千年文明进程的大致轮廓和脉络。但我们依然能遥望到那辉煌创造中闪烁的光芒，聆听到那痛苦劫难中奋争的呐喊，更能切身体味到为中华文明历程的艰辛。

· 华夏民族的由来 ·

中国有礼仪之大，故称夏；有服装之美，谓之华。

"华夏"是古代中国中原地区各族的合称，也称"华夏民族"，因此，中国人也被称为"华夏子孙""华夏儿女"。那这个人人习以为常的名称究竟从何而来呢？为什么要称古代的中原为"华夏"呢？

对于此问题，学术界说法不一，莫衷一是，归纳起来，大致有以下几种说法。

第一种观点是，"华夏"一名是以文化高低来定的。文化高的民族称为

"华"，文化高的周礼地区称为"夏"，将二者合起来，即"华夏"，就是"中国"。而"华夏"以外的文化低的地区和民族，就被称为"东夷""南蛮""西戎""北狄"。后来，随着"华夏"的不断壮大，便将所有接受华夏文化的民族都纳入了传统华夏族的范畴。这时，"华夏"就代表整个中华民族了。

第二种说法是，在远古时代，中华民族主要有华夏、东夷、南蛮三大族。后来，华夏集团的首领黄帝兼并并统一了其他集团，成为中华民族共同祭奠的先祖。所以，整个中华民族便都归属于华夏集团，"华夏"自然就成为中华民族古老的代表。

第三种说法认为，"华"即花，原来是我国中原地区仰韶文化的玫瑰花的一种标志，后来和燕山脚下的龙图腾标志的部族，共同形成中华文化的主体。而"夏"指的则是历史上第一个王朝夏朝的先祖。大约在春秋时代开始，我国古籍上将"华"与"夏"连用，合称"华夏"族。

第四种说法见于《左传·定公十年》，文中记载："(孔子曰)：'裔不谋夏，夷不乱华'。"疏："中国有礼义之大，故称夏；有服装之美，谓之华。华夏一也。"意思是说，穿着华服，讲究礼仪的民族。所以称为"华夏"，是一种骄傲的自称，认为自己发达、富裕、讲礼仪；相对应的叫蛮夷，是对四周少数民族的蔑称，认为他们野蛮、落后。

第五种说法见于《书·武成》，文中记载："华夏蛮貊，罔不率俾。"疏："夏，大也。故大国曰夏。华夏谓中国也。"

还有一种说法认为，"夏"应该来源于中国第一个王朝，夏朝的名字。而既然称"华夏"，而不称"夏华"，则说明"华"应早于"夏"。而在夏朝之前的古籍中，我们查到与"华"有关的就只有中华始祖伏羲的故土——华胥国。所以，"华夏"一名有可能源于此。

究竟"华夏"之名是由何而来？目前，尚无统一定论。

大风泱泱，大潮滂滂。洪水图腾蛟龙，烈火涅槃凤凰。文明圣火，千古未绝者，唯我无双；和天地并存，与日月同光。

· 古人为何独尊黄色 ·

黄色在中国封建社会里是法定的尊色，象征着皇权、辉煌和崇高。

至今，黄色仍是古老中国的象征。汉语里与"黄"有关的词语也多与帝王、宫廷相关，如"黄屋"代指帝王乘的车，"黄榜"是指皇帝发布的文告，"黄门"是汉代为天子服务的官署。是什么原因使得中国古代统治者皆以黄色为尊呢？

在中国古代文化系统中，黄色并非一开始就是尊贵之色。西周、东周时期，据专门记载此时典章制度的书籍《礼记·月令》记载，天子"着青衣"。中国历史上第一个幅员广大、民族众多的封建统一国家秦朝建立后，秦始皇立即着手推行一系列加强中央集权的措施，如统一度量衡、刑律条令等，其中也包括衣冠服饰制度。不过，由于秦始皇当政时间太短，服饰制度仅属初创，还不完备，只在服装颜色上作了统一。秦始皇深受阴阳五行学说影响，根据水、火、木、金、土与黑、白、青、赤、黄分别相配的"五德"说，相信秦克周，应当是水克火，因为周朝是"火气胜金，色尚赤"，那么秦胜周就是水德，颜色应当崇尚黑色。这样，在秦朝，黑色就成为尊贵的颜色，衣饰也以黑色为时尚颜色了。

宋朝王楙在《野客丛书·禁用黄》中讲："唐高祖武德初，用隋制，天子常服黄袍，遂禁士庶不得服，而服黄有禁自此始。"这说明黄色成为皇帝的专用色始于隋朝，唐以后延续下来。隋朝文帝、炀帝已经着黄袍，但尚未明令禁止他人穿黄色衣服。到了唐高祖时期，黄袍遂成为皇帝专用之服。《新唐书》卷二十四《车服志》说："至唐高祖，以赭黄袍、巾带为常服，接着天子袍衫，稍用赤黄，遂禁臣民服。"同时还规定了其他官员的服色：三品以上为紫，四品五品为朱，六品七品为绿，八品、九品为青。

为什么古人会把黄色视为尊贵之色呢？现在通常有以下几种看法。

第一，黄色人种说。刘师培在《古代以黄色为重》一文中认为，中国人称初祖为"黄帝"，华夏文化的发源地为"黄土高原"，中华民族的摇篮为"黄河"，炎黄子孙的肤色为"黄皮肤"，因此崇奉黄色，而"黄帝者犹言黄民所奉之帝王耳"，这就是以中国人的肤色为解。

第二，中和之色说。萧兵在《中·中庸·中和》一文中提出一种看法："黄色介于黑白赤橙之间，自然而然地成了中央之色。"班固在《白虎通义·号篇》中讲："黄色中和之色，自然之性，万世不易。"《通典》注云："黄者中和美色，黄承天德，最盛淳美，故以尊色为谥也。"这说明黄色在中国传统文化里居五色之中，自古以来就是代表大地的自然之色，这种色彩代表了"天德"之美，也就是"中和"之美，所以成为尊色。

第三，土地依恋说。有人从中华民族的农耕经济及其对土地的特殊眷恋这一点上来找原因。华夏民族自古以来就属于黄土文化，世代居于黄土高原，靠土地为生。土地的肥沃保证了庄稼的丰收和人畜的兴旺，因而人们对供给他们衣食住行的黄土大地有一种特别崇敬而依恋的感情，由此而对黄土之色产生一种景仰、崇尚的心理。

第四,文化核心区域说。按五行学说,东木、西金、北水、南火、土中央,五行对应五色,木为绿色,金为白色,水为黑色,火为红色,土为黄色。因此,我国古代文化核心之一是炎黄民族自以为身居天地的中央,一切都以我为中心,一切以我为最佳,甚至连黄土之神黄帝也成了"中央之帝"或"中央之神"。《礼记·月令》和《吕氏春秋》里所反映出来的五行观念,也异口同声地说中央土,其色黄,其神黄帝。这种文化中心的观念,使得炎黄民族把自己居住的土地视为中央之土,把中央之土的颜色视为中央之色。黄色作为它的主元素,便理所当然地享有独尊的地位,以后愈演愈烈,最后竟成为帝王的垄断色了。

第五,地神崇拜说。自远古时代中国西北地区出现人类以来,在黄土高原和黄河这片黄色土地上,人类聚集而居,狩猎、采集、织布、农耕,生儿育女,不断繁衍,造就了中华民族上下五千年的历史起源,形成了一个黄色皮肤的民族,就连被冠以人类祖先的黄帝的名称也来源于黄土地。这种对"地神"的崇拜直接影响了后世统治者的观念,他们认为代表黄土高原和黄河的黄色是人类文明的起源,孕育了华夏文明,因此,黄色理所当然应当被视为最尊贵的颜色。

观点纷纭,仁者见仁,智者见智。

古人为何讲究"同姓不婚"

男女同姓,其生不蕃。

我国法律规定,"禁止与直系血亲或者三代以内的旁系血亲结婚",这项规定是出于伦理的角度,也是为了避免双方结合后生出的孩子是畸形儿或残疾儿。而在我国古代,有一条更为严格的婚姻禁忌,即"同姓不婚",也就是凡是同一姓氏的男女,不论两者有没有血缘关系,一律不准互相婚配。为什么没有血缘关系的同姓也不能结婚呢?中国的古代人是出于什么目的而规定这一条婚姻禁忌呢?

据《魏书·高祖纪》记载:"夏殷不嫌一姓之婚,周制始绝同姓之娶。"由此可见,"同姓不婚"这一规定最早始于西周初期,是周民族实行族外婚时遗留下的规定。在古代,凡是违反这一规定者,不仅会受到舆论谴责,而且会受到法律的惩处。大唐律法规定:凡同姓为婚者判处两年牢刑,同姓又同宗者以奸淫罪论处。明、清律法也规定说:凡同姓为婚者各杖六十,并判处离异。

由此可以看出,"同姓结婚"是古人相当避讳和痛恨之事。那么,他们禁止"同姓结婚"的缘由究竟是什么呢?通过收集诸家之观点,归结出下列几种说法。

第一种说法,"同姓结婚"不利于繁衍或后代的健康。即禁止同姓结婚是为了防止不育,以及造成后代的畸形。由此可见,早在周朝时期,人们就已十分清楚近亲结婚的危害,所以便作了"同姓不婚"的规定。这一点可以从《左传·僖公二十年》中找出答案,书中记载:"男女同姓,其生不蕃。""蕃"的意思就是繁盛、茂盛之意,也就是说,同姓人结婚,生出的孩子会不健康。在《左传·昭公元年》中也记载说,男子在娶妻妾之时,要先得知女方的姓氏,同姓者万万不可结婚,否则两人会不生育,或者生出残疾的孩子。另外,《国语·晋语》中也有相关记载:"同姓不婚,恶不殖也。"意思就是,同姓者不婚的目的,就是为了避免婚后不育。

第二种说法,"同姓结婚"是破坏伦理纲常之举。据《礼记·大传》记载,"同姓不婚"是最根本的礼法,对维系人伦起到了非常重要的作用。在《通典》一书和《白虎通·嫁娶》中,更是将"同姓结婚"视为兽行,"耻与禽兽同也"。据此我们可以得知,在古人的观念里,同姓就是血亲,同姓结婚与至亲、嫡亲兄弟姐妹之间通婚都是有违伦理的行为。

第三种说法,认为"同姓结婚"会破坏古代宗法制度的严谨性。在母系氏族社会结束后,就形成了以男权为中心的父系氏族社会,人们将宗法制度看得非常重。这时候,即使有着同一祖先的后辈们也有着严格的尊卑贵贱等级,而等级的划分则是根据其与祖先血缘关系的亲疏来判定的。而同姓男女虽然血缘关系很远,但很可能拥有同一个祖先,如果两者结婚,很可能打乱同姓内部原来的嫡庶、长幼、亲疏、尊卑秩序,使得传统的尊卑顺序无法延续。

第四种说法,禁止同姓结婚是出于政治需要。有学者认为,周人规定"同姓不婚"有扩大异姓联姻的用意,依据是《礼记集说》中的记载,即"夏商以前,容娶同姓,周公佐武王得天下,取神农、黄帝、尧、舜、禹、汤之子孙,裂土封之,以为公侯,而使姬姓子孙与之婚姻,欲先代圣王子孙共飨天下之禄也,乃立不娶同姓之礼焉"。意思则是,周公辅佐武王将姬姓子孙与神农、黄帝、尧、舜、禹、汤的子孙联姻,意在使圣王的子孙共飨天下之荣禄。而事实上，天子与诸侯、诸侯与大夫以及士大夫之间互相联姻，构成了天子的家天下，对于天子的统治极为有利。而禁止同姓成婚，则可以在客观上促进与异姓之氏族的联姻，进而扩充了统治者的势力范围，对统一天下起到了积极的推进作用。

第五种说法，"异类相生"的迷信。这种观点源自《国语·晋语》，书中指出，同姓结婚，会引发天灾人祸，故应避免。很显然，这种说法在现在看来是荒诞的，是没有科学依据的。

除了第五种观点之外，上述四种说法都有一定的道理，或许，我们的先人在几千年前就知道了近亲结婚的弊端，所以才提出"同姓不婚"的禁令。但是若真是如此的话，为什么古人不禁止表兄妹之间的通婚呢？由此来看，"同姓不婚"的规定出于维护伦理纲常的可能性要大些。已经过去了几千年，我们还真难猜出当时的人们究竟是出于怎样的考虑。

无论原因为何，"同姓不婚"的禁忌都体现出中华民族祖先的智慧。

· 清明扫墓是从何时兴起的 ·

清明时节雨纷纷，路上行人欲断魂。

众所周知，清明是我国的二十四节气之一。每逢清明，人们都会扫墓祭祖，这也是我国流传已久的习俗。然而，你了解清明节的由来吗？你知道清明扫墓的习俗是怎么来的吗？

当代学者普遍认为，清明扫墓的习俗是承袭寒食节的传统。寒食节在清明节的前一天，这一天，禁止生火，吃的都是生冷食物，然后祭奠先人，为其扫墓。因为寒食节与清明节紧紧相连，所以"大致到了唐代，寒食节与清明节合二为一"（此说法源于《中国传统文化大观》）。这也就是现在的清明节。而对于寒食节扫墓的习俗起源于何时这个问题，自宋代以来人们就一直争论不休。

清代学者赵翼在其所著的《陔余丛考》第三十卷中指出，宋人欧阳修说："五代礼坏，寒食野祭而焚纸钱。"意思就是说，五代时，人们会在寒食节那天祭祖，为故去的先人焚烧纸钱，这是礼制废弛的结果。这说明，赵翼或者欧阳修认为寒食节扫墓的习俗起源于五代时期。

后来，又有人提出，最晚在中唐时期，寒食节扫墓的习俗就已流行。此说法的根据是：唐宪宗元和七年（812）诏："常参官寒食拜墓……"；在《旧唐书·玄宗本纪》中也有"寒食上墓"的记载。另外，在《湖广志书》中也记载说："（寒食节）墓祭，自唐明皇（唐玄宗）始。"而且这种说法也被不少介绍清明扫墓的著述所沿袭。因此，很多人便以寒食节扫墓始于盛唐玄宗时作为定论。

但是，这种说法却遭到人们的质疑，因为在《唐会要》卷二十三《寒食拜埽》一文中查出"唐玄宗开元二十年（732）宜许上墓"诏令的原文："寒食上墓，礼经无文，近世相传，浸以成俗……宜许上墓……仍编入礼典，永为常式。"从此句可表明寒食节扫墓是"近世相传"的风俗，而这道诏令只是将寒食节上墓的风俗"编入礼典"。由此可见，寒食节上墓的风俗早在唐玄宗之前就已存在。

还有人认为，寒食节扫墓源自上古时期人们在春分时祭祀高禖（管理婚姻和生育之神）的习俗。在原始的母系社会，高禖就是祖先，而祭祀高禖实则是在祭祀祖先。而寒食节原本的时间与后来的时间不同,是在二月的下半月,这个时间与上古时期祭祀高禖的时间相一致,所以唐玄宗将寒食节称为"祀祖节"。由此来看,寒食节扫墓的习俗应追溯至上古时期。

除了上述学者们提出的观点之外,在民间也有两种关于寒食节扫墓起源的传说。

第一种说法,寒食节扫墓起源于三国时期。由于诸葛亮治蜀有序,深得民心,但是在其离世后,朝廷却没有为他修建庙宇。于是,在寒食期间(一共三天,包括寒食节,以及寒食节的前两天)老百姓自发地在田野道路上祭拜。后来,朝廷也知道对诸葛亮的后事安排不妥,便正式将诸葛亮的庙宇与先帝刘备的庙宇建在了一起。但此时,寒食野祭的风俗已经形成,并逐渐演变为人们祭扫先人的坟墓。

第二种说法,寒食节扫墓的习俗与寒食节是在春秋时期形成的,它来源于历史上的一个代表人物——介子推。

据说,晋国公子重耳与介子推等人一起流亡到国外,饥寒交迫。介子推为了给重耳充饥,便割下自己大腿上的肉给他吃。后来,这一行人回国后,重耳做了晋国的国王,也就是晋文公。他执政后,便赏赐了当年与他一同流亡的部下,却唯独没有赏赐介子推。介子推什么也没有说,只是作了一首《龙蛇之歌》,便隐居在了绵山。晋文公听过《龙蛇之歌》后才醒悟过来,便立即派人去绵山请介子推出山,但介子推死活就是不肯出山。晋文公无奈之下,便派人放火烧山,想借此逼介子推出山。可谁知,介子推却抱在一棵树上,活活被烧死了。

晋文公既难过又后悔,为了纪念介子推,便命令在介子推被烧死之日禁火,人们只吃寒冷的食物,这一天就是寒食节。渐渐地,这一天就演变成了人们祭祖扫墓的日子。

上述几种说法或源于史料文献，或源于民间传说，但这些观点的共同点都是清明节的扫墓习俗源于寒食节。而有些人却提出了更大胆的说法，认为清明节这一天本就有扫墓的习俗，根本不是由寒食节扫墓的习俗转化而来。

坚持此观点的人认为，清明节扫墓的习俗在汉代就已经形成了。在唐代的章怀太子所注的《后汉书》中，引用了应劭（东汉时期人）的《汉官仪》中的语句："秦始皇起寝于墓侧，汉因而不改，诸陵寝皆以晦、望、二十四气、三伏、社、腊及四时上饭其亲。"这句话指出，要在晦、望、二十四气等时间来给先人"上饭"，即祭祀先人。持此观点者认为，"二十四气"应当包括清明在内。因为早在西汉时期所著的《淮南子》中，"二十四气"就与现在的二十四节气完全一致了。所以说，汉代时，皇室就有清明节墓祭的习俗。而在汉代以后，有很多人还在寒食节扫墓祭祀，这就说明清明节的墓祭习俗与寒食节的墓祭习俗没有关系。

假如说清明墓祭真的起源于汉代，那么，汉代的清明墓祭又是承袭什么传统呢？

· 中秋节起源之谜 ·

杀鞑子、灭元朝；八月十五，家家齐动手。

农历八月十五是我国的传统节日——中秋节。其实，中秋原本叫"仲秋"，因为八月是秋季的第二个月，古时称为"仲秋"，后来，民间慢慢地就流传起了"中秋"一名。在中秋之夜,民间有家人团聚,一起赏明月、吃月饼、赏桂花、猜灯谜等多种习俗。

那么,人们为什么要定这个节日呢?也就是说,中秋节是怎么来的呢?经史料查证共找出了以下几种说法。

据唐代的《开元遗事》记载:"中秋夕,唐明皇与杨贵妃临太液池望月。"后来,民间也开始效仿唐明皇,渐渐地,便有了中秋赏月的习俗。因此,有人就提出了中秋节赏月是从唐明皇开始的。

明代的凌蒙初根据此记载写成了通俗小说《唐明皇好道集奇人》,并将此文编入《初刻拍案惊奇》,他在文中将"唐明皇游月宫"作了神话描写,说唐明皇在月宫看见了"广寒清虚之府"的金字匾额,而且著名的《霓裳羽衣曲》也是从月宫的仙女那里学来的。另外,清代的程允升在其编纂的《幼学琼林》中,也有"中秋月朗,明皇亲游于月殿"的说辞。由于此书是幼儿启蒙读物,所以在民间影响极大,很多人都认为中秋节起源于唐明皇游月宫的传说。

此说虽然在民间流传甚广,但也引来了一些研究学者们的质疑。其中,明代学问家郎瑛就是反对者之一。他认为,"唐明皇游月宫"只是传说,不足为信,或许这只是一些宫里的人在以讹传讹,或许是某些民间艺人的杜撰。究竟此说是真是假,还有待查证。

另外一种说法跟"嫦娥服用不死之药"有关,但是有几种不同版本,这几种版本的不同之处就在于嫦娥因何服用长生不老之药。

据战国末年成书的《归藏》记载,嫦娥因为服用了西王母不死之药,奔月成了月宫仙子。而汉朝刘安在《淮南子·览冥篇》中记述,后羿(嫦娥之夫)在西王母那里求得了不死之药,嫦娥偷吃后奔上了月亮。另外,张衡所著的《灵宪》一书中,说是嫦娥偷吃了丈夫后羿的不死药后,飞到月亮后变成了蟾蜍。这些说法好像都是在贬低嫦娥。

在六朝后，人们对于嫦娥奔月的态度发生了转变，对她登上月亮后的孤苦伶仃表示深深的同情。这一点在李白的《把酒问月》一诗中就能体现出来，诗曰："白兔捣药秋复春，嫦娥孤栖与谁邻？"另外，李商隐在诗中也写道："嫦娥应悔偷灵药，碧海青天夜夜心。"意在说明嫦娥有思凡归乡之意。

到宋代之后，人们不仅对嫦娥表示同情，而且赞誉嫦娥是一位美丽、聪明的贤淑女子。于是，人们便在一年中月亮最圆之时（中秋夜）向月亮祈祷，期盼嫦娥回归人间。此时，赏月就变成了祭月，而且中秋也被定为节日。人们对嫦娥的赞赏可以从《新编醉翁谈录》中找到依据，文中说，中秋之夜，人们对着月亮神焚香参拜，男子希望高攀仙桂，女子希望貌似嫦娥。

还有一种说法将中秋与"时令节气"联系在了一起。有人考证，早在春秋末年的《周礼》中就出现了"中秋"一词，即"中秋夜，迎寒亦如云。"同时《礼记》中也有"天子……秋夕月"的记载，"夕月"即是拜月，此句的意思是帝王在中秋祭月。到了魏晋，以及后来的唐朝时，民间开始普及赏月。到了宋代，中秋节成为全国上下热闹的节日。民国时期，中秋就成了"秋节"。真可谓长盛不衰，深入人心。持此说法者认为，"唐明皇游月宫""嫦娥奔月"等说辞，只是人们在赏月时遐想而编造的神话。

关于中秋节起源的说法如此种种，至今也不知孰是孰非。而且，除了中秋节的起源尚无定论之外，与中秋节密切相关的月饼的起源，在历史上也有不同的说法。

最早见到的与中秋月饼有关的史料文献是北宋苏东坡的一句"小饼如嚼月，中有酥和饴"，诗人描述了中秋节吃月饼的意境。但是我国民间流传的月饼起源的时间却是在元朝末年。据说，当时官府腐败，民不聊生。在某一年的中秋节的前几天，张士诚暗中派人将写有"杀鞑子、灭元朝；八月十五，家家齐动手"的纸条藏在小圆饼内挨家挨户地传送。到了中秋之夜，家家户户都吃圆饼，举行起义，终于推翻了元朝的腐败统治者。自此后，人们为了纪念张士诚，每年都会吃圆饼。而圆饼和圆月都是圆形，所以后来的人们便为圆饼起名为"月饼"，而"圆"也表达家家团圆的良好愿望。

说法不同，但各有依据，使得中秋节的起源之谜更加扑朔迷离。

关于中秋节的起源众说纷纭，但其中寄寓的人们的美好愿望却是古今一致的。

· 端午节的起源只是因为屈原吗 ·

年年端午风兼雨，似为屈原陈昔冤。

"粽子香，香厨房。艾叶香，香满堂。桃枝插在大门上，出门一望麦儿黄。这儿端阳，那儿端阳，处处都端阳。"这首民谣描写的就是端午节的情景。端午节是我国汉族人民最重要的传统节日之一，人们在这一天会举办各种各样的活动来庆贺，比如包粽子、挂艾叶、赛龙舟等，真是好不热闹。

但是在玩乐之余，你有没有想过端午节的来历是什么呢？对于此问题，历来就争议颇多，归纳起来，可以将端午节的来历分为以下几种说法。

说法一，纪念说。纪念说中包括"纪念屈原说""纪念伍子胥说""纪念曹娥说""纪念勾践说"等。

"纪念屈原说"是人们普遍认同的说法，影响也最为广泛。据史料记载，屈原是春秋战国时期楚国的大臣。他忠君爱国，一心想振兴自己的国家。当时楚国战败，楚怀王被关押在秦国长达一年多，最后客死异乡。屈原气愤之余，向楚顷襄王进谏，要他亲贤臣远小人，使楚国富国强兵，联合齐国抗击秦国。但是他此举却遭到子兰和靳尚等奸臣的仇视，他们在楚顷襄王面前散播谣言，说尽屈原的坏话。不明是非的楚顷襄王听信了这些谣传，将屈原流放到湘南一带。屈原在流放中，写下了《离骚》《天问》等不朽诗篇。公元前278年，秦国攻破楚国国都，屈原的政治理想破灭了，五月初五日他写下了绝笔之作《怀沙》后，便抱着石头投汨罗江自尽了。屈原死后，楚国人民哀痛至极，到江边打捞他的尸体，但却怎么也捞不到。为了不让水中的鱼虾吃掉屈原的尸体，人们便在江上划龙舟、敲锣打鼓，想借此吓走鱼虾；还用苇叶包上米饭做成粽子，投入江中喂给鱼虾吃，希望它们吃饱后不再吃屈原的尸体。以后每年的五月初五，人们便用吃粽子、赛龙舟、敲锣打鼓等形式来纪念屈原。

"纪念伍子胥说"是江浙一带流传甚广的端午节来历的传说。春秋时期的伍子胥是楚国人，其父亲和兄长都被楚平王杀害。为了活命，也为了报仇，伍子胥便投奔了吴国，助吴伐楚，攻破楚都后，伍子胥还掘了楚平王之墓，鞭尸三百，以报父兄之仇。后来，吴国的夫差即位后，吴国与越国交战，越国大败。这时，越王勾践请求和解，夫差便应允了。伍子胥为此很是气愤，强烈要求夫差一举除掉越国，但是夫差不仅不听取他的意见，反而听信了受了越国贿赂的吴国宰相的片面之词。于是，夫差便赐死了伍子胥。他死前，曾对家人说："我死后，请将我的眼睛挖出来，挂在吴国京城的东门之上，我要亲眼看着越国入城灭掉吴国。"夫差知道此事后，便命人将伍子胥的尸体装在皮制的袋子里于五月初五投入江中。相传，五月初五的端午节是后人为纪念忠臣良将伍子胥而设定的。

"纪念曹娥说"认为，端午节是为了纪念为救父而投江的东汉孝女曹娥。

曹娥是东汉上虞人，因为自己的父亲溺水后迟迟寻不见尸体，年仅14岁的曹娥昼夜沿着江边痛哭。17天后，即五月初五这一天也投江，不承想却在五日之后抱出了父亲的尸体。在今浙江绍兴，还立有"孝女曹娥之墓"。持此说者认为，端午节是为了纪念曹娥的孝节所设定的。

"纪念勾践说"很少被人所知，仅在浙江一带流传。有人说，端午节的赛龙舟活动，就是为了纪念越王勾践操练水师、打败吴国所设。

"纪念黄巢起义说"也鲜为人知。此说也源于一个故事。在唐僖宗在位时，黄巢领兵造反，官府造谣说起义军杀人无数，血流成河。老百姓为了躲避灾难，四处逃亡。有一年五月，黄巢率领的军队攻入河南邓州，黄巢在邓州城外勘察地形时，见一个中年妇女背着大包小包赶路，一手搀扶着老婆婆，一手还拉着一个孩子，一副落魄紧张的模样。黄巢自觉奇怪，便上前去探听缘由。这个妇人就告诉他黄巢军队杀人无数的传闻，并劝他也赶紧逃命。黄巢听后，心里为之一动，然后对她说："你不用逃难了，回家吧！回家后只需将菖蒲和艾草插在门上，起义军就不会伤害你了。"这个妇人信了黄巢的话，回到家后便将此消息告诉了街坊四邻，一传十、十传百，家家户户门前都插上了菖蒲和艾草。五月初五那天，黄巢带领军队攻城后果真没有伤害那些百姓。人们为了纪念此事，也为了保佑自家平安，每逢五月初五端午节这一天便会在门前插上菖蒲和艾草。

说法二，习俗说。此说有"源于浴兰节说"和"恶月恶日驱避说"两种。

"源于浴兰节说"见于南朝梁人宗懔的《荆楚岁时记》，书中记载："五月五日谓之浴兰节。"另外，在古时候，人们在五月采摘兰草，盛行用兰草汤沐浴，用以除去身上的毒气，此风俗一直流传至唐宋时期。所以，持此说者认为现在的端午节就是古时候的"浴兰节"，而现在有些地方确实称端午节为浴兰节。

持"恶月恶日驱避说"的人认为端午节源于对恶日的禁忌。在汉代时，人们认为五月初五是不吉利的日子，而且说在五月初五出生的孩子都不能抚养成人，如果将其抚养长大的话，那么，在这一天出生的男孩会妨害父亲，女孩则会妨害母亲。这种说法在东汉的《风俗通义》中都有记载，即"五月五日生子，男害父，女害母"；另外，在《史记》中还有关于这方面的例子，说孟尝君田文就出生于五月初五这一天，他的父亲认为这孩子不祥，便让其母将他扔在荒山野地。除了人出生在五月被汉代人认为不吉利之外，就连盖房、上任等事人们也都避讳在五月进行，因此就有了"五月盖屋，令人头秃""五月到官，至免不迁"的说法。所以，人们为了除瘟、辟邪，求吉祥，便在五月初五这天举行许多相关的文化活动，比如在端午节插菖蒲艾叶，就是为了驱鬼的；熏苍术白芷和喝雄黄酒是为了避疫的，等等。

说法三，学者诸说。此说主要有"龙的节日说"和"夏至说"。

"龙的节日说"是闻一多先生所倡导的。他在《端午考》《端午的历史教育》中写道，端午节的竞渡和吃粽子活动，都与龙有关。另外，他还提出，竞渡与古代吴越两国的关系很深，并说，当时吴越两国的百姓有断发文身"以像龙子"的习俗，而端午节是吴越两国举行图腾崇拜的节日，是"龙的节日"。

黄石先生是"夏至说"的首倡者，1963年，他在《端午礼俗史》一书中提出，端午节起源于远古时代，三代汇为川流，秦汉扩为河，唐宋纳百川而成湖海。在黄石先生提出"夏至说"20年后，刘德谦先生在《端午始源又一说》中提出，端午来自夏、商、周时期的夏至，端午节的"斗百草""采杂药"等与屈原无关。2006年12月，何星亮先生在韩国首尔举办的国际学术会上，又提出"端午节即夏至"的说法。"夏至说"的提出，令许多人耳目一新，还有不少人表示赞同。不过，有人对黄石先生的"端午节出现于三代"的说法表示质疑，因为在三代时期的甲骨文和金文中只有春、秋两字，而没有夏至的概念，而且在其他三代时期的资料中也尚未发现有关夏至的记载。在战国时期，夏至才开始被当作节气，在汉武帝时代趋于完善，并于汉武帝太初元年（前104），首次将夏至作为二十四节气之一编入太初历中，推行至全国。也就是从此时起，夏至才有了"合法地位"。所以，黄石先生的观点还有待考证。

关于端午节来历的说法确实不少，而这众多的说法中究竟哪一种才是端午节真正的来历呢？由于这种种说法都没有压倒性的证据，所以，端午节的来历之谜还将继续受到人们的关注和争议。

五月五日，谓之浴兰节。……是日，竞渡，竞采杂药。

灶王爷到底是谁

二十三，糖瓜粘。

我国很多地区的习俗，在腊月二十三这一天，也就是俗称的小年，要吃粘牙的糖。传说，灶神爷就住在每家的灶头，在旧岁逝去前夕，灶神爷会按例到天庭禀报他所在人家一年的善恶，以供玉皇大帝决定赐福或降灾时抉择。人们怕这位灶神爷向玉帝打小报告，便在送灶之前，用一些粘牙的糖封住他的嘴，以便他在玉皇大帝面前多说好话。一年一度的祭灶神活动，也就成了中华民族独特的带有幽默色彩的民俗文化活动之一。

据查证，祭灶习俗早在夏朝时就有了，秦朝之时，祭灶活动就被列入国家正典"七祀",但汉代升级为"五祀"。然而,虽然祭灶习俗由来已久,但灶神爷究竟是谁这个问题却没有人能说清楚。

一是上古帝王或其后裔说。在《事物原会》一书中,称黄帝作灶,死为灶神。在《淮南子·氾论篇》中说:"炎帝作火而死为灶。"高诱注:炎帝以火德为管理天下,死后以灶神的身份享受祭祀。而在《周礼说》中,又说,颛顼氏之子"祝融"死后成了灶神。此说认为,由于炎帝为"火德之帝",祝融为"火官之神",所以都被奉为灶神。灶神爷原是一位,具体指谁,各家说法不同。

二是负心汉之说。《酉阳杂俎·诺皋记上》记载说:"灶神名隗,状如美女,又姓张名单,字子郭。夫人字卿忌,有六女,皆名察洽。"文中指出,灶神是一位名叫张单的状如美女的男子。民间关于张单有一个传说,据传,张单有个妻子名叫丁香,是个贤惠孝顺的好女人。后来,张单靠做生意挣了一大笔钱,便移情别恋,在有了新欢后便抛弃糟糠之妻。后来,张单和他的第二任妻子整日寻欢作乐,坐吃山空,最终沦为乞丐,流落他乡,他的第二任妻子也离他而去。一日,张单饥寒交迫,就在奄奄一息之时,被一位妇人所救。待他吃饱穿暖后,才发现这位妇人就是他的前妻丁香。这时,他心生愧疚,又备感无地自容,便一头钻进灶坑自杀了。由于他是玉皇大帝的本家(传说玉皇大帝姓张),玉帝便封他为灶神。现在有些地方有"男不拜月,女不祭灶"之说,就是因为传说中的灶王爷相貌姣好,但喜新厌旧,为了避免败坏门风,所以不让女子祭灶。

三是穷蝉演变说。穷蝉又名"灶马",实则是蟑螂。此说认为,灶神就是灶头边常见的蟑螂。此说见于袁珂的《神话论文集·漫话灶神和祭灶》一文,文中说:"这种常见于灶上的小生物,古以为神物(或鬼物),崇而祀之,将它作了灶神。现在,人们见了蟑螂就心生厌恶,因为它不仅蹭吃蹭喝,而且极易传播疾病。但是古人却不知道这些，他们见蟑螂常在厨房出没，便以为这是一种神物，对它颇生敬意，故还经常在鼎上描画它的纹理。"

四是宋无忌之说。《史记·封禅书》索引《白泽图》所述："火之精曰宋无忌。"在《三国志·魏志·管辂传》中也说："王基家贱妇生一儿，堕地，即走入灶中。辂曰：'直宋无忌之妖，将其入灶也。'"从文中得知，管辂把宋无忌当作灶神。

五是贪官之说。传说，民间有一个大贪官，生性嘴馋，搜刮百姓钱财，只为享受美食，因此吃得是油头肥耳。为此，老百姓对他深恶痛绝。后来，一位神仙得知此事后，便化身一位民女将他一巴掌拍到了灶台上，成为"灶王"，只能眼睁睁看着别人享用美食。范成大在《祭灶词》中刻画的灶神形象，就很像一位贪嘴的胖老头。

六是姜子牙封神说。此说也源于民间传说。据称，姜子牙帮助周武王伐纣、打下江山后，裂土封侯。姜子牙奉师父之命，立下封神榜。将牺牲的有功将领一一封神，但是那些冲锋陷阵、战死沙场的士兵们却都没有受到封赏。于是，这些士兵的冤魂便不安分，经常闹事。得知此事后，姜子牙想了又想，便将广大的战死的士兵封为灶神，每家都有一位灶神。这样一来，既可制止鬼魂闲荡寻衅，又可将家家户户管理起来，可谓一举两得。

由于民间供奉的灶神多是一男一女并坐，即灶王爷与灶王夫人的画像，所以有些地方就传说灶王爷、灶王奶奶就是《封神演义》中姜太公所封的张奎和其夫人高兰英。

上天言好事，回宫降吉祥。灶神究竟是谁并不重要，人们图的就是平安吉祥。

真的有济公这个人吗

"鞋儿破,帽儿破,哪里有不平哪有我。"

有关济公的传说,在南宋时就已开始流传,直至现在,还盛传着济公的故事,而且还被改编成了影视作品。那么,济公究竟是一个活生生的人,还是人们塑造的神呢?

明代的田汝成就认为史上确有济公其人其事,他在《西湖游览志余》一书中,就十分肯定地说:"南宋确有济颠其人。"另外,商务印书馆出版的大型工具书《辞源》的"济颠"条目下,这样写道:"济颠,公元1129~1202年。宋末僧人。天台人,名道济,俗姓李。佯狂不饰细行,饮酒食肉,游行市井间,人以为颠,故称济颠。始出家灵隐寺,为寺僧所厌,遂居净慈寺,嘉泰二年端坐而逝。"生卒年月、出生地、性格特征如此确切,由此来看,历史上确有济公其人,他与传说中的济公形象相差无二,是南宋时期一个喜酒喜肉,玩世不恭,在嬉笑怒骂中扶危济困、打抱不平的疯疯癫癫的僧人。由于他经常解救贫苦人于危难,锄奸诛恶,是弱者的救星,因此,深受百姓爱戴。他的故事至今仍流传于民间。人们为了纪念这位爱打抱不平的活佛,还在西湖的虎跑建有"济颠塔院",并塑有济公石雕,在雕像两侧还有"济公斗蟋蟀""古井运木""飞来峰传说""装疯扫秦"四幅浮雕。

此观点虽然源于权威性的典籍辞书,但一些学术界人士还是对此结论持怀疑态度。乌青镇敬元潘恒在《济公全传》一书的《原版序言》中写道:

"至今江南太湖流域一带，尤其是杭县附近，一提起济公活佛和雷鸣陈亮，正像三国里的诸葛，水浒里的宋江……一般都认为实有其事，津津乐道……在今西子湖边，还有多少古迹，传说是当时济公活佛留存下来的……再则净慈寺中，还有不少踪迹呢。"作者在文中只是借他人之口承认有济公其人其事，而且在说到济公的"踪迹"时，还用了"传说"二字，这些都可以表明作者是持"不确定"的态度。

除此之外，还有不少学者坚决否认史上确有济公其人。在《花朝生笔记》中，说南宋根本没有济公其人，他的形象乃是人们根据六朝的释宝志的原型所塑造的。关于释宝志，在《南史》中有记载，说释宝志是南北朝时期大名鼎鼎的和尚，他说话语无伦次，经常披头散发，穿着破烂，有时还会披上棉袍，经常带着铜镜、剪刀和挂杖，有时候会索要酒肉，有时候会连着几个月不进食，于是人们都称他为"颠和尚"。该文认为，人们是将宝志误传为宝济，将志公误传为济公。

在"济公本无其人，原是释宝志的原型"这一观点出现后，全国高校古籍整理研究委员会会员、中山大学中文系教授黄天骥对此观点做了大胆而谨慎的考证。后来，他在《评〈济公全传〉》一文中发表了自己的观点，他认为，历史上并无济公活佛其人，传说中的济公形象，除了是以释宝志为原型之外，还将历史上一些古怪和尚或者癫疯头陀的行为都加诸济公身上，济公的故事远比原型释宝志的故事要生动、丰富得多。他还指出，人们在流传原故事的基础上，又将自己所熟知或者想象的事件加诸原故事，构成一个新的、更为生动、更为丰富的新传奇故事，正是我国民间文学的特质。

究竟孰是孰非，济公到底是不是真人？看来，此问题还需要新的考究给我们提供更确切的答案。

无烦无恼无忧愁，世态炎凉皆看破。

汉字是仓颉造出来的吗

中国汉字有着悠久的历史,早在几千年前就有了。

从古至今出现的汉字有很多种,如,甲骨文、金文、小篆、草书、行书、楷书……汉字作为一种记录语言、交流信息的重要记事方式,给我们的生活带来了便利,记录下了中华民族古老的历史文化,传承了黄土地上悠久的文明。但是,对于汉字的起源,却很难准确说清。而自古以来,对于汉字起源的说法也众说纷纭,归纳起来,主要有结绳说、八卦说、河图洛书说、仓颉造字说和图画说等。

持"结绳说"者的论据是,《北史·魏本纪》记载:"(北朝魏的先世)射猎为业,淳朴为俗,简易为化;不为文字,刻木结绳而已。"文中记录了在文字出现以前,原始社会的一些部落以"结绳"来记事。在更早的《周易·系辞下》中也有关于"结绳记事"的记载,原文是:"上古结绳而治,后世圣人易之以书契,百官以治,万民以察。"因此,有些学者据此推断,认为文字起源于结绳。

持"八卦说"的学者也给出了理由。据《尚书》序中记载:"古者庖牺氏之王天下也,始画八卦,造书契,以代结绳之政,由是文籍生焉。"文中指出,八卦和书契是在"结绳"记事后出现的,这时产生了文字。《易纬·乾·凿度》中认为:"乾卦,天字的古文;坤卦,地字的古文;离卦,火字的古文;坎卦,水字的古文;巽卦,风字的古文;震卦,雷字的古文;艮卦,山字的古文；兑卦，泽字的古文。"也就是将各种文字归结为八卦。

而持"河图洛书说"者提供的依据是，《易·系辞上》记载："河出图，洛出书，圣人则之。"持此说者认为，这里的"图"与"书"可以理解为图画和书录，更精确地说，就是《易经》与《尚书》，而这里的书录就是最早的汉字记载。不过，由于此说带有神话传说色彩，赞同此观点者为数不多。

"仓颉造字说"是最为流行的一种汉字来源的说法。仓颉是何许人？传说，仓颉乃黄帝的史官，由于当时部落联盟之间外交事务频繁，迫切需要建立一套各个联盟共享的交际符号，身为史官的仓颉便担任起搜集与整理文字的工作。传说，《淳化阁帖》中卷五载有的古篆书二十八字就是仓颉所写。另外，在《吕氏春秋·君守》中也有"仓颉作书，后稷作稼"的记载，《荀子》和《韩非子》中也有类似记载。东汉的许慎在《说文解字》中也说："仓颉之初作书，盖依类象形。"

不过，有人对此说也提出了异议，认为汉字绝非仓颉一人之力所能创造的。当然，汉字肯定不是仓颉凭空杜撰的，但他肯定起到了收集、归纳、总结、发展的作用。

"图画说"是很多现代学者主张的说法，他们认为，一些出土文物上刻画的图形与文字有着一定的渊源。在陕西华县泉护村遗址出土的彩陶盆，被鉴定是公元前4000年左右，新石器时代仰韶文化的文物，当时正处于母系制向父系制过渡的氏族社会阶段，这个彩陶盆上有四个鸟形图案，而这些图案与古汉字中的"鸟"和"隹"（短尾鸟的总称）十分相似。另外，在出土的晚商青铜器上的鱼形图案，与古汉字中的一些"鱼"字进行比较后，发现它们也极其相似。因此，持此说者认为，汉字应是从原始图画演变而来。

不过，由于汉字的出现并非一朝一夕之事，而是经历了长达几千年的发展演变过程，而最远古的文献资料又非常少，从考古发掘中得到的依据尚且不足，所以迄今为止，汉字的起源仍是一个谜。

汉字是中华几千年文明连绵不绝的载体，更是中华文化源远流长的见证。

·"尧造围棋"是真的吗·

> 舜以子商均愚，故作围棋以教之。

围棋作为东方文化的精粹，深受大众的喜爱，但是却很少有人知道围棋究竟起源于何时何地。这个问题至今都还没有非常确切的答案。

第一种说法，围棋起源于中亚地区。这种说法源于日本学者，他们认为，围棋在最初只是当地的一种盘戏，这种盘戏传到西方后演变成了象棋，来到东方则受到中国天文及其他科学的影响，成为围棋。

第二种说法，围棋源于中国，是中国的国粹。这是我国学者持有的看法。不过，持此观点者又对围棋的起源时间产生了分歧。

有人说，围棋源于古代部落会议。当时，部落与部落之间经常会有战争，部落首领为了商讨对敌策略，一般就地画图，用两种不同颜色的石子代表敌我双方，并据此来筹划和制订作战方案。由于这种方法能启发人的心智，渐渐地它就演变成了一种供人们消遣的智力游戏。

也有人说，围棋起源于上古尧、舜、禹时代。在《路史后记》、西晋时期的《博物志》以及先秦的《世本·作篇》中，都有"尧造围棋"一说。故事的梗概是：

尧与其妻散宜氏（也有说是富宜氏）生下一个儿子，名叫丹朱。虽然此时尧已统一了各部落，人民安居乐业，但是尧还是很忧虑，因为丹朱都10多岁了却整天不务正业，招惹是非。散宜氏对儿子也是无可奈何，便让尧想办法管教儿子。尧对此事也很头疼，他想了又想，认为，要想使丹朱归善，必要先稳其性、娱其心，让他在玩的过程中学会几样本领。于是，他便命人将丹朱带到平山去打猎。

丹朱很快便被尧的几个卫士强行带上平山，并被告知父亲要他在此打猎。后来，年迈的尧也被人搀扶着上了山。丹朱望望满山的荆棘和高高的天空，对父亲尧说："兔子跑那么快，鸟儿飞那么高，你让我怎么打猎啊？"尧生气地说："你个不肖子，你都十七八岁了，每天就知道玩耍惹事，现在连打猎都不会，你是不是等着将来饿死啊？"谁知，丹朱却得意地说："天下的百姓都听你的话，现在天下也被你治理得井井有条，哪还用儿子我操心啊？"尧见丹朱说出如此不思进取的话，深深地叹了口气，说："你不愿意学打猎，那就学行兵征战的石子棋吧。石子棋包含着很深的治理百姓、军队和江山的道理，如果你能学会石子棋，以后也会大有用处的。"丹朱见父亲有些不悦，而且听说学石子棋有这么大的用处，便答应了父亲。尧拿起箭，用力在地上画了纵横十几道方格子，让卫士们捡来一堆石子，又分给丹朱一半。然后，他手把手地把自己率兵征战时怎么用石子表示前进后退的作战策略讲授给了丹朱。丹朱这次倒是真的听了进去，而且还显得很有耐心，以后也不去外面游逛了，而是专心致志地学习石子棋。尧和散宜氏为此备觉欣慰，尧还想让丹朱接替他的帝位。

但是不承想，丹朱还没有将石子棋学精学透，就听信了坏人的教唆，觉得下棋太无聊而且没有自由，不如出去游逛更为潇洒。就这样，他的老毛病又犯了,并且还想方设法用诡计来夺取帝位。散宜氏为此十分痛心,得重病去世了。尧对丹朱也是失望透顶,便将其遣送至南方。后来,舜在尧的培养下,成了一个德智才俱全的人才,尧便将帝位禅让给了他。据说,后来,舜也学尧用石子棋教其子商君。

不仅在一些史书中有"尧造围棋,以教丹朱"的记载,而且在属于仰韶文化的彩陶上也有类似古代棋局的图案。这些文物也在一定程度上为此说提供了实物佐证。

还有人说,围棋起源于我国战国时代末期。唐代人皮日休在其所著的《原弈》一文中就提出,围棋是战国纵横家们的创造。持此观点者认为,战国以前的史籍中虽然谈及围棋,但并没有谈及其起源,春秋时期的史籍中没有关于围棋的记载,在战国以后的史籍中,才明确地记述了围棋的起源,并且越往后记述得越详细。另外,持此说者还对围棋进行了分析,每颗棋子就代表一座城池,棋盘代表地,线条代表官道,整个围棋就是两国争地的战略棋局,他们认为这是春秋战国时期纵横家们必备的智力素质。除此之外,这些学者们还找出了实物证据,即在汉墓中发现的石制棋盘殉葬品、唐代的围棋仕女图、辽代古墓中的围棋方桌,他们认为,这些文物都可以作为围棋起源于战国末期的佐证。

那么,究竟哪一种说法才是历史的真相?目前这仍是一个难解之谜。

此谓弈枰,亦名围棋,局方而静,棋圆而动,以法天地,自立此戏,世无解者。

探秘花木兰代父从军真相

> 阿爷无大儿，木兰无长兄，愿为市鞍马，从此替爷征。

　　花木兰是我国南北朝时期一个极富传奇色彩的巾帼英雄，以女扮男装替父从军击败外族的入侵而闻名天下，唐代皇帝追封她为"孝烈将军"。花木兰的故事传唱至今，应归功于《木兰辞》这一北方民谣的传唱。花木兰的传奇事迹也早已被改编成电影、电视剧、歌舞、豫剧等版本广为流传，从而成为家喻户晓的故事，使人们对"花木兰"这位巾帼英雄充满了敬仰。

　　传说中的花木兰自幼就随父亲读书写字，骑马射箭，练就了一身的好武艺。一日，县衙的差役送来了一张征兵通知，根据当时的征兵要求，规定每家必须出一名男子上前线。但是木兰的父亲年纪大了，没办法上战场，家里的弟弟年纪又小。所以，木兰决定女扮男装，替父从军。木兰的父母虽然百般不舍，但又无可奈何，只得同意木兰替父出征。

　　去边关打仗，对于很多男人来说都是艰苦的事情，更不要说木兰既要隐瞒身份，又要与伙伴们上阵杀敌了。最初，木兰跟随着军队，到了北方的边境以后，开始担心自己女扮男装的秘密被人发现，所以处处小心谨慎。每到夜晚休息的时候，从来不敢脱衣睡觉。上阵杀敌的时候，她却非常勇敢，总是拼杀在最前面。这场战争一共持续了12年，由于木兰作战有勇有谋，在军中也是屡立奇功，因此从一名普通的士兵晋升为一名将军。

　　最终，花木兰完成了自己的使命，在12年后随大军凯旋。皇帝论功行赏，封木兰为尚书郎。不过，花木兰拒绝了，她请求皇帝能让自己回家，去孝敬父母，和亲人团聚。皇帝答应了木兰的请求，并派使者护送木兰回家。木兰的家人得知木兰回家，欢喜异常，杀鸡宰羊迎接木兰。木兰回家以后，换上女子的装束，那些护送木兰回家的同伴们发现木兰原来是位女子，都惊诧不已。木兰女扮男装、代父从军的故事就这样被广为传颂。

但是，在我国的正史里面却没有任何关于花木兰的记载。最早记载木兰代父从军故事的是南北朝时期的《木兰辞》。那么，根据《木兰辞》中的记载，"木兰代父从军"这个故事究竟是文学杜撰，还是历史上确有其事呢？后世学者对于历史上是否真的存在花木兰这样一位巾帼英雄，出现了两种截然相反的观点。

一种观点认为，最早出现"花木兰"这个人物的是民歌《木兰辞》中的记载，并无正史记载，木兰其实只是古代文学作品所塑造的一个文学形象，并非是根据真人记载。

另外一种观点却认为，正史中没有记载"花木兰"这个人物并不代表她就不存在。

提出上述观点的依据就是，不是古代所有有名的人都会记载到正史当中去。并且，古代文学作品中所记载的真人真事也是数不胜数，木兰女扮男装、代父从军的故事就是来源于真人真事，而且木兰所生活的时代就是在唐朝时期。

这些学者之所以认为《木兰辞》中所叙述的故事是发生在唐朝，主要是依据以下几方面的考证：第一，《木兰辞》中有"可汗大点兵"一句，根据史料记载，有着天子和可汗兼称的就只有唐太宗一人。第二，《木兰辞》中还有一句"从此替爷征"，只有唐朝初期实行的府兵制，才有代父出征的规定。另外，《木兰辞》中还有很多描写府兵制的诗句。例如"愿为市鞍马""东市买骏马""西市买鞍鞯"，等等。这种自备粮草兵器的规定只有唐朝初期的时候才有可能产生。《木兰辞》中还有"出门看伙伴"等句,这只有唐朝初期的折冲府才规定十人为伙,由此可以证明木兰的故事应该是发生在唐代。那么,《木兰辞》里面所记载的唐朝女子花木兰女扮男装,代父从军的故事会不会只是杜撰呢?

根据宋代的文学家程大昌在《繁演露》中的记载:乐府有一名女子,叫木兰,代父从军,十年之后凯旋,没有接受任何赏赐,有人为她作诗称颂,但是却没有说明她是哪个朝代的人物。除此之外,明朝的田艺蘅在《留青札》中也有相似的说法。他们都是根据白居易和杜牧的诗句,不仅认定历史上存在花木兰这样一个巾帼英雄,而且还肯定花木兰就是唐朝人,因为《木兰辞》就是在唐朝这点毫无争议。所以,唐代人对于自己所生活的朝代的史实也是非常了解的。同时,不容忽视的一点就是,杜牧的祖父杜佑是修过《通典》的著名史官,杜牧的《题木兰庙》一文相去初唐只不过几代人,因此,木兰的故事是经由杜佑考证之后再传给杜牧的。由此可见,木兰代父从军的故事是真实可靠的。另外,如果说木兰代父从军的故事仅仅只是杜撰出来的文学故事的话,那么为什么唐代众多的学者对此不产生怀疑呢?这就可以说明,唐代的民众是非常熟悉花木兰的,花木兰也确实是历史上真实存在的人物,而非虚构杜撰的文学作品。

千百年来,花木兰一直是受中国人尊敬的一位女性,因为她勇敢又孝顺。《木兰辞》一文也被列入了中小学的课本,木兰女扮男装、代父从军的英雄事迹也被搬上了舞台,长久不衰。

雄兔脚扑朔,雌兔眼迷离;双兔傍地走,安能辨我是雄雌?

牛郎织女故事版本有几多

迢迢牵牛星,皎皎河汉女。纤纤擢素手,札札弄机杼。终日不成章,泣涕零如雨。河汉清且浅,相去复几许?盈盈一水间,脉脉不得语。

《迢迢牵牛星》将织女思念牵牛的凄苦表现得淋漓尽致,使人也随之伤怀,不禁发出疑问:为什么要让相爱的牵牛和织女分开,只能在每年的七月七日见上一面呢?

牛郎织女的传说是我国古代传说中最美丽动人的故事之一,从很早以前就开始流传,不过,在我国的民间传说和文学作品中,关于牛郎织女的故事却有着不同的故事版本。

我国古籍中最早关于牛郎、织女的记载是《诗经·小雅·大东》篇,但是文中只说织女和牵牛是天河中相近的两颗星宿,两者并没有什么关联。直到汉时,这两颗星宿才被转化为具体人物,班固在《两都赋》中说:"临乎昆明之池,左牵牛而右织女,似云汉之无涯。"意思是说,汉宫昆明池边有牵牛、织女两座石人像。最早记载牛郎织女是夫妇的文学作品,要算《文选·洛神赋》了,文中说:"牵牛为夫,织女为妇,织女牵牛之星,各处一旁,七月七日乃得一会。"

由此来看,牛郎、织女的故事并不是原本就有的,而是渐渐被古人所意会的。现在所见的版本主要有以下几种。

版本一。《荆楚岁时记》云:"天河之东有织女,天帝之子也,年年织杼劳役，织成云锦天衣。天帝哀其独处，许配河西牵牛郎，嫁后遂废织纴，天帝怒，责令归河东，唯每年七月七日夜渡河一会。"这种说法与一则民间传说极为相似。相传，牛郎和织女原本都是天上的星宿，牛郎放牧，织女织布，两人兢兢业业，十分勤劳，深得玉皇大帝的喜欢。于是，玉帝便赐婚于他们两人，让两人结为夫妻。但不承想，牛郎和织女在婚后如胶似漆，以致荒废了工作。玉帝盛怒之下，让乌鹊传旨只准他们每七天相会一次。但是乌鹊却误传成每年七夕相会一次。据说，在民间，每当七夕过后，乌鹊身上的羽毛就会脱光，这是对乌鹊传错命令的惩罚，罚它脱毛为牛郎织女相会时搭桥。

版本二。相传，织女是玉帝与瑶姬的女儿，她在见到牵牛后，两人一见钟情，情投意合，便私订终身，但是天条律令是不允许男欢女爱、私自恋爱的。于是，王母娘娘便将牵牛贬到了人间，并惩罚织女不停地织云锦。织女坐在织机旁常常泪流满面，但她还是会尽心织好云锦，为的就是博得王母娘娘大发慈悲，让牵牛早日返回天庭。某日，几个仙女见织女整日苦闷，便恳求王母娘娘让她们一起去人间的碧莲池一游。王母娘娘心情正好，便应允了她们。

话说牵牛被贬到凡间后，生在了一个农民家中，取名"牛郎"。由于父母早逝，哥哥和嫂子待牛郎非常刻薄，于是牛郎便与一头老牛相依为命，一同生活。殊不知，这头老牛就是当年为牵牛求情，被王母娘娘贬到人间的金牛星。一天，老牛突然对牛郎说："你今天去碧莲池一趟，那边有几个仙女在洗澡，你把那件红色仙衣藏起来，红色仙衣的主人就会成为你的妻子。"牛郎见老牛会说话，知道它是个神物，便照着老牛的话做了。那件红色仙衣的主人正是织女，虽然牛郎已经记不起织女，但织女认出了他就是牵牛。于是，织女答应了牛郎的求婚，两人结为夫妇，开始了幸福的生活。不久，他们还生下了一儿一女。

可是，好景不长，王母娘娘知道了此事，速派天兵天将将织女捉回天庭。这一天，织女正在做饭，下地回来的牛郎告诉她说："老牛死了，它说让我剥下它的皮，紧急的时候可以披着它飞上天。"织女听后，自然明白老牛的意思，便让牛郎剥下牛皮，埋葬了老牛。就在这时，刮来一阵大风，织女被天兵天将带走了。牛郎见状，便赶紧披上老牛的皮，挑上一对箩筐，箩筐里坐着他们的一对儿女。眼看就要追上织女了，王母娘娘正好赶来。她见状，便拔下她头上的金簪，在牛郎和织女中间一划，顿时，一条波涛滚滚的天河横在了牛郎和织女中间。

牛郎带着两个孩子在天河这边哭，织女在天河的另一边望着夫君和儿女也哭得声嘶力竭。王母娘娘也被这场面感动，便让牛郎和两个孩子留在了天上，只准每年的七月七日让他们在鹊桥相会。

现在，我们在秋夜天空的繁星中，还可以看到银河两边有两颗较大的、明亮的星星，这便是织女星和牵牛星，在牵牛星的两边还有两颗小星星，这便是牛郎织女的一对儿女。

版本三。《太平御览》卷三十一引《纬书》云："牵牛星荆州呼为河鼓，主关梁；织女星，主瓜果。尝见道书云：'牵牛娶织女，取天帝钱二万，备礼，久而未还，被驱在营室是也。'"文中说，由于牵牛在娶织女时，借了天帝两万钱，因为久久未还钱给天帝，才造成了两人分隔两地的结局。可见，当时作为统治者的蛮横无理。

版本四。传说，织女是天神，而牛郎是凡人。一次，织女在人间游玩，后在湖中嬉水，被一旁路过的牛郎捡走了衣服。两人一见钟情，结为夫妇，并生下一男一女。但是人神恋爱是违反天条的，玉帝命令织女必须离开牛郎。牛郎在看到妻子被抓走后，便马上用扁担挑起一对箩筐，将一对儿女分别放入筐内，去追织女了。眼看就快要追上了，一条大河忽然挡在了他的面前，这就是王母娘娘划的银河。王母娘娘见他们感情真挚，便破例让他们每年的七夕相会一次。

版本五。此说认为牛郎、织女是梁山伯、祝英台死后的化身。梁、祝在凡间没能结成夫妻，双双殉情，化为蝴蝶飞去。马家人闻讯后便派人掘墓，结果没有发现尸身，只发现了两块石头。他们便将两块石头扔在河的两岸，不久后，两块石头竟变成了两棵树，而且枝叶紧紧缠绕在一起。马家知道此事后便又烧树，谁知，树化为两只翠鸟飞上天去了，变成了牛郎星和织女星，分别列于银河两岸。天帝听说此事后，也被他们的故事深深打动，便准许他们七天相会一次。谁知两人却听错了，以为是七月七日相会一次。在唐代白居易的长诗《长恨歌》中有一段："七月七日长生殿，夜半无人私语时。在天愿作比翼鸟，在地愿为连理枝。天长地久有尽时，此恨绵绵无绝期。"有人认为，白居易的这首诗中就是描写的这个故事。

虽然神话故事中的牛郎和织女会在每年的七月七日相会，但神话终归是神话，相距甚远的牵牛星与织女星是不可能在一夜之间相会的。

银烛秋光冷画屏，轻罗小扇扑流萤。天阶夜色凉如水，坐看牵牛织女星。

第五章　古墓奇谈

高岸为谷，深谷为陵。历史总在以看似平常却惊人的速度变迁着，今日的一切辉煌都是祖祖辈辈耕耘的结果，然而他们的喜怒哀乐早已埋没在历史的风尘中，或许只有到古墓中才能窥知一二。

· 后母戊鼎谜团探秘 ·

1939年3月，一件巨大的青铜器出土了，这就是国之重宝——后母戊鼎。

后母戊鼎是迄今为止出土的最大最重的青铜器，由商代后期的王室所铸。后母戊鼎鼎身呈长方形，上竖两只直耳，下面还有四根圆柱形的鼎足。整个鼎重约832.84千克，高133厘米，口长110厘米、宽79.2厘米，鼎足高46厘米，壁厚6厘米。因为此鼎的形状有点像马槽，所以又俗称"马槽鼎"。

后母戊鼎纹饰美观，工艺精湛。除鼎身四面的中央部分是无纹饰的长方形素面外，其余鼎身各处都有纹饰。长方形素面周围的鼎身部分以饕餮纹作为主要纹饰，四面交接处，则饰有扉棱，扉棱上饰有牛首，下面饰有饕餮。鼎耳上也有纹饰。鼎耳外廓有两只面对面的猛虎，虎口中含有人头，鼎耳侧则以鱼纹为饰。四只鼎足上各饰有三道弦纹，弦纹之上各饰以兽面。其造型、纹饰和工艺均达到极高的水平，堪称商代青铜文化的杰出代表作。

后母戊鼎无疑又是个千古之谜，从它的发现到保存，以及它的铸造过程，再到其鼎身内的铭文，无不充满神奇色彩。也正因如此，人们对它才更为关注，更加充满好奇。现藏于中国国家历史博物馆的后母戊鼎并非完美之作，因为这座鼎的一只鼎耳是后来补上去的。那么，后母戊鼎的那只鼎耳为什么会丢失了呢？要回答这个问题，还要从后母戊鼎的发现和出土说起。

1939年3月的一天，河南安阳五官村的村民吴希增在吴培文的田地里用探杆探寻文物。突然，他的探杆触到了一个硬物，并且硬物还使得坚硬的探头卷了刃。吴希增心想，这个硬物很可能就是宝物。他和吴培文商量了之后，便召集了几个村民于当天深夜开始了秘密的挖宝行动。到了半夜时分，他们终于看到了宝物——后母戊鼎。可是这只鼎只有一只鼎耳，他们在泥土中寻找了半天也没找到另一只鼎耳。他们估计此鼎在埋入地下时，鼎耳也许就是断的。

后母戊鼎出土后，它又遭遇了许多劫难，还差点落入日本人手中。

虽然方鼎的挖掘是秘密进行的，但消息还是泄露了出去。当时正驻守安阳的日军得知此事后，曾经前来"参观"。后来北平的一个古董商还说愿意以高价收买此鼎，但条件便是要求村民将鼎肢解成小块，以便于他携带。但是村民们意识到这个方鼎是国宝，便没有将其肢解，而是将其秘密藏了起来。也不知是谁泄了密，此事被当地的日本宪兵队知道了，他们曾多次前来搜寻。村民们为了防止国宝落入日本人之手，便将方鼎又移到了别处，而在原来埋藏方鼎的地方，埋藏了其他不太贵重的文物。后来日本宪兵队真的找到了原来藏鼎之处，不过他们得到的却是别的文物，而非后母戊鼎。这样，后母戊鼎才得以保存了下来。1946年，后母戊鼎才再次出土。

近年来，专家们在对后母戊鼎进行考究后，提出了这么一个问题：后母戊鼎是如何铸造的？虽然在商朝时青铜器的铸造技术已经到了炉火纯青的地步，是我国青铜文化的第一个高峰。但是根据当时的生产力，要铸造这么大的一个方鼎也是极为困难的事情。后来有人推测，当时铸造此鼎的过程大致应该是这样的：

商代时期，冶炼青铜用的是陶制坩埚，其形状如同后来倒置的头盔，因此也有人称其为"将军盔"。据估算，每个"将军盔"可以熔炼约12.7千克铜，只能铸造中小型的铜器。如果想要铸造后母戊鼎这样的庞然大物，至少需要同时熔炼70多个"将军盔"的铜水，这也意味着要求几百人同时操作。这时，有人便提出了质疑：如此浩大的工程该怎样施工呢？还有人认为当时的奴隶们先分别铸好鼎耳、鼎足和鼎身，然后再把这些部分合铸在一起，最后终于铸成了后母戊鼎。

不过上面所述也只是猜测，还都没有得到论证。后母戊鼎的铸造过程的确是一大谜团，因为即使是在科技发达的今天，都没有人能再现铸鼎的盛况。

后母戊鼎除了给后世留下铸造之谜外，还让人们对它鼎身腹内的"司母戊"铭文产生了种种猜测。

2011年3月6日中午12点，央视新闻频道《新闻30分》播报的一条简单的文物新闻引起了大家的热议。原来，主持人都将"司母戊鼎"播成了"后母戊鼎"。这又是怎么回事呢？

原来，早在20世纪70年代，学术界就建议将"司母戊鼎"更名为"后母戊鼎"。后母戊鼎的铭文原本就是"司母戊"三个字，但是因为商代的字体较为自由，可以正写，也可以反写，所以"司"和"后"的字形是差不多一样的。专家们经过深入研究后认为，此鼎很有可能与商王王后有关，因此将其读为"后母戊鼎"更为恰当。不过，在刚刚发现此鼎的时候，并未对其仔细推究，便按照现代人的读法将其命名为"后母戊鼎"了，后来的教科书中也沿袭了"后母戊鼎"。不过在2011年的3月底，收藏于中国国家博物馆内的"司母戊鼎"正式更名为"后母戊鼎"。

既然称其为"后母戊鼎"，那么这只鼎究竟是为哪位王后所铸造的呢？

在甲骨文中提到过，商朝时，一共有4位商王的王后为"戊"，他们是大丁、武丁、祖甲和武乙王。而大丁不在殷墟的12位商王之列，所以被排除了。武乙王属于殷墟三期，而考古专家确定后母戊鼎属于殷墟二期的器物，根本不属于同一时期，所以武乙王的王后也被排除。剩下的就只有武丁和祖甲王的王后了。

在20世纪七八十年代，考古人员在后母戊鼎出土地的下方发现了一座殷墟王陵墓群，这里共有11座大墓。这些大墓的规模几乎都差不多，考古学家们推测，这些大墓很可能都是商王的墓葬群。不过，这里还有一座仅次于"商王墓"的墓葬，这就是武丁王的王后"戊"的墓冢。可是在此之前发现的武丁王的另一个王后妇好的墓葬却根本不在王陵区。另外，在王陵区也没有发现别的商王的王后之墓，为什么仅有王后"戊"享有此特殊待遇呢？那后母戊鼎会不会就是武丁王为这位特殊的王后"戊"所铸造的呢？这也成为历史留给我们的另一个谜题。

也许正是围绕在后母戊鼎周围的种种迷雾增添了它在世人心目中的分量。

越王勾践剑千年不锈之谜

苦心人，天不负，卧薪尝胆，三千越甲可吞吴。

1965年，考古学家们在发掘湖北江陵（今荆州市荆州区）的一座古楚墓时，发现了两把珍贵的宝剑。其中一把便是传说中的"天下第一剑"——越王勾践剑。此剑通长55.7厘米，宽4.6厘米，柄长8.4厘米，重875克。剑身雕刻着黑色菱形花纹，正面有"越王鸠浅（勾践），自作用剑"八个鸟篆铭文，专家正是通过对这八字的解读，才确定了此剑的"身份"。

勾践剑的出土令考古学家兴奋不已，但随之而来的也有诸多疑团。这把青铜宝剑为何在沉睡了两千多年后未见丝毫锈斑，而且还锋利无比？它千年不锈的原因究竟是什么？另外，越王勾践的宝剑为何会出现在楚墓中呢？

越王勾践剑重见天日之后，在学术界曾引起了不小的轰动，人们对宝剑千年不锈的原因颇为关注。刚开始有些人认为，古代工匠们对勾践剑的表面采用过硫化处理的工艺。但是这种说法很快便被推翻了。因为将青铜剑硫化过后，会形成一种叫硫化铜的物质，硫化铜结构不稳定，人们在用剑时，很容易使剑身触碰到其他东西，硫化铜很容易就被磨掉了。既然如此，用此方法来保护宝剑是不太可能的。

一些专家在对勾践剑的成分和其出土的墓地进行研究后，对此问题做出了以下两种解释。

勾践剑不锈的原因之一是此剑的主要成分是铜，而铜是一种不活跃的金属，在一般情况下不容易发生化学反应，也就不会生锈；第二个原因也是最为主要的因素，这与勾践剑所埋藏的特殊环境有关。勾践剑出土前，被放在一座墓棺外的椁室内，椁室周围是用一种质地细密的白膏泥填塞的，白膏泥致密性好，使墓室几乎成了一个密闭的真空。另外，该墓室曾经长期被地下水（地下水基本呈中性）浸泡，几乎完全与外界隔绝。我们知道，在完全隔绝氧气的情况下，金属就不会被氧化，所以即使是在中性或弱酸性水中，铁都不易生锈，更别说不活跃的铜了。

为了证明勾践剑的不锈之谜是由它所埋藏的环境所致，专家们还列举出了几条证据。

第一，勾践剑出土后就被放在囊盒（专门存放文物的器具）中妥善保管，但是在出土后还不到半个世纪，该剑的剑身就不如刚出土时那么明亮了。这说明，目前这么好的保管条件也不如它埋在地下时的条件好。

第二，当时与勾践剑一起出土的还有一把青铜剑，但是它却没有勾践剑明亮。后来查明，虽然此剑与勾践剑同放在一个墓棺的椁室内，不过它所处环境的密封度却不如勾践剑好。

第三，1983年，在江陵马山楚墓出土了一件与勾践剑时代相近、制造工艺也相近的吴王夫差矛。由于该墓地的保存情况不好，夫差矛在出土时锈得几乎不成样子了，表面布满了绿色的锈斑。

至此，古剑的千年不锈之谜算是解开了。那越王勾践的宝剑为何会在楚墓中出现呢？

刚发现勾践剑时，考古专家兴奋不已，但随之又陷入了困惑。古越国位于现今的浙江一带，那越王勾践的宝剑，又怎会出现在远隔千里之外的江陵楚墓中呢？

中国香港考古学家吕荣芳和中山大学的专家在对随勾践剑一起出土的竹

简进行研究后,一致认为此墓就是楚怀王时期的邵滑(也被称作"淖滑")之墓。据《史记·甘茂列传》和《韩非子·内储说下》记载,楚怀王曾派邵滑前往越国,邵滑凭借自己的聪明才智成功实施了离间计,使越国内部的矛盾越来越激化,最后使越国发生内乱。楚怀王就是趁其内乱之际,才一举消灭了越国。吕荣芳认为,很可能是楚怀王为了表彰邵滑这位灭越的大功臣,便将从越国掠夺而来的勾践剑赏赐给了他。勾践剑是"天下第一剑",邵滑自然十分珍爱,另外,这也是他显赫功绩的象征,所以其死后,便将这把宝剑殉葬。

吕荣芳的观点出来后,陈振裕先生又对其提出了反驳意见。他在对勾践剑出土之墓的形状、陪葬的器物,以及出土的竹简进行分析后认为此墓的主人并非邵滑,而是邵固(淖固)。邵固生活在楚威王时期,或者更早些,他生前的社会地位并不很高,只相当于大夫级别,而此墓的陪葬物正符合他的等级。但是邵滑生活在楚怀王时期,地位显赫,这些陪葬物与他的身份不太匹配。另外,史书和墓中的竹简都有记载,在楚威王之前,楚越之间的关系密切,越王勾践曾将自己的女儿嫁给楚昭王为妻。所以陈振裕认为,勾践把自己的宝剑送给女儿作为陪嫁品也是很可能的。据查,邵固是楚悼王的曾孙,对楚国忠心耿耿,楚王便将此宝剑赐予他,其死后便作为随葬品,也是极有可能的。

已故的著名考古学家夏鼐先生则认为,春秋末年,楚国曾联合越国一起攻打吴国,勾践剑也很有可能是作为两国的互换礼物,才流入楚国的。而这次楚墓发掘的主持者——著名考古学家的方壮猷先生却说,在被楚国灭掉之前,越国正处于强盛时期,越王勾践最心爱的宝剑是不太可能流入他国的。因此,也有可能是越国被灭之后,越国的王子带着勾践剑投奔到楚国,后来又客死异乡，宝剑自此落入他人手中，成为楚国人的随葬之物。

宝剑埋于地下两千多年为何还锋利无比，轻轻一划就能将20层白纸划破？谜团等待时间来解答。

· 和氏璧下落之谜 ·

周有砥厄，宋有结绿，梁有悬愁，楚有和璞。

在语文教材上我们都学过"完璧归赵"一文，故事中的"和氏璧"被战国时期的各诸侯国视为"无价之宝"。各诸侯国为了将和氏璧据为己有，不惜发动大规模的战争，可见和氏璧是多么珍贵和重要。但是令人意想不到的是，这块被各诸侯国争相抢夺的"传国之宝"最后竟没有了踪影，至今下落不明。

关于和氏璧，还有一段曲折的故事，这还要从和氏璧的发现开始讲起。

春秋时期，楚国有个名叫卞和的人，一天，他在荆山下偶然发现了一块璞玉（未经加工的玉料），为了聊表自己的忠心，他将这块璞玉献给了楚厉王。楚厉王找来玉工鉴定了这块璞玉，玉工却说这是一块普通的石头。楚厉王认为卞和在故意欺骗他，盛怒之下便命人砍掉了卞和的左脚，并把卞和逐出楚国。

后来，楚厉王离世，楚武王即位，卞和便又赶紧回到楚国，又将这块璞玉献给了楚武王。但是这次的玉工仍鉴定此璞玉是普通的石头，楚武王又以欺君之罪将卞和的右脚砍下。

等到武王之子楚文王即位后，卞和又想将璞玉献给楚文王，但此时的自己双脚都没有了，无法前去进献璞玉。卞和想着一块珍贵的宝玉就要被埋没了，不禁痛哭流涕，他就这样怀抱璞玉在荆山下哭了三天三夜，到最后眼泪都流干了，泪水变成了泪血。楚文王得知此事后，以为卞和是因为被砍掉双脚而伤心，但不承想，卞和却是因为宝玉被误认为石头，忠贞之士被当作欺君之人而哭泣。文王听后，便命玉工再次鉴定玉璞，玉工当众剖开璞玉，最后得出结论：这是一块世间少有的宝玉。楚文王高兴之余，也为卞和的忠君之心所感动，于是，他便将此璞玉命名为"和氏璧"，并将其奉为国宝珍藏起来。

几百年后，楚威王为了表彰相国昭阳灭越有功，便将和氏璧赐予了他。谁知和氏璧竟然在相国昭阳的手中被偷走了，传国之宝的不翼而飞，令楚国朝廷内外十分震惊。楚国上下便开始了寻找和氏璧的行动，但是最后仍一无所获。

而就在和氏璧失踪几十年之后，突然有一天，赵国一个名叫缪贤的宦官在集市上用重金购买到了一块玉，经鉴定，此玉就是当年不翼而飞的和氏璧。后来，和氏璧就落到了赵王的手里。此事自然是瞒不住的，早就对和氏璧觊觎良久的秦昭王很快就得知了此事。于是，秦昭王便派使者送信给赵王，说要用十五座城来换取和氏璧。赵王对秦昭王的用心自然明了，知道秦国只是借"用城换玉"的幌子来强取豪夺，但是无奈自己国家弱小，抵挡不住势力强大的秦国，正在无计可施之际，蔺相如自告奋勇奉璧出使秦国，并向赵王保证会将和氏璧完好无损地带回赵国。

于是，"完璧归赵"的传世故事就此上演。

蔺相如到秦国后，将和氏璧献给了秦王，秦王在看到玉璧后爱不释手。蔺相如见秦王无意割城给赵国，便以"璧上有瑕疵，要指给秦王看"为由将和氏璧从秦王手中取回。为了使秦王不逼迫自己交出和氏璧，蔺相如便做出"与和氏璧同归于尽"之状，要一起撞向柱子。秦王怕和氏璧毁损，只好作罢。后来，蔺相如又以"赵王斋戒五日送璧，秦王也要斋戒五日接收璧"为由，让自己的随从乔装打扮，趁机将和氏璧送回了赵国。

五日后，秦王在宫廷内设九宾之礼接待蔺相如。蔺相如便对秦王如实相告，说："如果秦国先割十五城给赵国，赵国自然会给秦国留下和氏璧。但是现在，和氏璧已经被我派人送回了赵国，所以就请秦王治我欺君之罪，将我杀死吧！"秦王虽然对蔺相如恨得咬牙切齿，但杀了蔺相如也得不到和氏璧，并且还会使两国的关系恶化，而假如厚待蔺相如的话，自己也可得一个明君的美誉。于是秦王便以隆重之礼款待了蔺相如，并将他送回赵国，和氏璧果真完好无损地回到了赵国。

但好景不长，秦国终于攻占了赵国，赵幽王投降，献出了和氏璧。秦始皇统一天下，建立了秦王朝，和氏璧最终落入秦始皇手中。但从此以后，历史资料中就没有了关于和氏璧的记载，和氏璧从历史中消失了。对于它的下落，人们也是众说纷纭，各执一词。

第一种说法是说，秦始皇统一中国后，用和氏璧做成了传国玉玺，代代相传。为了证明此说法的可信性，还有人找到了用刻玺的边角料所做成的玉玦。但是这种说法很快就被否定了，因为历史文献中对秦国传国玉玺的记载比较详细，指明它的材质是蓝田玉。因此，用和氏璧做成传国玉玺的说法是没有根据的。

第二种说法认为，秦始皇极度奢侈，和氏璧应该被他带进了秦始皇陵里。当然，这只是一种猜测，我们也很希望这种猜测是真实的，这样的话，至少在将来发掘秦始皇陵地宫的那一天，我们或者我们的后人还有机会一睹和氏璧的风采。

第三种说法是，和氏璧有可能在秦末战争中遗失在垓下（今安徽灵璧）或被项羽夺去了。如果被项羽夺去的话，和氏璧或许就藏在项羽的都城彭城（今江苏徐州）。此说法的依据是：秦末时期，项羽率兵攻入咸阳，对咸阳大肆掠夺，焚烧秦宫殿，挖掘秦陵墓，掠走了大量的宝物，而和氏璧很可能就在其中。

近年来，还有一种说法，说和氏璧流传到了日本。但是由于证据有限，所以仍旧不能考证。

不管人们怎么猜测，和氏璧的遗失都是我国文物界的一大遗憾。不过，也正是因为如此，和氏璧才显得更加神秘。

抱玉入楚国，见疑古所闻。良宝终见弃，徒劳三献君。

·为何色彩斑斓的兵马俑刚出土就"掉色"·

秦王扫六合，虎视何雄哉！

在秦始皇陵内，最为著名的是皇陵的陪葬坑——秦始皇兵马俑坑，这是世界最大的地下军事博物馆，被誉为"世界八大奇迹之一"。

秦陵内共有3个兵马俑坑，俑坑中最多的是武士俑，另外还有将军俑、立射俑、跪射俑、战车等。这些秦俑雕塑栩栩如生，千人千面，其脸形、身材、表情，乃至眉毛和眼睛都不尽相同。这么逼真的雕塑真是令人咋舌，但唯一令人遗憾的是，整个俑坑远远望去，只是灰蒙蒙的一片，绝大多数兵马俑都呈铅灰色，看起来颇显单调。

据曾参与发掘秦俑的工作人员披露，那些兵马俑刚出土时并非现在这般颜色，而都是彩色的。可是就在出土后五六分钟内，这些兵马俑绚丽的色彩便顿时消失殆尽。一些尚留有残余色彩的秦俑，在后来的岁月中也慢慢剥落了，最后便呈现出了我们现在所见到的这种单调的铅灰色。

为什么这些昔日色彩斑斓的秦俑在出土后，一遇到空气就会"黯然失色"呢？这和秦俑身上彩绘的材料有关吗？为此，专家组展开了一系列的深入考查和研究。

专门负责研究兵马俑的考古学者袁仲一先生为了弄清兵马俑的原貌，对不同兵种的武士俑的服装颜色进行了仔细的研究。他发现，当时秦朝政府除了给士兵统一发放铠甲外，士兵的其他衣物都是自备的。同一兵种、相同地位的士兵所穿铠甲的形状和颜色是一致的，铠甲片均为褐色，甲带则是统一的红色。至于其他的衣物，士兵们可以根据自己的喜好随意搭配。所以，兵俑铠甲内的上衣、下衣、护腿的颜色各不相同，异彩纷呈。

袁仲一先生在对武士俑身上衣物的颜色进行分类统计后，得出这样一个结论：兵马俑在入坑时，服装的颜色以绿、红、紫、蓝四色为主，另外还有少许白色和黑色，但未有黄色。也许是秦人偏爱彩色装扮的缘故，秦俑的上、下衣并非是统一的颜色，有的穿绿色上衣，天蓝、粉紫或红色的裤子；有的着红色上衣，下穿深蓝色或浅绿色的裤子。上衣的袖口、领口的色彩也不相同，有的着绿色上衣，但上衣的领口和袖口却是朱红色的；而着红色上衣者，其衣服却有着绿色、粉紫或天蓝色的镶边。

由此可以想象，秦俑在入坑时，其衣着的颜色应是何等的明快和鲜艳。至于这绚烂之景象消失的原因，秦俑博物馆与德国巴伐利亚州文物保护局曾一起合作，对此问题展开了长期的研究。

经过多年的大量实验和模拟，中、德研究专家确定秦俑彩绘的主要成分是中国生漆，是一种天然的矿物颜料，而秦俑彩绘颜料的黏合剂则是动物胶。至于秦俑彩绘损坏的主要原因，著名文物保护专家吴永祺是这样解释的，因为彩绘颜料的颗粒之间，以及彩绘和层次之间的黏附力很微弱，黏附在秦俑底层的生漆又惧怕失水，而出土后的空气比地底下的空气要干燥，所以秦俑在出土后，其底层的生漆会剧烈收缩，起翘卷曲，从而造成整个彩绘层脱离陶制的秦俑。

后来，袁仲一又阐述了他对此问题的看法。他认为秦俑遭水浸泡是彩绘剥落的原因之一。秦陵的陪葬坑在建成后，骊山曾遭遇多次山洪，大量的洪水进入俑坑内，致使秦俑遭受长时间浸泡。其二是自然侵蚀的结果。兵马俑埋藏在地下已有两千多年，遭受了长期的重土压迫和自然侵蚀。他的第三个理由是人为火焚。据史料记载，项羽在入关时曾攻入秦始皇陵，他的大军曾焚烧了秦陵内的许多建筑物，包括兵马俑。他认为，秦俑失色很可能与火焚有很大关系。

这时，又有人提出了质疑，为什么没有遭到水浸和火焚的兵马俑也难逃"失色"的厄运呢？那些没有被水浸火焚的兵马俑在刚刚出土时还是色彩绚烂，可出土后刚一接触空气，很快便失去了色彩。

后来学术界得出了比较可靠也令人信服的一个答案。阳光中的紫外线对色彩的影响很大，秦俑刚一出土，便遭到了紫外线的"破坏"，彩色的雕塑马上起皮卷翘。另外，秦俑在地下"生活"了两千多年，它已经适应了地下的环境，而出土后环境的改变打破了原来的平衡，便发生了各种快速的变化。

叙及于此，我们只能叹息，兵马俑失色的原因是因为我们现在的技术有限，没有保护好它。为了不使更多珍贵的兵马俑遭到破坏，现在已基本不再进行大范围发掘了。并且还将一号俑坑已发掘的大部分秦俑又进行了回填，而二号俑坑和三号俑坑也只是在试探性地挖掘。我们若想一睹兵马俑的全部景象，只有等我们掌握了完善的保护技术后，才能将埋在土里的秦始皇的"地下兵团"全部呈现于世人眼前。

近代平一天下，拓定边方者，惟秦皇、汉武。

为什么武则天的墓碑上一字不刻

乾陵除了那61尊谜团重重的无头石像之外,更引人遐想的便是武则天的"无字碑"。

在唐高宗李治和武则天的合葬墓前,并立着两块巨大的石碑,即西侧的述圣碑和东侧的"无字碑"。述圣碑是武则天为丈夫唐高宗歌功颂德所立的石碑,石碑上有武则天亲自撰写的碑文,黑色碑面配上金字碑文,使述圣碑在阳光的照耀下金光闪闪,光彩照人。而在述圣碑的映衬下,武则天的"无字碑"看起来却是那么暗淡无光,因为这座石碑上没有刻一个字。

整个"无字碑"是由一整块石头雕琢而成,碑额未题碑名,正中间刻有一条螭龙,左右侧各四条,共有九条螭龙;在碑两侧有升龙图,各有一条腾空飞舞的巨龙;碑座仰面还有线刻的狮马图;除此之外,碑上还有许多花草纹饰。

树碑立传,自古以来已成惯例,自秦汉以来,帝王将相无不希望死后能树碑立传,将自己一生的丰功伟绩都铭刻于墓碑上。然而,武则天作为中国历史上唯一一位女皇帝,生前虽风光无限,死后却立了一块"无字碑",很是耐人寻味。碑上为何不刻字?对于这道谜题,自立"无字碑"以来,人们就开始了揣测。

一说,武则天立"无字碑"是想借以夸耀自己的功德无限,表示自己的功德是无法用语言来表达的。武则天前后执掌朝政长达50年之久,在她统治大唐期间，她大力推行改革，通过加强科举制度，使得大量有识之士登上政治舞台，严重打击了豪门世族；在农业上，她奖励农桑，兴修水利，减轻徭役并整顿均田制，使国家的经济发展迅猛，人民的生活水平不断提高；另外，她还加强国家的边防，改善与边境各个民族之间的关系。此时，社会经济继续发展，国力不断上升，稳固和发展了"贞观之治"时期鼎盛和繁荣的景象。

二说，武则天之所以立"无字碑"，是因为她自知罪孽深重，觉得还是不写碑文为好。理由有以下几点：第一，武则天由才人博取唐高宗的信任，后来又不惜杀死自己的女儿栽赃于王皇后，登上皇后宝座，最后又窃取帝位；第二，为了巩固自己的统治，消除异己，武则天大肆杀戮李唐皇室，培植党羽，建立宫廷奸党集团，任用酷吏，实行告密和滥刑的恐怖政策，使不少污吏横行一时，不少文臣武将含冤而亡；第三，在她执政期间，在收复"安西四镇"后又相继丧失，危害了国家统一；第四，武则天在晚年时，生活奢靡，浪费了大量的钱财；第五，如果按照封建正统论来评断的话，武则天改唐为周，是谋权篡位，不可饶恕的罪过。

三说，武则天此举是最聪明之举，她是想让后人去评判其功过是非。不容否认，武则天是位杰出的皇帝，就其才能和对社会发展的贡献来说，她是当之无愧的明君。在"贞观之治"和"开元盛世"之间起到了承上启下的作用。她的功绩，是无法抹杀的。但是她为了巩固自己的地位，任用酷吏，滥杀无辜，这些过错也同样无法掩盖。因此，武则天深知自己死后，后人会对自己的一生有种种的评价，碑文写"功"写"过"都非易事，因此她才立下"无字碑"，功过是非任由后人评说。

四说，武则天是在用"无字碑"回避问题。此说认为，武则天清楚自己以周代唐，死后又与唐高宗合葬，不知该如何在碑上称呼自己，称"皇帝"或是"皇后"都不恰当，因此只好用无字碑来回避这个问题。

五说，是武则天的继任者唐中宗李显不知该怎么称呼武则天，是称她为"先帝"还是称她为"太后"呢？最后，索性立个"无字碑"了事。

六说，武则天生前就曾为自己拟好了碑文，但是唐中宗李显故意没有为她铭刻碑文。武则天在统治大唐期间，曾大肆杀戮李氏子孙，晚年还谋划将皇位传给武氏子孙。李显虽然是武则天的亲生儿子，但长期在武则天的淫威之下生活，还曾被废又立，因此他对武则天心怀怨恨。但武则天毕竟是他的母亲，他又不能公开发泄对武则天的怨恨之情，但他也不愿为其歌功颂德，所以就故意立个无字的空碑。此说认为，武则天在位时就一再大兴土木，借机为自己歌功颂德，晚年时的她是不会放过借碑文来炫耀自己功德之机会的。还有，武则天比唐高宗晚死22年，她有足够的时间来构思碑文，怎么称呼自己这个难题并不能打消她铭刻碑文的念头。另外，文物专家在考察"无字碑"时，在碑的阳面发现从上到下刻有3000多个长4厘米、宽5厘米的方格，这些方格是当初立碑之时就已刻好的，而不是后人所刻。这说明当时应该已拟好了碑文，碑文的字数大约有3000多字。

七说，在武则天离世后，如何撰写碑文就成了朝中争论不休的话题，但是却一直没有定论。久而久之，碑就一直空着。此说认为，帝王一般不会在自己死前对如何撰写碑文有所建议和命令的，所以皇帝的碑文都是由继任者来编撰的。

八说，武则天离世后，国家动荡不安，时局很不稳定，没有人过于关注武皇帝碑文之事，而等到人们关注此事时，她的那段历史早已被传得各执一词了。所以，后人便无法为其撰写碑文了。

功过成过去，是非也枉然。赑屃无怨语，青史有坦言。

辛追古尸为何千年不腐

自 20 世纪 70 年代起,"马王堆"便成了一个响遍世界的名字,西方人称其为东方的"庞贝城"。

马王堆汉墓的发掘是我国乃至世界上重大的考古发现,考古学者在这里出土了许多珍贵文物,如纺织品、服饰、帛书等。不过最令人震惊的是其中一个墓葬中的千年女尸,它的出土受到世界考古界的广泛关注。

在此之前,人们也曾发掘出保存千年的古尸,但这些古尸都是木乃伊,是事先处理过的干尸,而这具女尸不同于木乃伊,这是一具保存了两千多年但没有腐烂的"湿尸",而且外形完整,肌肤还富有弹性,毛发也保存得很好,甚至有些关节还可以转动,堪称"世界尸体保存纪录中的奇迹"。

这具女尸生前年龄约为 50 岁,身高 1.54 米,体重 34.3 千克。后来,专家们对这具女尸进行了解剖,发现其内脏器官虽有干缩,但还是相当完整的,并且结缔组织、肌肉组织和软骨等细微结构也保存完好。保存这么完好的尸体在世界考古史中是十分罕见的。经医学鉴定,死者生前患有冠心病、多发性胆石症,以及全身性动脉粥样硬化等病症。另外,在其直肠和肝脏内发现有血吸虫卵,这说明死者生前还患有血吸虫病等。这么多病症,到底她是因何而死的呢?经分析,死者的皮下脂肪丰富,皮肤上也无褥疮痕迹,这说明她是因急病发作而死。

后来,解剖医生在其肠道内发现了 130 多粒甜瓜籽。医学专家据此判断,死者应该是死在夏天，她很可能是食用生冷的甜瓜后引起了胆绞痛，继而诱发冠心病而猝死。

之后，考古学家在对一起出土的帛书仔细解读后，确定此死者名叫辛追，是汉朝一个显赫贵族的贵妇人。为什么辛追的尸体经过了千年却没有腐烂呢？

在打开死者棺木的时候，发现死者被浸泡在棺内约20厘米深的无色液体中（此液体后来变成了棕黄色）。在对这种液体进行检测后发现，此药水中带有少量的硫化汞的防腐物质，所以有人便以为这种液体是一种化学防腐药水。不过这种推测受到了质疑。辛追只是一个贵族夫人，比她身份高贵的人多得是，为什么只有她享此殊荣呢？

后来对棺液的考证也证明了此说是不可靠的。棺液应该是通过土壤以及棺木周围的白膏泥和木炭而渗入墓室的水，后来经过长期的积聚和反应，便形成了具有抑菌作用的棺液。专家们还认为，棺液是保全尸体的一个原因，但绝非是根本原因。尸体不腐的最主要原因还要从其墓葬说起。

女尸在出土前，身上被20多层丝麻织物紧紧包裹着，棺木内满满的，空气很少。棺木的外面还有三层套棺和一个庞大的椁室，椁室上部又覆盖着两层盖板，密封条件非常好。另外，墓底和椁室周围还塞满了厚度将近半米的木炭，填塞的木炭总重量约有5000公斤。众所周知，木炭具有吸水、防潮的作用，可以防止地下水渗入棺木，保持墓穴内部干燥。在木炭的外围还堆积了厚1.3米左右的白膏泥。白膏泥有很好的黏性，渗透性低，对墓穴的密封起到了至关重要的作用。白膏泥上又堆积了一个约有16米高的土堆，这样，深埋在地下的棺木内氧气稀少，从而抑制了细菌的滋生和生长，女尸及随葬品才得以完好地保存了下来。

在马王堆墓地中，还发现有其他墓穴，但是这些墓穴的规模较小，而且墓穴内白膏泥堆积较薄，密封不严实，所以从这些墓穴中出土的文物都有或重或轻的腐烂。

由此可见，千年古尸不腐的根本原因就在于墓葬完好的密封性。

· 探秘曾侯乙墓 ·

礼祭天子九鼎，诸侯七、大夫五、元士三也。

1977年，在距随州市市区西北约3000米处的一个丘陵地带修建工程时，无意中发现了一处古代墓葬。第二年5月份，考古学家对此墓葬进行了发掘。经过清理填土、填土下的石板、青灰泥相间的夯层，再取出竹网、丝帛、篾席，木椁才终于展现在世人面前。随后，考古人员又清理出填充在木椁与坑壁之间的31360千克木炭之后，木椁才全部暴露出来。前后经过长达两个月的时间，发掘工作才算基本完成。

这个墓坑东西长约21米，南北宽约17米，内置木椁，高约3米，分北、中、东、西四室，且均为长方形。其中中室面积最大，主要放置着编钟、编磬等乐器和大量的青铜礼器；西室与中室并列，放置有13具女性陪葬棺和极少一部分玩具与服饰；面积最小的北室置有大量的兵器、车马器、皮甲胄，还有2件高1.3米、重300千克的大铜缶（酒具），以及240多支竹简；东室是墓主的"寝宫"，放置有墓主的特大型双层套棺、8具女性陪葬棺和11具葬宠物的狗棺。

这次发掘出土文物共有 1.5 万件之多，其中乐器 1.2 万件，包括编钟 64 件；礼器、宴器 140 件，兵器共 4500 件，其中举世闻名的曾侯乙编钟就出土于此。如此众多，又如此珍贵的文物，真是令人叹为观止。

那么，什么人会拥有这么多的陪葬物呢？考古专家们通过对墓中文物和墓主人的鉴定，确定此墓的主人就是曾国国君——曾侯乙。

可是，曾国只是楚国的附属国，在历史上，曾国只是一个名不见经传的无名小国，为什么这么一个小国的国君墓葬会有此等规模，会有如此多、如此贵重的陪葬物呢？

在当时，礼器有着严格的使用权，也就是说，不同等级之人所使用的礼器是完全不同的，人人只能使用与自己的身份和地位相匹配的礼器。按说，曾侯的级别在当时应该算是很低的，这种级别的人所使用的礼器只能是"七鼎"。可是，从曾侯乙墓中所出土的礼器规格极高，甚至要达到天子所使用的规格了。

不光是礼器，曾侯乙墓出土的乐器规格也非常高。因此，有不少专家就推测曾侯乙生前可能是当时执掌礼乐的"大乐"。但是，这种观点引起一些人的反对，他们的理由是，如果曾侯乙真是周天子的"大乐"，那他的名字就应该会出现在史书典籍中，可现实情况却是，到目前为止，在史书典籍中还没有找到有关曾侯乙的记载，更别提他是"大乐"的记录了。

另外，这些人还认为曾侯乙之所以能享有如此高的待遇，特别是礼器和乐器的规格极高，是因为春秋战国时期是"礼崩乐坏"的时代，周天子的地位日趋下降，因此，在当时，"越位"就是不足为奇的事情了。

对于曾侯乙墓，人们除了对"越位"之事有疑问之外，还对此墓为何会出现在随州颇有争议。现今的湖北随州市在当时应该属于随国，那为什么曾国国君会被葬在他国呢？

相关人士认为，曾国其实就是战国时代的随国。这种说法也得到不少学者的认同，因为在我国古代，这种一国两名的现象并不少见。比如，魏国又称作梁，晋又叫作唐，韩又称为郑，等等。在石泉先生的《古代曾国——随国地望初探》一书中就对此观点进行了详细论述："随国和曾国都是姬姓国，都是西周分封于江汉的诸姬姓国之一。就两国的地望来看，也是一致的。从宋代出土的曾国青铜器，到曾侯乙墓，都分布在随枣走廊一带，而且都是从南阳盆地迁入随枣走廊的。"由此来看，此说法也不无道理。

不过有些学者却对此说法提出了相反的意见。他们的理由是：据历史文献记载，曾国与随国在西周时期就已经并存了，而曾侯乙时期属于东周时期，所以说，随国与曾国显然不是同一国。

时至今日，专家们对曾侯乙墓的这两个问题还存在着困惑和争论，究竟孰是孰非，仍需等待。

· 金缕玉衣的主人是谁 ·

在河北省保定市的陵山上，有一座我国目前保存最完整、规模最大的山洞宫殿——满城汉墓。

"陵山"名字的由来也源于山上的汉墓，因为在满城汉墓未被发掘之前，当地就传说，这座山是一位古代帝王的陵墓，但人们不知道这位帝王究竟是何人，所以就为此山起名为"陵山"。

那么，这个谜底解开了吗？满城汉墓的主人究竟是谁呢？要回答这个问题，我们先得从发掘满城汉墓说起。

在发掘满城汉墓之前，考古学家们并不知道满城汉墓其实有两座墓，他们打开了1号墓。1号墓全长51.7米，最宽的地方为37.5米，最高之处为6.8米，容积近2700立方米。打开此墓的一刹那，在场的人都惊呆了，因为映入他们眼帘的正是传说中的"金缕玉衣"，另外还有大量的稀世珍宝。

但是随之而来的还有一个大大的疑问，墓中怎么没有发现人的尸骨呢？对于此问题，当时中科院的负责人郭沫若先生即刻推测道：也许这座墓只是一座专门埋葬殉葬品的仓库，里面根本就没有人的尸体。如果这种假设成立，郭沫若先生又推断说，这座墓周围应该还有一座或几座大墓，墓主人应该就埋在里面。后来，他经过认真思考，认定在1号墓北面的山坡上还有一座墓！根据郭沫若先生的指示，考古工作者开始了第二次发掘，结果还真发掘出了一座墓葬，这就是满城汉墓的2号墓。2号墓全长49.7米，最宽的地方为65米，最高之处为7.9米，容积约为3000立方米。

打开2号墓的一瞬间，考古队员们又是眼前一亮，因为这座墓里竟然也有一件价值连城的"金缕玉衣"！只是，这件金缕玉衣要比1号墓中的金缕玉衣瘦小许多，好像是女性所穿。另外，在此墓中还发现了两件铜器，铜器上刻有"长信尚浴……今内者卧"的字样。除此之外，还发现了刻有"窦绾"和"窦君须"的铜印和写着"中山祠祀"的封泥。由此可以断定，2号墓的墓主是一位女性。根据所掌握的资料可以推断出，她很可能就是中山王的妻子，名字可能就叫"窦绾"，字"君须"。

虽然又意外发现了一个墓葬，但是这次考古工作的主要问题还是没有解决，满城汉墓的墓主人到底是谁？考古学者们又把目光转向了1号墓。

考古队员们从1号墓中出土了许多刻有"中山府""中山宦者""御"等字样的铜器和漆器；还出土了一个刻有"中山御丞"的封泥；另外，还有许多西汉时期的五铢钱。这时，考古专家们就根据出土的这些文物推测，满城在汉代为北平县地，属于中山国，而文物上的字样也表明此墓的主人是中山国的人；墓主有玉衣，这是当时只有皇帝、诸侯王和高级贵族才配穿的殓服，还有一个"御"字，这说明1号墓主是西汉中山王的可能性比较大。

但是，西汉中山国曾经有过10位国王，这墓中的中山王到底是哪一位呢？

细心的考古专家通过观察1号墓的出土文物，发现在铜器和漆器上刻有许多纪年。有"卅二年""卅四年""卅六年""卅七年十月""卅九年""卅九年九月"，等等，全部都在30年以上。考古学家们断定，1号墓的墓主一定就是汉朝诸侯国中山国的第一位国王——靖王刘胜！刘胜是汉景帝刘启之子，汉武帝刘彻同父异母的哥哥。三国时的刘备，就自称为中山靖王刘胜之后。推断这是刘胜墓的原因就是，在这10个中山王中，只有靖王刘胜在位42年，其他的9位中山王在位时间都没有超过30年。

到现在为止，满城汉墓的主人身份终于算是大白于天下了，只是，刘胜的尸体怎么不见了呢？

后来，专家们在清理修整金缕玉衣时，发现里面有些灰褐色的骨灰与牙齿的珐琅质外壳碎片。这下，考古专家们才彻底松了一口气。原来，刘胜的尸体在历经千年之后，早已腐朽了，而他身上的金缕玉衣又全部锈蚀在了一起，所以当时没有引起大家的注意。

谈及于此，也说明了一个问题：死后即使身穿"金缕玉衣"，尸体照样会腐朽，这是汉代的那些帝王将相做梦也没有想到的。虽然他们费尽心思、重金打造金缕玉衣，终究没能保住尸骨。

而说起金缕玉衣，有一些专家不禁发出了疑问：据文献记载，玉衣分为金、银、铜三个等级，按照汉代的规定，不同等级的王公贵族在死后要穿不同等级的玉衣。只有皇帝才有资格葬以金缕玉衣，诸侯王、列侯、贵人、公主等人只能穿"银缕玉衣"入葬,而大贵人、长公主死后只能穿"铜缕玉衣"。可是,靖王刘胜只是一个诸侯王,按规矩只能穿银缕玉衣,可为什么他们夫妻竟敢冒犯大汉律例,穿金缕玉衣入葬呢?

有人说,刘胜这么做可能是为了显示自己的尊贵,但多数人认为他是想使尸体不朽。汉代时期,人们都认为"玉能寒尸"。所以,汉代的王公贵族们才不惜花费大量人力、物力来为自己做玉衣葬服。据说,制作玉衣所用的玉料要经过开料、锯片、磨光及钻孔等多道工序,每一枚玉片的大小和形状都必须经过精心设计和加工,制作过程非常复杂。相关人士用现在的科学手段对玉衣进行了测定,发现玉片上有些锯缝只有0.3毫米,钻孔直径仅1毫米。在汉代那种技术手段还很落后的情况下能做出如此繁杂精细的玉衣,实在是令人惊叹!当然,制作一件玉衣所花费的人力和物力极其昂贵,据推算,在汉代,制作一件玉衣需要花费一名玉工至少十年的时间。

虽然汉代王侯将相们并没有实现自己尸身不腐的愿望,但他们却给后人留下了一笔珍贵文物。

· 探秘雷台汉墓 ·

在甘肃省武威市的雷台公园里有一个雷台,是古代祭祀雷神的地方。

1969年,当地农民在雷台老槐树下挖战备地道时,意外发现了一座东汉晚期的大型砖室墓,故称此墓为雷台汉墓。考古界人士对雷台汉墓进行发掘后，发现此墓虽遭多次盗掘，但遗存的文物还非常多，从墓内出土了金、银、铜、铁、玉、陶器共200余件，堪称是一座"丰富的地下博物馆"。

而这座丰富的博物馆除了带给人一场视觉盛宴和一种心灵上的震撼之外，随之而来的还有诸多的疑云和谜团。

在众多的文物中，最值得一提，也最引人注目的是铜奔马。铜奔马高34.5厘米，长45厘米，重7.15公斤，呈绿古铜色。铜奔马昂首嘶鸣，三足腾空，右后蹄立于一只飞鸟之上，给人一种轻盈矫健、腾云凌雾、一跃千里之感。铜奔马的铸造技艺之精湛，堪称青铜艺术之最，它也因此被国家旅游局指定为中国旅游标志。

不过，现在人们提起铜奔马时，一般都称其为"马踏飞燕""飞燕骝""马踏龙雀"等，因为有很多人认为"铜奔马"这个称谓虽然直观明了，但这具铜马的最精妙之处是马蹄下的"飞鸟"，仅以"马"为名，不足以表现其浪漫的意境。有人认为马蹄下踏的是燕子，因为飞燕的速度同样惊人，而且历朝多有以飞燕来喻良马的诗文，所以就有了"马踏飞燕"和"飞燕骝"之名。而另一些人认为，马蹄下鸟儿的造型不像是燕子，而是龙雀，故而有了"马踏龙雀"之说。

然而，究竟奔马右蹄所踏是"飞燕"还是"龙雀"，抑或是其他鸟类，因为文物中并没有标明，从其他历史资料上也尚未找到有关记载，所以我们暂且无法定论。

关于铜奔马，又有人提出了一个问题：这匹腾空而起的飞马到底想要表达什么文化内涵呢？

有专家认为，马蹄下的飞鸟眼神精锐有力，尾部还有一个未透的小孔，这是猎鹰尾部系铃的象征，所以这匹马的造型应该是狩猎时用的宝马良驹，反映的应该是狩猎的场面。

另有人认为它是相马的马式。《齐民要术》中相马序语记载的相马身体特征与铜奔马的身体部分特征相差无二，湖南马王堆出土帛书《相马经》记载的飞燕与奔马蹄下所踏飞鸟的形象完全一致。因此，专家们认为铜奔马是一件相马用的铜马式。

除此之外，也有人认为这是一匹"天马"，"天马"与"飞鸟"都是飞在天上的。此说认为这个铜奔马表达的是道家羽化成仙的思想。

各种说法各不相同，对于铜奔马的文化内涵的说法也莫衷一是，铜奔马究竟代表着什么意义，相关研究界还没有对外给出统一的说法。

除了铜奔马之疑云之外，墓主的身份之谜同样困扰着人们。因为在雷台汉墓出土的三件马俑胸前有"守张掖长张君"的字样，所以有关专家将墓主的身份定为"守张掖长张君"。

不过，此说法并不能令所有人信服，有些人认为，马俑有其具体的功用，仅凭马俑上面的铭文就断定墓主人的身份有失妥当。另外，从墓葬的规模和陪葬品来看，此墓应是一座王墓，而不应是偏远地区的守官"守张掖长张君"。再者，铜奔马，以及与其一起出土的"成组车马俑"、手执利器的武士和"将军"银印都表明，此墓墓主应该拥有自己的军队和武器装备。由此可得知，墓主生前应该是一个武装割据政权的核心人物。那么，这位大人物到底是何人呢？

有人提出，墓主人应该是个道人，因为从雷台汉墓中出土的兵俑平冠素衣，与东汉末年道人的穿着记载相符；还有出土的女俑的装束，与现在女道士的装束也很相像。此外，有8件出土的铜马上刻有"冀张君""守张掖长张君"的字样。"冀"应该指现在的河北省，"冀张君"就是指河北张。张掖位于甘肃河西，那么，"守张掖长张君"指的应该是河西张。这表明刻有"冀张君"的铜马是河北张陪葬之物，而刻有"守张掖长张君"的铜马是河西张陪葬之物，为什么河北张和河西张都要为墓主人送陪葬品呢？这说明，墓主应是河西张和河北张的共同祖先。而河西张和河北张都出于四川，所以可推想而知，墓主应该也是四川人，姓"张"。综合这几点，自然就会想到道教的祖师张道陵。

另外，雷台汉墓出土的卤簿仪仗由99件器物组成，而道教中认为"99"是个至大至尊之数，这也说明墓主人是以道教的最高礼仪下葬的，应该是道教地位最高的人，这一点和张道陵也是相符的。还有，从雷台汉墓中还出土了一种"五朱"钱币，这和东汉政府所用的五铢钱在形制上大不相同。东汉末年，张道陵、张衡、张鲁所领导的势力割据一方，私自铸钱。据史书记载，"五朱"钱币和"五金"钱币应出于张道陵。

因此，雷台汉墓的主人极有可能是张道陵。而铜奔马、"成组车马俑"和墓主人是按照天马、天师、天神的次序排列，描述的是张道陵死后羽化飞升，就任天帝之位的场景。

雷台汉墓的主人是否为张道陵，还要等待专家们的最后定论。

· 为什么乾陵无人敢盗 ·

乾陵是唐朝规模最大的皇陵，它作为一座二帝合葬墓，在中国甚至世界都可以说是空前绝后的。

营建乾陵时正值盛唐，国力十分雄厚，另外，乾陵的修建时间长达23

年，由此可以想象得到，乾陵内的陪葬物肯定是极为丰厚的。

自古以来，凡是帝王将相的陵寝多半都会遭到盗墓贼的觊觎，比如，关中70多座帝王陵墓和数百座陪葬墓，绝大部分都被盗墓贼光顾过，但出乎世人意料的是，乾陵至今都完整无损。为什么陪葬物极为丰厚的乾陵会逃过盗墓者的贼手呢？乾陵里究竟有多少宝物呢？

其实，盗墓贼的目光并没有放过乾陵，想要盗掘乾陵的人可谓是数不胜数，仅历史上有名有姓的盗掘乾陵者就有17个。但是，从公元705年至今，在这长达1300多年之间，却无一人盗掘乾陵取得成功。比较大的盗墓活动有以下三次。

唐朝末年，黄巢在占领长安后，就曾派40万军队前去乾陵盗墓。他们在梁山西侧连续挖了很久，最后竟然挖走了半座大山。但是因为他们不懂乾陵坐北朝南的结构特点，挖错了方向，最后以无果告终。

五代时期，耀州刺史温韬也对乾陵觊觎已久，他曾带人在光天化日之下公然挖掘乾陵。但说来也奇怪，他曾三次上山前往乾陵，但是出发之前还是晴空万里，艳阳高照，一到梁山就会风雨大作，而只要人马一撤，天气又会立即转晴。温韬在多次挖掘未果后，只好断了此念头。

据说，民国初年，国民党孙连仲的部队曾用炸药炸开墓道3层竖立石条，正当盗墓者窃喜之时，一股浓烟突然从墓中冒出，盘旋直上，变成了龙卷风。一瞬间，石子尘沙四处乱飞，7个士兵当即吐血身亡，其他人见状急忙逃窜。

无疑，这些失败的盗墓事例使乾陵更加神秘了。但是不管上述事例是真是假，对于乾陵没有被盗的原因，有人指出主要是乾陵修建得过于坚固。

据说，在命星相学家袁天纲和掌管天文历法的太史令李淳风为唐高宗选好将来的墓地后，唐高宗随即在山上为自己建造陵寝。在他死后，便将灵柩和礼仪祭器葬于此地，然后用巨型石板封闭玄宫洞口，又在石缝间灌注铁水加固。武则天死后，又重新将地宫洞口打开，将武则天葬入之后，又用巨型石加固，重又在石缝间灌注铁水。另外，乾陵是按照"因山为陵"的葬制而建，将梁山主峰作为墓冢，在山腰凿洞修建了地宫。乾陵墓道完整，而舍墓道从石山腹部另凿新洞进入地宫则有很大的难度。

因为乾陵没有被发掘，历史史料中对于乾陵陪葬物也没有过多的记载，所以，对于乾陵下埋葬的宝物我们也就只能猜测了。

另外，唐高宗李治在生病时就留有遗诏，命人在他死后要把他生前喜爱的画全部随葬入墓。而武则天也才华横溢，但是我们现在所看到的《全唐诗》中只有她很少一部分诗作。所以有人猜测，武则天其他的失传佳作很有可能就跟随她一起被葬在了乾陵里。更有一位在乾陵进行长期采访的作家提出大胆猜想，乾陵中大约存有500吨的文物。

然而在乾陵没被打开之前，一切都只是猜想。

·"公主坟"里葬的是哪位公主·

北京有个很出名的地方，叫公主坟。然而，公主坟的主人到底是谁呢？

自从电视剧《还珠格格》热播后，人们对于北京西郊复兴门外，复兴路和西三环路交界处的"公主坟"就产生了极大的兴趣和好奇，这个公主坟内埋葬的究竟是哪位公主呢？对于这一问题，民间历来就有许多传说。

第一种说法，此公主是降清明将孔有德之女孔四贞。这种说法流传最广。

传说，明将孔有德在降清后屡立战功，他攻下南京、占领贵州，因此，顺治帝于顺治六年（1649）封其为"定南王"。顺治九年（1652），孔有德在桂林遭到明将李定国的围困，受伤后自知无法突围出去，便自杀身亡。顺治帝的母亲孝庄皇太后就将孔有德之女孔四贞收为义女，封为和硕公主，她也是清朝唯一的一位汉族公主。相传，她死后就被葬在了北京西郊。

第二种说法，此公主是元帅金泰的妻子。

相传，汉人金泰从小被满族人所收养，因立下战功被封为元帅。一次，他在游园时偶遇公主，两人一见钟情。然而，一些忌妒他的朝中老臣却故意诬陷他，向皇帝数落他的种种不是。最后，皇帝将金泰流放，生活的艰辛加上对公主的日夜思念，使得金泰贫病交加。后来，他上书公主，说见信时我已不在人世了。公主收到书信后，伤心欲绝，就服下毒酒，追随金泰而去。皇帝无奈之下，便将金泰草草葬在了香山，而将公主远远地埋在了今天的"公主坟"。

第三种说法，此公主是乾隆收养的义女。

相传，有一年，乾隆与刘墉、和珅到民间微服出巡。行走中，不知不觉日头已落山，乾隆感到又累又饿，于是他们三人便走进一个村庄，向一位农户借宿。农户家只有一个老汉和一个小姑娘，老汉忠厚善良，让他们免费吃住。乾隆见这小姑娘很是俊俏，非常喜欢她，便对这位老汉说："老人家，你要乐意，就让您的女儿给我做干闺女吧！"老人一听，很是高兴，便让女儿过来拜见了干爹。乾隆给了老汉一锭银子，让他拿去给孩子做几身衣裳，随后，又掏出一块黄手帕递给小姑娘，说道："孩儿如遇急难，可拿它到京城找我，只要一打听皇……"这时，刘墉故意咳嗽了一声，接过话说："打听皇家大院！"乾隆也急忙附和道："对！对！皇家大院。"

谁知，几年后，这个村庄连年闹灾荒。父女俩实在过不下去了，只好到京城来找姑娘的干爹。可是，父女俩找遍北京城，也没找到这个黄家大院。不久，老汉就得了重病，姑娘没钱给父亲治病，情急之下来到护城河边想投河自尽。而就在这时，刘墉正好从此地经过，于是，他便将姑娘和老汉带进宫中。乾隆自然是早忘了此事，但是有刘墉做证，皇上想赖也赖不掉。于是便将姑娘和老汉留在宫中。可是老汉没过多久便去世了，他在死前嘱咐女儿，一定要将他的尸骨葬于家乡。

父亲死后，姑娘郁郁寡欢。再加上姑娘长得漂亮，皇妃和其他公主都忌妒她、欺负她。姑娘整日以泪洗面，天长日久，就憋出了病，最后病死在了宫中。乾隆准备将其草草埋葬，但刘墉却说："这位公主虽说不是皇上亲生，可却是您自己认的干女儿啊！并且有信物为证，就这么草草葬了，皇上脸上可不光彩呀！"乾隆无奈，只好传旨，按公主的礼仪把姑娘葬在了"公主坟"。

不过，这些终归是传说，其实对于公主坟内的公主是谁，早在1965年北京市政府修建地铁一号线时，文物部门就对公主坟进行了考古发掘，又经过对历史资料进行考证后，证实了公主坟埋葬的是嘉庆皇帝的两位公主。

这两位公主分别葬于东西两边，东边葬的是庄敬和硕公主，她是嘉庆的三女儿，为和裕皇贵妃所生，庄敬和硕公主生于乾隆四十六年（1781），于嘉庆六年（1801）下嫁给蒙古亲王索特纳木多布济，死于嘉庆十六年（1811）三月，年仅31岁；西边葬的是庄静固伦公主，是嘉庆的四女儿，为孝淑睿皇后所生，庄静固伦公主生于乾隆四十九年（1784），于嘉庆七年（1802）下嫁给蒙古族土默特部的玛尼巴达喇郡王，死于嘉庆十六年（1811）五月，年仅28岁。

根据清朝的祖制，下嫁的公主死后不能葬入皇陵，也不能葬入婆家的墓地，必须另建坟茔。所以，和硕公主和固伦公主死后只能另建墓地。由于她俩死于同一年，仅仅相差两个月，所以便埋葬在了同一地方。这两个墓葬都是夫妻合葬墓，陪葬有许多珍贵物品。墓地原来有围墙、仪门、享殿等地面建筑，周围种植有许多古松、古柏和国槐、银杏等树木。陵墓地宫均为砖石结构，十分坚固。

　　昔人已殁，唯余一抔黄土，掩风流。

第六章 名士之谜

铁马秋风塞北,杏花烟雨江南。从辽远的大漠到茫茫的大海,我们的祖国幅员辽阔。然而你可曾想过,那幽幽故都里,萋萋荒台下,到底湮没了多少名士之谜。

· 老子到底是谁 ·

道可道,非常道;名可名,非常名。

老子是我国古代伟大的哲学家和思想家,道家学派的创始人。他在唐朝时期被尊封为太上老君,著有《道德经》(又称《老子》)一书流传于世。其作品的精华是朴素的辩证法,主张无为而治,老子的学说对中国哲学的发展具有深刻影响。

然而,就是这样一位历史名人,关于他的生平、著述和思想的记载却非常少。战国时期名人文士的著作中都没有提及老子和他的生平事迹。流传后世仅有的一些记录又相互矛盾,没有一个确切的说法,所以后世学者对于历史上到底有没有老子这个人众说纷纭。

根据《史记·老子、韩非列传》中的记载，老子姓李，字聃，又称老聃、李耳，春秋时期楚国苦县厉乡曲仁里人。这些认识都是世人普遍认可的。《史记·老子、韩非列传》也是目前所能了解到的最早记载老子生平的文字。司马迁在书中详细记载了老子的姓名、籍贯和身份等内容。

尽管如此，学术界对于历史上是否真正存在老子其人一直争议猜测不断。而且《史记·老子、韩非列传》中对老子的记载也有很多地方让人疑惑，因为书中除了记载老子本人，还分别出现了两位叫老莱子和太史儋的人，让人不明所以。历史上最早提出质疑老子是否存在的学者是北魏时期的崔浩，但是他的论述已经失去记载。

根据中国现代古典文学专家孙次舟先生在《古史辨》中的记载，他是完全否认了老子这个人的存在。认为老子不过是庄子塑造的一个虚构人物，《老子》一书也是由庄子的学生们编撰而成的。主要依据有以下几方面。

第一，历史上的正史名著《论语》《墨子》和《孟子》中都没有任何关于老子的记载，直到《庄子》一书中才开始提及老子这个人物的存在。

第二，《庄子》所记载的老子的故事，都是后世演绎的结果。而且，《庄子》内篇中所述的老聃不过是为了诋毁孔子而捏造出来的人物。之后出现的《老子》一书也不过是庄子的学生们为了证明老子的存在而编撰出来的一本书籍。至于《史记·老子、韩非列传》中所记载的内容就更是不可信。

但是很多学者对于孙次舟的观点进行了否定。根据这些学者所讨论举证的各种史料来看，否认老子这个人物的存在是没有确切可靠的证据的。专家们通过对《庄子》一书的详细考证，认为书中所记载的内容还是建立在事实基础上的。并且，除了《庄子》所记载的内容以外，《论语》和《墨子》等书都提到过老子这个人物。

根据司马迁《史记·老子、韩非列传》中的记载，孔子曾向老子请教礼的学问。老子说："善于经商的人都把货物隐藏起来，好像什么东西也没有，君子是具有高尚品德的人，他的容貌谦虚得像愚钝的人。抛弃您的傲气和过多的欲望，抛弃您做作的情态神色和过大的志向，这些对于您自身都是没有好处的。"孔子拜谢离去之后，对自己的弟子们说："鸟，我知道它能飞；鱼，我知道它能游；兽，我知道它能跑。会跑的可以织网捕获它，会游的可制成丝线去钓它，会飞的可以用箭去射它。至于龙，我就不知道该怎么办了，它是驾着风而飞腾升天的。我今天见到的老子，大概就是这种龙吧！"

司马迁通过这个故事的详细描述，明确表达了老子学说和儒家学说的关系——"世之学老子者则绌儒学，儒学亦绌老子"，意思就是信奉老子学说的人就会排斥儒家学说，反之，信奉儒家学说的人就会排斥老子的学说。不仅如此，司马迁还在《史记·老子、韩非列传》中详细记载了老子的生平和著述《老子》一书的情况。

然而，令后世很多学者质疑的是司马迁在《史记·老子、韩非列传》中所提及的另外两个人物——老莱子和太史儋。司马迁在写老莱子的时候，用了"亦楚人也"这样的句子，说明司马迁认为老子和老莱子不是同一个人。但是根据《庄子》一书中的记载，孔子曾经向老莱子请教过问题，老莱子的回答和老子给孔子的建议非常相似，这就不得不令人心生疑惑了。而书中提到太史儋，问题就更为复杂了。司马迁在书中记载了这样一件事，在孔子死后的129年，太史儋晋见秦献公的时候曾说："当初秦国隶属于周朝，可是在100年以后又分开了，分开70年以后，就会出现一个称霸为王的人。"后世有人说太史儋就是老子，也有的人说不是，一直以来都无法确定哪一种说法才是正确的。根据司马迁所阐述的这件事看来，他也不很确定这个说法的真假性。如果说太史儋就是老子的话，那老子生活的年代应该在孔子之后，也就是战国时代。如果真是这样的话，就会出现一个更头疼的问题，那就是孔子和老子所生活的年代谁更早一点呢？

不管孔子和老子生活的年代谁先谁后，在没有确切史料作为论据的情况下，我们基本可以断定老子这个伟大人物是真实存在于历史的。只是老子过的是半隐居的生活，所以不为当时的人所熟悉，也是理所当然的。同时，老子作为我国古代一位伟大的哲学家和思想家的地位也是不容置疑的，是被后世所尊崇的历史人物。

老聃大圣，替天行道，游神大同，千古流芳。

· 孔子是美男子吗 ·

三人行，必有我师焉。择其善者而从之，其不善者而改之。

孔子是我国儒家学说的创始人，也是伟大的思想家和教育家。从汉武帝开始，孔子所创立的儒家学说就登上了"独尊"的地位，并同封建制度融为一体，被历代的王朝所尊崇。在后来不断丰富、完善和发展下，儒家学说成为了涵括伦理学和哲学等诸多学科的综合性学说，对民族性格和心理形成起到了重要的作用。儒家学说也渗透到了当时社会的各个领域和层次，不仅影响了我国两千多年的社会和文化，还影响了包括日本、韩国等诸多国家。

在孔子去世后的三百年里他的身份一直是位学者，直到公元前195年，汉高祖刘邦到山东祭祀孔子，并封孔子的第九代孙子孔腾为"奉祀君"。后来，汉武帝刘彻推崇"罢黜百家，独尊儒术"，才使得孔子的地位越来越高。

之后的历代君王都对孔子的后人加以封号,孔子的各种画像也开始纷纷出现。对于这样一位影响深远的伟人,后世学者千百年来除了对他所创立的儒家学说进行多番研究以外,还关心另外一个问题,那就是孔子到底是什么样子呢?我们如今所看到的孔子形象,都是后人们想象出来的。孔子的真实长相究竟是怎样的呢?后世的人们对此进行了无休止的猜测和争议。

后世的很多学者也都认为孔子天赋异相。但是光凭"天赋异相"这四个字是无法断定孔子的具体长相的。孔子是美是丑,是高是矮,是胖是瘦都无法确认。后人因为不清楚孔子那个时代人的长相,所以只好说他长得不同于一般人。司马迁就曾说过孔子圩顶,圩就是周围高中间低,从这点我们可以想象出孔子的两个额角应该非常高,中间有明显的凹陷。而在明代所塑造的孔子像就很明显地有着这样的特征,除此之外,塑像的孔子还有着小龅牙和大耳朵。

在孔子的老家就有一份档案详细地描述了孔子的形象,在这份档案里面还说到了孔子的腰围:"先圣身长九尺六寸,腰大十围。"这里面所谓的"围",《辞海》里面的解释就是:"计量圆周的约略单位,即两手的拇指和食指合拢的长度。亦指两臂合抱的长度。"按照这种解释的标准,那么"十围"就是三米了。这显然是不可能的。可见这种记述并不准确。

根据司马迁在《史记·孔子世家》中的一段记载:孔子来到郑国的时候,同弟子们走散了,独自一人站立在东边的城门外。而这个时候弟子们则在着急地寻找孔子,附近的人们看到这个情形便走过来,对孔子的弟子子贡说:"我刚刚在东门外看见一位身高大约是九尺六寸(这是古代计量身高的单位)的人,长得浓眉大眼,额头宽宽大大的。他的头看起来有点像尧,脖子像皋繇,肩膀倒有点像子产,可是腰部以下却像大禹,只是似乎比较矮了一点。他的样子看起来似乎很狼狈,像条丧家之犬呢!"虽然这段话没有详细描述孔子的长相，但是根据郑国人对孔子的描述，我们还是可以想象孔子的相貌不凡。因为郑国人所举出与孔子相对比的尧、禹和皋繇都是古代的圣王、贤臣。描述孔子长得像他们，可以看出孔子应该是很有圣人的仪态的。

其实，孔子形象的变化也体现在画像中，最早出现孔子画像的是武梁祠汉画像石的《孔子见老子图》。汉画像石中所描绘的孔子形象，大部分都是学者模样。而自古至今，流传最为广泛的孔子形象，则是唐代吴道子所绘《孔子行教像》。在这幅画像中，孔子是一位不着官服，拱手站立，面目慈祥的老人。

虽然后世不断有学者在探讨孔子的相貌，但却一直没有一个统一的版本。历史上的孔子到底长得什么模样，已经是无法考证了。后世所争论的各种各样的孔子相貌也都是建立在历史文献和个人想象的基础上演绎出来的。孔子到底长什么模样？恐怕会成为一个永远也无法解开的谜团了。既然如此，任何机构或者个人，都可以从自己所理解的角度出发，去描绘自己心目中的孔子形象。

"高山仰止，景行行止。"虽不能至，然心向往之。——司马迁

鬼谷子只是一个传说吗

纵横者，所以明辩说，善辞令，以通上下之志也。

鬼谷子，又名王禅，楚国人。常入云梦山采药修道，曾经在鬼谷一带隐居，因而自称鬼谷子，世人也称之为鬼谷子。春秋战国时期著名的思想家、谋略家、兵家、教育家，是战国时期纵横家的鼻祖，是我国历史上一位极具神秘色彩的人物，被誉为千古奇人。根据《战国策》和《孙庞演义》中的记载，他的弟子有兵家：孙膑、庞涓；纵横家：苏秦、张仪。

然而，这样一位神秘莫测的传奇名人，后人却对他是否真实存在而猜测争议不休。经过总结大致可以归纳为以下几种说法。

第一种说法认为，历史上并不存在鬼谷子这一人物。根据乐壹在注《史记·苏秦列传》中的记载："苏秦欲神秘其道，故假名鬼谷子。"他认为鬼谷子就是苏秦。根据清朝人翁元圻在注《国学纪闻》中的记载更为明确："秦仪，即鬼谷子。"也有人认为鬼谷子其实就是对隐士的一种统称。根据唐朝人李善注《文选》中的记载："鬼谷之名，隐者也，通号也。"既然认为鬼谷子只是对隐者的一种统称，那么实际上也就是在否认鬼谷子其人的存在。现如今在学术界也有学者认为鬼谷子并不是历史人物。1984年，湖北人民出版社出版的《湖北历史人物辞典》一书中就罗列了很有名的慎子、鹖冠子等历史人物，但其中却没有鬼谷子这个人物，在《古今伪书考补证》中就有关于鬼谷子的记载："史记所记，得之传闻，本不足据。"说明鬼谷子其实就是一个传闻，根本不可信。同时，书中还说道："其人无考，况其书乎？"而在《宗教辞典》中也同样认为鬼谷子只是中国古代的一个传说人物而已。

第二种说法认为，鬼谷子是神仙。根据《仙传拾遗》中的记载，鬼谷子"疑神守一，朴而不露，在人间数百岁，后不知所之"。杜光庭在《录异记》中也同样认为鬼谷子是古代的一位神仙，出生于轩辕时代，历经商周，最后随太上老君来到中国。

第三种说法认为，鬼谷子有无其人尚有待考证。根据四部备要本《鬼谷子》中的记载，清朝人秦恩复就认为"或云周时豪士，隐于鬼谷者，近是"。所谓"近是"的意思就是接近正确，但并没有完全肯定鬼谷子其人的存在。近代也有学者认为"欲证鬼谷子真有其人，终不可得其确"，认为不可确定鬼谷子其人的真实存在，根据《古籍整理论文集·鬼谷子研究》中的记载，又认为"鬼谷这个人物的存在也不都是虚构出来的"。新版的《辞海》《辞源》在介绍鬼谷子的时候，前面都会加上"相传"二字来表示对于此人的不确定。

第四种说法认为，鬼谷子是战国时期的楚国人。现在记载鬼谷子的文字不完整也不够系统，同时也没有可靠的史料依据，但是根据大量的古籍中的资料记载，可以肯定历史上确有鬼谷子这样一个人物。

《史记》是最早记录有鬼谷子这个人物的，司马迁和鬼谷子所生活的年代比较相近，根据苏秦、张仪谢世的年纪来进行推算，最多也就相隔一两百年，所以司马迁所记载的关于鬼谷子的内容应该是比较可信的，虽然在《史记》中并没有关于鬼谷子的传记，但是在《苏秦列传》有记载："苏秦者，东周雒阳人也，东事师于齐，而习之于鬼谷先生。"在《张仪列传》中也同样说到张仪是鬼谷子的学生。

湖北当阳鬼谷洞附近也有许多鬼谷子存在的遗迹。根据《舆地纪胜》中的记载，鬼谷洞就是鬼谷子隐居的地方，在鬼谷洞外的石壁上还嵌有三块石碑，都是清朝光绪五年重新修建大仙洞时候的碑记，其中就有一段写道："清溪寺山后五里许，有大仙洞，系战国时鬼谷大仙披门仙师修真之所……"在距离鬼谷洞东南大约两千米的地方有一座棋盘山，又名云梦山，根据《当阳县志》中的记载，这座棋盘山就是当年鬼谷子下棋对弈的地方。

几千年来，后人对于历史上究竟有没有鬼谷子其人，一直猜测争议不断。每一个说法似乎都有可以成立的依据，因此很难推断哪一个才是真相，结论也就因此成为了一个谜。要想揭开谜底，还需要大量充足的史料证据和深入的研究方可得知真相。

《鬼谷子》书，其智谋，其术数，其变谲，其辞谈，盖出于战国诸人之表。

· 骆宾王下落之谜 ·

西陆蝉声唱，南冠客思深。那堪玄鬓影，来对白头吟。露重飞难进，风多响易沉。无人信高洁，谁为表予心？

骆宾王（约626~约684），字观光，婺州义乌（今浙江义乌）人，是初唐诗坛的杰出人物。骆宾王与王勃、杨炯、卢照邻合称"初唐四杰"，但是在四杰中，骆宾王年岁最长、阅历最多，人生也最富有传奇色彩，他的下落至今仍旧是一个谜，引起了后世对他无休止的猜测和争议。

骆宾王的一生怀才不遇，潦倒不堪。唐高宗仪凤四年（629）的时候，他被任命为侍御史（监察性质的官职），后来又因为多次向武则天上书言事而被人诬陷锒铛入狱。在狱中，骆宾王写下了"露重飞难进，风高响易沉"的千古名句来抒发心中的悲愤。武则天称帝以后，大肆斥逐李唐王室的旧臣，并大量任用武氏家族的成员。光宅元年（684），对武则天统治极为不满，并且自身仕途失意、郁郁不得志的骆宾王参加了徐敬业发动的扬州兵变。在兵变期间，骆宾王起草了著名的《讨武曌檄》。该檄文历数了武则天的阴谋祸心和斑斑劣迹，还详细阐明了这次起兵的目的，申明大义。结尾处的一句"试看今日之域中，竟是谁家之天下"更是极富鼓动力。据说武则天在看了这篇檄文后赫然变色，连忙询问这篇檄文是何人撰写，当得知是骆宾王之后，不禁感到十分惋惜，说道："骆宾王才华过人，却流落到这个地步，这是宰相的过错啊。"惜才之心溢于言表。但是，由于徐敬业谋略不足，所以这次扬州兵变在，3个月后就以失败告终。

根据唐人郗云卿在《骆宾王文集序》中的记载，"文明（唐睿宗年号，684）中，与敬业于广陵共谋起义，兵事既不捷，因致逃遁。"后来的《新唐书·骆宾王传》也沿用了这个说法，同样用"宾王亡命，不知所之"来描述兵败之后骆宾王的下落。至此，骆宾王兵败之后的去向也成了后世争相猜测、议论的谜团，经过总结，流传较为广泛的说法有以下几种。

第一种说法是骆宾王兵败之后被杀。在《旧唐书·骆宾王传》《资治通鉴》《新唐书·李勣传》等书中都有此记载。根据《资治通鉴》中的详细记载，"徐敬业在兵败之后，徐、骆等人准备入海逃往高句丽，他们到达海陵的时候，遇到风浪，然后被困于遗山江中，骆宾王被徐敬业的部将王那相杀害，并被割下首级传到东都。"另外，骆宾王的世交宋之问曾经写过一篇《祭杜审言学士文》，在这篇文章中，宋之问也说到骆宾王"不能保族而全躯"，由此可以看出，兵败之后的骆宾王不仅自身不保，还让家人甚至整个族人受到牵连而被杀害。

第二种说法认为骆宾王在兵败之后逃脱隐居，但也有人说他是削发为僧。

根据郗云卿在《骆宾王文集序》中的记载"兵事既不捷，因致逃遁"就可以证明骆宾王并未遭到杀害。根据这种说法，骆宾王兵变失败以后，官军并没有追捕徐敬业和骆宾王，他们害怕武则天会治他们的罪，因此以假乱真，杀了两个面貌酷似徐敬业和骆宾王的人，并把他们的首级报送到洛阳。事实上骆宾王和徐敬业二人都成功逃脱并最终落发为僧。骆宾王出家为僧这一说法最早出于唐朝的孟棨，根据孟棨《本事诗》中的记载，宋之问有一次在杭州的灵隐寺游玩的时候，曾吟诵出两句："鹫岭郁岧峣，龙宫锁寂寥。"可是却苦于无法续接下句，就在这个时候，一位老僧在听到宋之问的诗句以后，立刻就说道："何不云，楼观沧海日，门对浙江潮？"并接着连吟十句诗完成诗篇，句句精妙非凡，令宋之问惊叹不已。这位老僧在续接完诗句之后就一去不复见。宋之问多次想要拜见这位老僧却无法找到他的踪迹，后来宋之问向人打听这位老僧，才得知此人就是骆宾王。

还有认为骆宾王是逃匿到今天的江苏南通一带。根据明代人朱国祯《涌幢小品》中的记载，明朝正德年间在南通城东发现了骆宾王的墓，墓主衣冠如新。这座墓后来被迁到了狼山上，至今遗址犹存。根据清人陈熙晋《骆临海集笺注·附录》中的记载，雍正年间有一位自称是李 十七世孙的李于涛，他说他们家的家谱中记载说，扬州兵变失败之后，骆宾王和徐敬业的儿子一起藏匿在邗之白水荡，后来骆宾王在崇川去世。据说骆宾王的陵墓就是徐敬业的儿子所修建的。

第三种说法认为骆宾王是投江而死。根据唐人张 在《朝野佥载》中的记载，"骆宾王与徐敬业兴兵扬州，大败，投江水而死。"这也就是说，骆宾王最终是死于江水之中。不过这种说法都是野史记载，没有资料加以佐证，所以不足为信。

所以后世对于骆宾王兵败之后的下落争议集中在前两种说法上，认为骆宾王在兵败之后不是被人杀死就是逃脱隐匿起来。主张骆宾王被杀之说的人认为，除了在《新唐书·骆宾王传》中记载骆宾王不知去向以外，其他所有的正史都记载说骆宾王在兵败之后被杀。而宋之问说骆宾王"不能保族而全躯"的那句话，就是最有力的证据，因为宋之问是骆宾王的世交好友，所以宋之问的话是比较可信的。至于孟棨在《本事诗》中记载的宋之问和骆宾王在灵隐寺对诗一事，则被认为是无稽之谈。因为宋之问和骆宾王是世交好友，怎么会在相逢的时候认不出对方呢？

但是主张骆宾王逃脱隐匿之说的人认为，《本事诗》中的记载虽然有所欠缺，但是也不能排除官军为了邀功而用假首级报送朝廷的可能性。同时代人郗云卿是奉诏去搜缉骆宾王的遗文，他说骆宾王"因致逃遁"，肯定是有所根据的，不可能随口胡说。

不管怎样，骆宾王的下落之谜，就目前来看，已经有了被杀、逃脱隐匿和投江而死这三种不同的说法，后世的学者对此已经争论多年，每一个说法似乎都有着可以成立的依据，因此，我们很难断定哪一种说法才是正确的，骆宾王的下落也就因此成了一桩悬案。关于骆宾王下落之谜的争论，恐怕得等到新的、确凿无误的史料记载出现以后才能真正解开。

王杨卢骆当时体，轻薄为文哂未休。尔曹身与名俱灭，不废江河万古流。

· 李白是怎么死的 ·

天生我材必有用，千金散尽还复来。

李白是我国历史上最有名的诗人之一，有着"诗仙"之称。李白的人生经历也颇具传奇色彩，他人生很大部分都是在旅途中度过，并给后人留下了很多名垂千古的诗篇，一生成就非凡。作为一位才华横溢的诗人，李白的一生并不得志，直到晚年还漂泊在东南一带。但是，如此富有传奇色彩的人物，却在死后引起众多争议。很多人都认为李白是因病而死，也有人认为李白的死是因为酒醉之后捞月溺水而死，还有人认为李白最终羽化成仙而去，那么李白之死的真相到底如何呢？

对于李白的死因，一直以来学界都没有一个统一的答案。后世对于李白的死因也有着各种各样的猜测和争议，但是大致可以归纳为三种说法。

第一种说法，因病而死。后世的一些学者认为李白是因为过度饮酒，引起脓胸穿孔症而病死的。在唐代宗宝应元年（762）的时候，61岁的李白在贫病交加的情况下来到了安徽当涂，投奔当地的县令李阳冰，可不承想病情加重，于同年十一月病逝。最早提出李白是因病而死一说的是唐代的李阳冰。后来范传正也在《唐左拾遗翰林学士李公新墓碑》中提出相同的观点。现代著名的学者郭沫若也曾就此说法做过考证。晚唐时期的诗人皮日休在《七爱诗·李翰林》中也曾提到："竟遭腐胁疾，醉魄归八极。"确认李白病死一说。除此之外，在我国很多的史料中都有记载李白"以疾终"这样的说法，所以很多人凭借这些史料认为李白最终是因病而死的。

第二种说法，饮酒过度而死。李白一生除了在诗文方面享有盛誉之外，还因好酒而被众人称道。"李白斗酒诗百篇"，终年常伴李白左右的唯有酒，在李白郁郁不得志的一生当中，只有酒才可以抚慰他孤寂的心灵。从李白写下的"古来圣贤皆寂寞，唯有饮者留其名"这两句诗中，就可以看出酒对于他的重要性。根据《旧唐书》和《新唐书》中的记载，李白是因为饮酒过度而醉死在宣城。所以，后人认为李白最终死于饮酒过度一说也是有迹可寻。

第三种说法，捞月溺水而死。五代王定保《唐摭言》中记载："李白着宫锦袍，游采石江中，傲然自得，旁若无人，因醉入水中捉月而死。"宋代洪迈的《容斋五笔》中，也有过类似的说法。李白捞月溺水而死的说法，在李白去世不久之后就广为流传。

虽然李白捞月而死的说法大都来自稗官野史中的记载，但是并不能说这种说法一定是无稽之谈。因为李白放荡不羁的性格，他的一生都在浪迹江湖，并且嗜酒如命。李白创作的诗篇中有很多都与酒有关。美酒已经成了李白生命中不可缺少的一个组成部分了。再加上李白恃才傲物，晚年不得志，在残酷的现实生活中，李白的精神层面受到了很大的打击，在这种情况下，出现醉酒捞月溺水而死，似乎也可以说得通。

还有一些后世的学者认为李白是羽化成仙。根据宋代梅尧臣《采石月下赠功甫》中的记载，认为李白是骑鲸背上青天，羽化成仙。在李纲《读四家诗选》中也有类似说法。李白最终羽化成仙的说法，其实是寄托了后人对于李白之死的一种惋惜之情，寄托了后人美好的愿望所在。相对于李白之死的各种猜测和争议，人们似乎更愿意相信这位著名的诗人最终成仙的结局。

其实上述各种说法都没有确凿的证据来证明，但是每种说法似乎都有着一定的依据。不管怎样，千百年来，对于李白死因的猜测和争议不断。李白之死的真相到底如何？恐怕很有可能会成为一桩无解的千古之谜了。

酒入豪肠，七分酿成了月光，余下的三分啸成剑气，袖口一吐就半个盛唐。

· 杜甫是因食物中毒而死吗 ·

朱门酒肉臭，路有冻死骨。

杜甫（712~770），字子美，自号少陵野老，唐朝河南巩县（今河南巩义）人。是我国唐代伟大的现实主义诗人、世界文化名人。他在我国古典诗歌史上的影响非常深远，被后世尊称为"诗圣"。他经历了唐代由盛到衰的历史过程。因此，与诗仙李白相比，杜甫更多的是对国家的忧虑及对老百姓困苦生活的同情，所以他的诗被后世称为"诗史"。

然而，就是这样一位历史名人，生前却是郁郁不得志，生活穷困潦倒，晚年的时候更是在颠沛流离中度过，最后在贫病交加中死去，死时59岁。但是，后世的人们对他的死因众说纷纭，猜测不断。有人认为杜甫是死于牛肉白酒，也有人认为杜甫是病死在舟中，还有人认为杜甫是在郴水溺死，众说纷纭，那么杜甫之死的真相到底如何呢？

根据《旧唐书》中的记载，杜甫是因为吃牛肉喝白酒，一夕之间就死去的，在唐人郑处诲《明皇杂录》中就有详细记载：杜甫到耒阳做客，浏览岳祠，当地的县令乘舟欢迎杜甫，并邀请杜甫品尝牛肉喝白酒，之后到达衡州耒阳县，"甫投诗于宰，宰遂致牛炙白酒以遗甫，甫饮过多，一夕而卒。"由此可见，杜甫是因为吃得太多，导致消化不良，肚胀而死的。可是，后世学者认为杜甫"胀饫"之说不准确，而是死于中毒。这样说的依据是，杜甫到达耒阳的时候，正是夏天，天气酷热食物非常容易腐坏。县令送来的牛肉一次难以吃完，过了一天牛肉就变质有毒了，当时的杜甫已经是年老多病，再加上吃了过多的腐坏的牛肉，又饮用了大量的白酒，从而加速了毒素在体内的循环，最终导致心脏衰竭而死。如此看来，这个说法是有一定科学依据的。

唐代学者李观在《杜诗补遗》一文中，对杜甫的死因提出了新的看法。他认为杜甫是饮酒过度，酒醉之后被江水淹没而死，死后尸首也不知漂流到何处。李观的这种说法并没有引起任何人的赞同，并被很多学者认为是无稽之谈。但也有人就李观的这一说法展开了想象：如果说杜甫是落水而死，李白是因为捞月而死，屈原是因为投江而死，由此可见，刚好是"三贤同归一水"了，看来是想要把大诗人的结局想象得更为浪漫一些。

除了上述两种说法，后世很多学者都认为杜甫是病死于湘江舟中的。根据大量的史籍记载和民间传说，经过细致考证，得出了杜甫病逝的整个过程。

大历五年（770），潭州兵荒马乱。一天深夜，官军措手不及，潭州刺史被乱军所杀，城中百姓四散出逃，城中乱作一团。见此情形，正在潭州养病的杜甫慌忙带着家眷出逃，准备出城投奔在郴州做官的舅氏崔伟。杜甫带着全家乘船沿着郴水而上，到了耒阳县境内的方田驿的时候，突然江水大涨，风大浪急，只好在当地泊船。杜甫本来就贫病交加，再加上在当地又没有亲友救济，所以一连好几天都没有食物可以充饥。后来，耒阳县的县令听说此事，派人给杜甫送来了酒肉，还邀请他去县衙做客。杜甫非常感激，并作诗答谢。遗憾的是，当时水势忽涨，答诗还没有送到县令手里，眼看着又要挨饿，只好掉转船头，下衡州去了。大水退了以后，县令派人再去邀请杜甫，可惜没了踪迹，因此断定杜甫一家被洪水淹没,感到非常遗憾,还建了一座衣冠墓纪念杜甫。

事实是,杜甫早已回到衡州,在短暂停留了几天以后,仍然以船为家沿着江水而下。这个时候,杜甫还曾在船上作过一首诗《过洞庭湖》:"破浪南风正,回樯畏日斜。湖光与天远,直欲泛仙槎。"沿江两岸又没有落脚之地,于是杜甫就在船里度过了一个秋冬。在这样的环境下,杜甫的风痹病日益加重,最后竟卧床不起了。偏偏此时祸不单行,杜甫的小女儿又夭亡了。在这样的巨大打击下,杜甫病死于船舱中,时年58岁。杜甫死后,家人因无力安葬他,只好将他的灵柩暂寄于岳阳。43年之后,他的孙子杜嗣业才把他的灵柩运到河南偃师,正式安葬在首阳山下。

当时,杜嗣业曾请求诗人元稹为杜甫作墓志铭。根据元稹在《唐故检校工部员外郎杜君墓志铭》中的记载:"扁舟下荆楚间,竟以寓卒,旅殡岳阳,享年五十有九。"由此可以证明杜甫的确是病死在船上。

一千多年来,学者们对于杜甫死因的猜测和争议都各执一词。但是杜甫死因的真相究竟如何?就目前来看,杜甫病死在船上是最合理、最可靠的一种说法。

杜子美诗,格力天纵,奄有汉、魏、晋、宋以来风流。

张三丰是武当派的祖师吗

一阴一阳之谓道。

张三丰（1247~1458），本名通，号玄玄子，字君实或君宝，辽东懿州（今辽宁阜新）人，是跨越宋、元、明三朝的道士。自称张天师后裔，太极拳的创始人，武当派的开山祖师。

根据李师融《古今太极拳谱及源流阐秘》研究考证，张三丰生于1247年，卒于1458年。也就是说，张三丰的寿命长达211年之久，这在人类的历史上非常罕见。除此之外，还有诸多资料也同样记载了张三丰的寿命长达211年。

按照史籍中的描述，1258年，中国历史上爆发了一次规模最大的佛教和道家之间的"争论"。在这次的辩论中，道教遭到了惨败，并从此一蹶不振。一百年之后，张三丰在武当山另立了一个新的道家门派——武当三丰派。这也成了中国道教发展史上的又一次高潮。

相传张三丰是武当派的鼻祖。根据《武当拳术秘诀》中的记载："本武当三丰之要诀，为武当之正宗。"随着近年诸种考证和研究的结果，武当派由张三丰创建也得到了专家们的逐步认同。根据考证得知，张三丰主张"守内、崇实、修性、健身"，并且由此形成了一种"顺其自然、以静制动、技进于道"的武功派别，其中就包括了"阴阳说""五行说"和"太极说"等武当拳法的运用。

张三丰一生的理论著述非常丰富，根据后人整理然后汇编进《张三丰先生全集》一书中。里面包括了《玄机直讲》《大道论》和《玄要篇》等名篇。由于之前道教义理艰难晦涩，令世人难懂，张三丰因此开始采用相对通俗的文字和歌词的体裁来撰写理论书籍。他的《无根树》诗24首融玄奥的修真理论于形象的比喻中，为后人称道，是脍炙人口的曲词之中的精品。如：

无根树，花正幽，贪恋荣华谁肯休。浮生事，苦海舟，荡来漂去不自由。无岸无边难泊系，常在鱼龙险处游。肯回首，是岸头，莫待风波坏了舟。

张三丰究竟是不是武当派的创始人，是的话他又是如何创建武当派的呢？概括来说有以下四种说法。

第一种说法认为，张三丰的武功由神明所赐，根据《王征南墓志铭》和《宁波府志》中的记载，张三丰在前往汴京途中的一个夜晚，在睡梦中梦见真武神君降临，向他传授了一套拳法。第二天早晨，继续赶路的张三丰被一群拦路抢劫的强盗给围住，情急之下，便运用了昨晚梦中真武神君所传授的拳法把这群强盗给打败了。从此，张三丰的拳法便世人皆知了。

第二种说法认为，张三丰从动物之间的争斗得到启示，从而自创了一派功夫，这就是传说中的"鸟蛇斗"；据说张三丰是在"邋遢崖"看见一只鸟与一条蛇争斗，每当鸟上下飞击长蛇时，蛇就蜿蜒轻身，摇着闪避，不曾被击中。相持时间久了，鸟已精疲力竭，无可奈何地飞走了，长蛇也自由自在地钻进了草丛。张三丰由鸟蛇斗得到了一定的启发，以柔可以克刚，以静可以制动。于是，他模仿长蛇的动作创造出了著名的内家拳。

第三种说法认为，张三丰是道教内丹修炼的集大成者，在修炼过程中，人如果静坐时间久了，就需要起身活动，促进周身的血液循环，这就是动功和静功。而内家拳正是发源于与内家修炼息息相关的导引、吐纳之术。

第四种说法认为，张三丰根本就不是武当派的创始人，并且武当派的拳术也是源自少林派的功夫。

其实，上述总结的四种武当起源的说法，每一个说法似乎都有理可循，长久以来，中国武术界有着"北尊少林，南崇武当"的说法，他们都是集中华武术之魂的名门大派。

如今，武当派的功夫已经享誉全国，名播四海，成为了中华文明之精华所在。

· 蒲松龄屡试不第之谜 ·

写鬼写妖高人一等，刺贪刺虐入骨三分。

蒲松龄自幼聪明好学，才华横溢，"经史皆过目了然"，学过文章能"倒背如流"。然而，这样一位聪明好学的才子为什么会每每落榜、屡试不第呢？

蒲松龄出生于一个没落的地主家庭，受当时社会风气和家庭的影响，他自幼就热衷科举，并且在19岁的时候接连考取了县、府、道三试第一，成了秀才。但是此后，蒲松龄连续四次参加举人考试，却全都落榜，直到71岁高龄的时候，才破例成为了贡生。为何才华横溢的蒲松龄屡试不第，这其中的原因后世的学者也是众说纷纭，经过总结大致分为以下几种说法。

第一种说法认为，蒲松龄屡屡落榜是和对对子有关。清朝顺治年间，朝廷采用了"以汉制汉"的策略，终于剿灭了明朝残余势力，正式成为了中原的霸主。顺治帝随后采纳了汉臣的意见，举行科举考试选拔人才。为了笼络人心，维持政权稳定，顺治帝特别授意摄政王多尔衮和汉臣范文程一起，在京郊开了一家文昌客栈，大张揭帖。声称凡来此地住宿的人，只要能够对出店主的上联，就可以免收饭钱和住宿费，并且在临走时还有十两纹银相赠。顺治帝希望通过这个方法来网罗人才，为己所用。

顺治十六年（1659），时年19岁的蒲松龄上京赶考入住了文昌客栈，蒲松龄自恃才高，要求对对子。于是范文程就出了一句："千里为重，重水重山重庆府。"蒲松龄自幼熟读诗书，对许多对联故事都娴熟于心。他清楚地记得这是明朝开国皇帝、有对联天子之称的朱元璋给四川重庆府一个落魄秀才的出句。当年重庆秀才的对句是："一人成大，大邦大国大明君。"这一对句得到朱元璋的赞赏。于是蒲松龄不假思索，脱口而出道："一人成大，大邦大国大明君。"可是，令蒲松龄没有想到的是，范文程却在顺治帝面前添油加醋。说他"恃才疏狂，不说圣朝"，理由就是蒲松龄随口答出的那句对子。顺治帝本想将蒲松龄逮捕入狱，苦于没有证据，于是便做出对蒲松龄"永不录用"的口谕。康熙即位以后，自然遵照顺治帝的意思。可怜蒲松龄不明所以，还接二连三地参加科举考试，却屡屡落榜。后来他在《聊斋志异自序》一文中有记载道："花了这么多年的时间，编写了这本书。"满腹才华，却落得如此境遇，必定会孤愤不已。当然这个说法只是民间的一个传说而已，没有可靠的史料依据。

第二种说法认为，蒲松龄屡屡落榜的原因与他写《聊斋志异》有关。根据史料记载，蒲松龄的好友张笃庆发现蒲松龄因为写《聊斋志异》影响到科举考试，于是就写诗"聊斋且莫竟谈空"，以此暗示他要专心备考科举。但是蒲松龄听不进任何的劝告，每逢听到奇闻逸事，就会详细了解考证，然后写到自己的书里去。

根据《三借庐笔谈》中的记载，蒲松龄为了收集更多的民间传说写到《聊斋志异》里面，就在家乡柳泉旁边摆了一个茶摊，请路人喝茶讲故事，听完后回家撰写修改，从而著成了《聊斋志异》一书。鲁迅对于这个说法曾经做过详细分析，认为此事不可能存在。根据史料中的记载，蒲松龄做了45年的私塾老师，家境贫困潦倒，根本就没有时间和金钱去摆茶摊。但是不可否认的一点是，蒲松龄听到任何奇闻怪事的时候，都会收集起来写进小说。

第三种说法认为，蒲松龄考场失意和县、府、道三试主考施闰章有关。蒲松龄一生不得志，他这个不得志恰恰是从少年得志开始。蒲松龄19岁的时候，参加秀才考试，他在淄川县、济南府、山东省，三试第一，成了秀才。当时的主考官施闰章也是有名的大诗人。清初诗坛有"南施北宋"之说，"北宋"是山东人宋琬，"南施"指的就是这个施闰章。

施闰章给参加道试的山东秀才们所出的第一道考题叫《蚤起》，这个题目是从《孟子》"齐人有一妻一妾"而来的。当时的科举考试是考八股文，既然题目叫《蚤起》，顾名思义，就要阐述孟子在《蚤起》里面所讲的那种修身齐家治国平天下的大道理。可是蒲松龄却用虚构的方式写了一篇类似于小说的文言文，而这样的写法是不符合当时八股文的要求的，但是蒲松龄遇到的主考官却是爱才如命的大文学家施闰章，他非常欣赏蒲松龄的这篇文章并给予了极高的评价。随后，施闰章大笔一挥，蒲松龄就成为了山东的头名秀才。县、府、道三试第一以后，蒲松龄踌躇满志，准备考取更大的功名。可是施闰章对蒲松龄的评价也误导了他，导致蒲松龄认为参加科举考试的应试文章就应该如此写。在之后近四十年的科举考试中，他再也没有遇到像施闰章那样的"伯乐"，主考官们根据八股文的要求来选拔人才，所以蒲松龄屡屡落榜，终身不得志。

可是，蒲松龄为什么在屡屡落榜的情况还非要走科举这个独木桥呢？因为这是他唯一的选择。科举考试是当时像蒲松龄这样的众多穷知识分子改变自身命运的唯一出路。遗憾的是，蒲松龄穷其一生都未能如愿以偿。这也许就和上述的三个说法有关，但导致他怀才不遇、终身不得志的根本原因还是腐朽的科举制度以及黑暗的封建仕途。

鬼狐有性格，笑骂成文章。

· 曹雪芹家族巨变之谜 ·

满纸荒唐言，一把辛酸泪。都云作者痴，谁解其中味。

曹雪芹（约1715~约1763），名霑，字梦阮，号雪芹，又号芹溪、芹圃。满洲正白旗包衣，清代小说家，著名文学家，中国长篇名著《红楼梦》的作者。然而，就是这样一位文坛巨匠、历史名人，人生却经历了巨大的起伏。早年过着锦衣玉食的生活，之后却惨遭抄家之祸，穷困潦倒。那么，究竟是什么原因导致曹家遭此巨变呢？

曹雪芹出身于一个"百年望族"的大官僚地主家庭，曹氏家族在康熙年间盛极一时，却在雍正即位以后惨遭抄家。如此由盛转衰，后世学者猜测诸多，众说纷纭。

曹雪芹少年时代享受着富贵尊荣的生活，曹家一门曾是贵族。曹雪芹的高祖父曹振彦跟随顺治帝入关，为清朝的建立立下了汗马功劳，他的曾祖父曹玺、祖父曹寅、伯父曹颙、父亲曹　三代四人连续出任江宁织造长达60年之久，祖父曹寅还连续做过四任盐政，为官期间聚敛了大量财富；不仅如此，曹雪芹的曾祖母孙氏还是康熙皇帝玄烨的乳母，祖父曹寅又是玄烨的侍读，故而康熙对曹寅极为信任，委以江宁织造的重要官职。

根据史料记载，康熙皇帝六次南巡，其中有四次都是住在曹寅府中。曹寅为了彰显荣华，不惜在四次接驾中，倾尽全家财力、物力，甚至还挪用了库银数十万两，造成了经济上的巨额亏空，也因此给曹家埋下了衰败的祸根。

之后，曹寅、李煦还为康熙南巡建造了奢华的宝塔湾行宫。当朝中有大臣上奏曹寅等人挪用库银时，康熙曾说过："曹寅、李煦用银之处甚多，朕知其中情由。"他把库银亏空归结为三条，南巡接驾、修造行宫和馈送。因此，康熙并没有对曹寅等人做出任何处罚，只是私下对曹寅等人进行告诫，让他们尽快把亏空的库银填补上。康熙四十九年（1710），康熙还因此事在曹寅的奏折上一连批写了四个"小心"。曹寅面对着巨大的库银亏空，心急如焚却又无力弥补，最终在康熙五十一年（1712）七月一病不起，死在扬州。李煦奏折上说：曹寅弥留之际，核算出亏空库银二十三万两，可是已经没有财产可以填补上。

曹寅死后，康熙为保全曹家的江南家产免遭搬迁损毁，特命曹寅的儿子曹颙继续任职江宁织造；两年后曹颙病故，康熙又亲自主持把曹寅的侄子曹过继过来，接任了江宁织造的职务。同时，康熙又命曹寅的大舅子苏州织造李煦代管两淮盐政一年，用所得的银子补齐曹寅生前的亏空。康熙五十四年（1715），再次查出曹寅生前亏空织造库银高达三十七万三千两。无奈之下，康熙只好再做安排，让两淮盐政李陈常和李煦代为补还所欠库银。

雍正即位以后，接连颁布谕旨，开始在全国上下大张旗鼓地清查钱粮，追补亏空。并一再声明，凡亏空钱粮的官员，一经查出，立刻革职查办。仅雍正元年（1723），被革职抄家的各级官吏就达数十人，与曹家既是亲戚，又患难与共的苏州织造李煦也未能幸免。

一开始，雍正看在康熙的面上，并没有治曹家的罪，而是准许曹家将亏空的银子在三年的时间里补上。如果此时，曹𫖯能够恪尽职守，不招惹是非，即便没有能够按照雍正所规定的期限填补所有亏空，也不至于被治罪。

雍正四年（1726），曹𫖯负责操办的缎匹衣料质量"粗糙轻薄"，受到了补偿缎匹并罚掉一年俸禄的处分。之后，雍正穿的石青缎褂褪色，经查又是江宁织造的产品，结果又罚掉曹𫖯一年的俸禄。曹𫖯一次又一次工作失职，这让雍正对他的不满和失望越来越大。

雍正五年（1727），两淮盐政噶尔泰向雍正密报扬州、江宁两地官员的情况，讲到曹𫖯时说："访得江宁织造曹𫖯年少无才，人畏缩，织造事务都交给管家丁汉臣料理。奴才在京见过几次，人也很平常。"雍正看完之后非常气愤，挥笔写了"岂止平常"的批语。

事已至此，雍正仍然没有将曹𫖯问罪，而是决定将他召回北京当面考察和训诫，于是传旨，命苏州织造高斌不必回京，他所督运的缎匹由曹𫖯送来。不料途经山东长清县等处，曹𫖯"于勘合外，多索夫马、程仪、骡价等项银两"，骚扰驿站，终于招致雍正龙颜大怒，即刻下令将曹𫖯交给了内务府和吏部严加审问。

在曹𫖯被撤职受审的时候，雍正又得知曹𫖯企图隐藏、转移财物，于是怒火中烧，传旨查封曹𫖯家产。雍正在谕旨中口气非常严厉：朕屡次对曹𫖯施恩宽限，他如果感激朕的成全之恩，理应尽心效力，然而他不但不感恩图报，反而将家中财物暗移他处，愧对朕对他的恩惠，甚属可恶！他命令江南总督范时绎，将曹𫖯家中财物封存看守，并将重要家人立即捉拿。

范时绎接到谕旨，立即将曹𫖯的管家数人拿下，关押审讯，所有房产财物一并查清、造册封存。雍正六年（1728）二月，新上任的江宁织造隋赫德将曹𫖯在江南家产人口查明接收，并上报皇帝，曹𫖯在京城的家产人口，也由内务府全部查封。

至此，享尽了近百年荣华富贵的世家大族瞬间倾塌，这个时候，曹雪芹才13岁左右。之后曹雪芹的生活潦倒不堪，虽然有很多人想要帮助他，但是曹雪芹文人傲骨，不肯收受嗟来之食，导致他和他的儿子被活活饿死。

但是，最近又有学者考证提出，曹家之所以被抄家是因为当时的政治斗争，是雍正即位以后打击父党的牺牲品。康熙驾崩以后，他生前的宠臣也接连受审，所以，曹家受到牵连也是理所当然的。

其实，曹家的衰败是一个复杂的社会现象，是一个长期的演化过程，无法片面单一地归咎于哪一个具体的原因，因为里面包含了当时复杂的社会因素。

陋室空堂，当年笏满床；衰草枯杨，曾为歌舞场……

· 王国维投湖自尽之谜 ·

五十之年，只欠一死。经此世变，义无再辱。——王国维遗书

王国维（1877~1927），字伯隅、静安，号观堂、永观，浙江海宁盐官镇人。清朝末年的秀才，是我国近代享有盛誉的著名学者，同时在文学、美学、史学、哲学、古文字学、考古学等各方面都成就卓著的学术巨子，国学大师。

然而，就是这样一位才华横溢的名人，却在自己学术生涯处于巅峰之际，于颐和园昆明湖沉湖而死。王国维的死引发了学术界的轩然大波，人们不禁纷纷揣测：王国维为什么要在人生的鼎盛之际选择自沉？究竟是什么原因导致他作出这样的选择呢？经过总结大致可分为以下几种观点。

第一种观点,"殉清"说。王国维是清朝末年的秀才,是清朝遗老,为了向末代皇帝溥仪报答知遇之恩——王国维以秀才的身份,被溥仪破大清"南书房行走必须是翰林院甲科出身"的规定,可以直入"南书房"。有这样一份"恩情"和遗老心态,再做出自杀殉节的举动似乎也是情理之中的事。所以梁启超将王国维的行为比喻成伯夷、叔齐不肯吃周的粮食。当时的清华大学校长曹云祥和罗振玉、吴宓等都支持这一说法。

根据鲁迅在《谈所谓"大内档案"》一文中的记载,称王国维是"在水里将遗老生活结束",可以看出鲁迅也是支持"殉清"一说。但也有学者对这一说法持反对意见,他们认为,王国维和罗振玉、郑孝胥、陈宝琛等人是有所区别的。罗振玉、郑孝胥、陈宝琛等人不惜委身于日本侵略者,为伪满政权效力,等待着将来的清朝复辟;而王国维却在清华任职,一心钻研学术。他虽然忠心清朝,却并不为他们卖命,又怎么会做出"殉清"的举动呢?甚至还有人对王国维的遗嘱进行考证,认为他不可能"殉清"。

第二种观点,"逼债"说。根据溥仪《我的前半生》中的记载:内务府大臣绍英委托王国维帮忙代售宫中的字画,但这事被罗振玉知道了,罗振玉以代卖为名把字画都取走,并把出售字画所得到的钱财用作偿还王国维欠他的债务,导致王国维没办法向绍英交代,所以愧疚之下寻死。当时报纸上还登载了王国维和罗振玉合伙做生意亏本,欠下了罗振玉一笔巨大的债务。罗振玉在女婿(王国维长子)死后,同王国维的关系就已经出现问题,罗振玉要求女儿住在家中为亡夫守节,逼王国维每年为自己女儿支付2000元大洋的生活费。王国维只是一介书生,哪里有这么多的钱财,因此导致债务缠身,万般无奈之下便自寻短见。这一说法经过郭沫若撰写传播,几乎成为了定论。但是根据王国维遗书中对自己后事的安排和其他的一些证据来看,王国维生前并没有巨大的债务逼得他唯有一死。

第三种观点,"惊惧"说。1927年春,北伐军一路进逼北京之时,人人自危。有学者认为,王国维之所以自杀是怕自己这个清朝遗老落入北伐军的手中,蒙受耻辱。还有王国维把自己脑后的辫子看得比生命还重要,当时传言北伐军入城后将会杀光所有脑后留辫子的人。王国维不愿将来受辱,所以选择自沉而死。但是这一说法被很多人质疑,认为这不符合王国维为人处世的方式。

第四种观点,"谏阻"说。有学者认为王国维投湖自沉而死和屈原投江而死相类似,都是希望以死劝谏。王国维希望通过一死来劝阻溥仪听从罗振玉等人的主意,东渡日本避难。王国维自沉后,罗振玉愧疚万分地说:"静安以一死报知己,我负静安,静安不负我。"

第五种观点,"文化殉节"说。王国维的好友,同为清华导师的陈寅恪认为王国维选择"殉清",是作为一个清朝遗老对清朝灭亡的绝望,是作为一个文化学者对文化变革的恐惧。当王国维想着"自沉者能于一刹那间重温其一生之阅历"的箴言时,便不顾一切地纵身跳入昆明湖中。也许,这就是王国维选择自沉而死的原因。

有学者从心理层面上诠释王国维的死因,认为王国维之死是为寻求精神的解脱。根据刘雨在《王国维死因考辨》一文中的记载,王国维一生都致力于学问研究,晚年的时候却遭到清朝覆亡的巨变,使他的精神失去寄托,无法继续生活下去。再加上家境贫寒,身染重病,儿子去世,因此极度悲观绝望地选择了沉湖自尽。

"五十之年,只欠一死。经此世变,义无再辱。"这是王国维在死前留给家人的遗书中的一句话。它像是在向人们昭示着谜底,却又让人捉摸不透。尽管后世学者对王国维的死因猜测争议不断,但王国维选择自杀的根本原因还在于,作为一个传统的知识分子,他在社会大变革的时代找不到自己的出路和价值,难以解脱,最终才会走上沉湖而死的不归路。但是,导致王国维之死的直接原因又是什么呢?目前还是一个谜,答案恐怕没有人能够说清楚了。

"中国近代之世界学者,惟王国维及陈(陈垣)先生两人。"——伯希和

下篇／世界卷

第七章 宫闱秘事

自古以来，宫闱就是一个充满了神秘色彩的场所——无论在中国，还是外国——这就意味着在中国的深宫大院中发生的一切恩怨情仇，都可能在外国的宫廷中得到淋漓尽致地重演。

· 图坦卡蒙为何无故而亡 ·

图坦卡蒙一生唯一的价值就是他死了，并且被埋掉了。

埃及的金字塔一直以来都笼罩着神秘的色彩，金字塔内不腐烂的食物、金字塔里的木乃伊、尼罗河西岸的"帝王之谷"等，这些神秘的地方都被考古学家们一一发现。最让人大开眼界的还要数"帝王之谷"，它位于距埃及首都开罗700多公里的尼罗河西岸，那儿埋葬着60多位法老，他们见证了古埃及的兴衰。其中，有一座墓穴最让人叹为观止，那就是图坦卡蒙法老的墓穴。图坦卡蒙法老死亡已经有几千年，人们在他的墓穴中发现了很多的奇珍异宝，但学者们更感兴趣的是图坦卡蒙法老究竟是因何而死的。

图坦卡蒙在古埃及的历史上不是功绩最大的法老，但在当今却是最为人们熟知的法老之一。图坦卡蒙是古埃及新王国时期第十八王朝的法老,他大约出生在公元前1341年。图坦卡蒙原来叫作"图坦卡吞",意思是"阿吞"的形象,后来才改名"图坦卡蒙",意思是"阿蒙"的形象,从他的名字可以看出他信仰的转变。图坦卡蒙法老活到19岁,他死亡时没有任何征兆,在古埃及文献中也没有明确记载图坦卡蒙的死因。

图坦卡蒙的陵墓迄今为止仍是埃及最完整、最有价值的法老墓,从他的陵墓中出土了很多的珍贵文物,现在分别陈列在伦敦和华盛顿博物馆。这些文物吸引了很多游客,使得图坦卡蒙的名字闻名世界。图坦卡蒙的事迹被逐个挖掘,而他的死因也成了人们关注的焦点。对于图坦卡蒙的死亡原因,大致有以下几种猜测:

第一种猜测:图坦卡蒙死于谋杀。

图坦卡蒙的尸骨保存得很好,专家们在图坦卡蒙的尸骨上找到了一个致命的伤口,伤口位于左耳垂的地方。为此,英国专家对图坦卡蒙的木乃伊进行了X射线扫描。让人意外的是,在图坦卡蒙的颅腔中居然发现了碎骨。很多研究人员猜测,图坦卡蒙是遭到了谋杀,这个猜测和当时的政治局势吻合。首先,图坦卡蒙掌权时期政局并不稳定,被人谋杀是很有可能的。其次,结合古埃及历史资料和出土的壁画文物得知,图坦卡蒙很小就登基,而当时权臣阿伊操控着政局,图坦卡蒙长大后,想要更多的自主权力,可能在与权臣阿伊的冲突中不幸遇害。

第二种猜测:打猎从战车上掉下摔死。

这一种猜测是近期研究得出的,专家们在X射线扫描后发现,在图坦卡蒙的头骨底部有肿胀的痕迹,头部被撞击是毋庸置疑的,但是受到了什么撞击呢?这个撞击是否是导致其死亡的最终原因?后来专家们给木乃伊做了全身CT,他们又发现图坦卡蒙腿部受伤,受伤位置是在膝盖上方,这个伤口很有可能引起了败血症。

埃及文物最高管理委员会秘书长扎希·哈瓦斯表示，图坦卡蒙在打猎的时候从战车上摔下来导致了骨折，同时头部也受到了重创，这两个伤口足以致使图坦卡蒙死亡。

开罗博物馆博士纳迪娅·洛克玛也认为，在图坦卡蒙的墓穴中有很多的战车和弓箭。从这些战车的磨损程度来看，战车不是用于战争，而是用于狩猎。图坦卡蒙的战车时速超过了40千米，从上面摔下来，跌断腿骨是很有可能的事。后来这位博士还发现，在图坦卡蒙的墓穴中有一些特制紧身上衣，这些衣服对腹部的器官起到很好的保护作用，穿上这些衣服可以在战车快速行驶的时候避免剧烈的撞击。由此可以认定，图坦卡蒙是一个非常独立自主的人，他的战车都是由他自己驾驶。图坦卡蒙如此喜欢狩猎，从战车上摔下的可能性就更大了。

对腿骨折断这个伤口，也有学者认为，有可能是制作木乃伊的工匠造成的。因为人死后钙质流失，骨头会相对变脆，被工匠不经意折断也很正常。图坦卡蒙已经死亡了几千年了，又如何能断定伤口是在生前造成的，还是在死后造成的呢？

图坦卡蒙的死因困扰着很多的学者，或许还有别的原因。木乃伊上的伤口可能是他在活着的时候受了伤，这些伤没有对他造成多大影响。就好比一个孩子在幼小的时候爬树跌下来骨折了，骨折的伤口会伴随一生。

图坦卡蒙的死亡究竟是什么原因呢？或许以后还会有新的证据出现，又或许这个谜底会伴随着古老的埃及一直沉淀在历史的长河中。

"谁要是干扰了法老的安宁，死亡就会降临到他的头上。"也许，法老的诅咒更令人不安。

暴君冈比西斯二世是自杀而死吗

波斯是一个戴着神秘面纱的国度，它的风土人情也别具一格。

在波斯王朝的历史上，有一个出名的暴君——冈比西斯二世，他是波斯阿契美尼德王朝的国王（前529~前522年在位），居鲁士二世之子。冈比西斯二世的死因一直是一个谜团。

有文献记载，冈比西斯二世死于公元前522年，在他回波斯的路上突然死亡，随行的人给出的死因是自杀。如果冈比西斯真是自杀的话，那么他为何自杀？他用何种手段自杀的呢？他自杀的地点又在哪儿？这些未解开的谜团一直困扰着学者们，让我们一起走进波斯国王冈比西斯二世死因的历史谜团中。

公元前525年，冈比西斯二世占领埃及，但在其后征服埃塞俄比亚的战争中，惨遭失败。与他的父亲居鲁士二世相比，冈比西斯二世是历史上少有的暴君，以暴躁、疯狂而闻名于世，成为历史上少见的令人不堪忍受的一个国君。

关于冈比西斯二世的死亡原因，学者们给出了以下几个猜测：

第一，宫廷发生政变，冈比西斯二世误杀了自己。

冈比西斯二世在率大军占领了埃及首都孟菲斯时，生擒了埃及法老。为了显示战胜者的威风，在占领孟菲斯之后，他专门举行了一个庆祝大典。他把俘虏来的法老和埃及大臣们集中在城外的一块空地上，让士兵给法老和大臣的女儿们通通穿上奴隶的服装，让她们拿着水桶去打水。这些从小衣来伸手、饭来张口的公主、小姐们哭号着从她们的父亲面前走过。埃及法老和那些大臣们见女儿受到这样的折磨，心如刀绞，无可奈何，不由得也大哭起来。一时间，空地上一片撕心裂肺的哀号，就连一些波斯士兵也不忍心听下去。冈比西斯二世却在一旁看得手舞足蹈，哈哈大笑。

关于冈比西斯二世的传闻还有很多，比如，冈比西斯二世为防止他的亲生兄弟巴尔迪亚争夺王位，他派人将其谋害。皇后出面阻止，却被冈比西斯二世打死。他的残暴终于引起了波斯人的愤怒。一位名为高墨达的拜火教僧人，在冈比西斯二世远征埃及期间，发动了政变。政变之后，高墨达宣布免去帝国境内所有人民 3 年赋税和兵役，因此大获民心。冈比西斯二世听闻消息后，立即起身回国争夺王位，但在上马时因为刀鞘掉落，刀子刺中了大腿。回到王宫中，伤口发炎导致溃烂，最后死亡。

第二，这个观点带有一些神话色彩，冈比西斯二世死于神的报复。

古希腊历史学家希罗多德所著《历史》一书中记载：古埃及人的说法是，冈比西斯二世是遭到神的报复而死去的，因为他刺死了埃及的神牛。

古埃及人尊崇农业，而牦牛是耕作时最好的帮手，他们就认为它属于天神"阿庇斯"。阿庇斯是一位女神，古埃及人每年都会为阿庇斯举行庆典，并且用物品来祭祀阿庇斯女神。这一日依例举行一年一度的祭祀大典，正好冈比西斯二世远征失败，他返回途中路过埃及，埃及人正在狂欢。冈比西斯二世以为埃及人是在庆祝他打了败仗，是对他的嘲讽，于是便把为首的几个埃及贵族杀死，并命令埃及大祭司把"阿庇斯"带来。

埃及人的传说是，母牛接受阳光照耀而怀孕，就会生下阿庇斯，"阿庇斯"的特征是浑身黑色，但是在额头上有一块四方形的白斑。背上有个像鹰一样的东西，尾巴上的毛是双股的，在阿庇斯的舌头下有个甲虫似的东西。

埃及大祭司带来的"阿庇斯"是一个永远不会怀孕的母牛生下的小牛犊。冈比西斯二世见到"阿庇斯"后，他拔出短刀朝着牛犊的腹部刺去，不过刺到的却是牛犊的大腿。"阿庇斯"被丢到了神殿，不久便因为失血过多死亡了。接着冈比西斯二世下令鞭挞埃及大祭司，并且杀死了那些正在庆祝节日的埃及人。

此后的冈比西斯二世像疯了似的，他杀害自己的兄弟姐妹，把波斯知名的贵族给活埋了。后来，波斯王位被祭司高墨达夺取，冈比西斯二世立即从埃及赶回波斯。在途中，有一次上马的时候，他挂在腰间的佩刀刀鞘扣子松掉了，于是刀刃就刺中了冈比西斯二世的大腿，被刺伤的位置和他刺伤牛犊"阿庇斯"的位置在同一处。最后，冈比西斯二世因为骨头坏死，大腿溃烂，死在了回波斯的途中。

古希腊历史学家希罗多德的记载得到其他一些古典作家的认同，近代描述冈比西斯二世死亡谜团的说法，也采用了希罗多德的记述，不过神牛"阿庇斯"报复的神话成分被剔除了。

第三，冈比西斯二世死于他杀。

还有一些学者认为，冈比西斯二世其实是死于他杀。有学者指出冈比西斯二世是被玛高斯僧人所杀，也有的认为冈比西斯二世是军中阴谋的牺牲品。

除了以上三种说法，人们在波斯国的一处岩壁上发现了一段铭文，铭文和冈比西斯二世的死有很大的关系。学者们依据铭文的意思做出了三种解释。

第一种为"自杀"。这种说法出现于20世纪末期，波斯祭司高墨达篡位后，冈比西斯二世在绝望中自杀。

第二种为"自然死亡"。这种说法是德国学者苏尔兹提出的。他在讨论冈比西斯二世死亡原因的论文中，引用了20种印欧语资料，最终得出的结论是冈比西斯二世为自然死亡。

第三种为"自死"。持有这种说法的学者将岩壁的铭文同阿卡德、埃兰异文相对照，得出的结论是：岩壁中的波斯文表示冈比西斯二世"自死而死"。这与"自杀"和"自然死亡"两种说法有着天壤之别，因为在波斯文中"自死而死"与"自杀""自然死亡"是不同的意思。

冈比西斯二世的死亡原因是学者们讨论的一个最大热点，同时人们对于冈比西斯二世的死亡地点也有着很多的猜测。根据古代作家的记述，冈比西斯二世因胯骨受伤死于巴比伦；作家普林尼的《自然史》记载，冈比西斯二世死于米底的阿格巴坦那城；也有学者认为冈比西斯二世死在大马士革；史学家希罗多德表示，冈比西斯二世在死前的时候询问他所在的城市名字，人们告诉他是在"阿格巴坦那"。

但近代专家考证，古代的叙利亚并没有关于这个城市的记载，所以他们怀疑冈比西斯二世是死在叙利亚的某个小山村中。

关于冈比西斯二世的死有着太多的传闻，有的甚至被加上了一些神话的色彩。人们至今无法给出冈比西斯二世死因的确切答案。不仅如此，连冈比西斯二世的死亡地点也没有弄清。

也许暴君死因之谜会永远淹没在历史的长河之中。

亚历山大大帝是被毒死的吗

女神殿的焚毁日,已有一个男孩在同日诞生,此儿以后将要灭亡全亚洲。

关于亚历山大大帝,人们都不陌生。亚历山大大帝身上有着太多的谜团,例如亚历山大大帝是否策划杀死自己的父亲腓力二世,亚历山大大帝是否排挤自己的弟弟,亚历山大大帝猝死之谜,等等,迄今为止这些都是谜团。其中人们最为关注的是亚历山大大帝的死因,有传言称亚历山大大帝是被毒死的,事实真的是那样吗?

亚历山大大帝绝对是一位传奇人物,他是一位名副其实的常胜将军,也是一位伟大的征服者。由他率领的军队所向披靡,横扫千军,他占领了很多的国家。亚历山大大帝受到众人的绝对畏惧与崇敬。

亚历山大大帝在位时间并不长,人们很难想象亚历山大大帝再多活几十年后的场景,那时肯定有更多的国家沦陷在他的手中。亚历山大大帝短暂的一生留给学者们很多的疑问,亚历山大大帝可以说是英年早逝,而他猝死的原因是什么呢?他突然死亡的谜底一直吸引着人们,人们也在孜孜不倦地探究着。对此,学者们给出了几种猜测。

第一种猜测:亚历山大大帝死于高烧。

亚历山大是马其顿国王,他是一个著名的军事家和政治家,在位时间只有13年。在这13年里,亚历山大大帝做了别的国王几十年甚至一辈子都不可能完成的事儿,他凭借自己的智谋不断扩大马其顿王国的版图,他在横跨欧洲、亚洲的土地上建立了以巴比伦为首都的大帝国。版图包括希腊、马其顿、印度河流域、尼罗河第一瀑布等。他为人类社会的进步做出了很大的贡献，他使东西方文化展开交流，也使经济不断发展。

公元前323年，亚历山大大帝正在筹划新一次的远征时，却突然传来了他暴毙的消息。根据著名历史学家阿利安的记录，公元前323年5月29日，亚历山大大帝发着高烧，在浴室中睡着了，导致其在6月1日的时候发烧更加严重。高烧的折磨让亚历山大大帝很难入睡，他让人将床移到会议室，之后与大臣们商讨军中职位空缺和替补的人选。这种情况一直持续到6月4日，就连献祭也是让人抬他出去的。之后，亚历山大大帝让高级将领在宫廷待命，命令指挥官守夜。6月5日，他被送去了幼发拉底河对岸的王宫中，此时高烧还是不退，那时候亚历山大大帝已经失去了语言能力。直到公元前323年6月13日，亚历山大大帝去世。

第二种猜测：亚历山大大帝死于病毒感染。

生老病死，人之常情，古代君王很多死于绝症。苏联学者赛尔格叶夫在《古希腊史》中讲述了亚历山大大帝的死亡原因，他认为亚历山大大帝是死于恶性疾病。对此观点，美国学者高勒将军也认同，他觉得亚历山大大帝长期在沼泽地区作战以至感染上恶性疾病，在6月13日晚上突然发作，连王位的继承人都没有指定就匆匆离世。

对这种恶性疾病猝死观点认同的还有我国历史学家吴子谨教授，美国卫生部流行病学家约翰·马尔以及传染病原体专家查尔斯·卡利谢尔。两位外国专家认为，亚历山大大帝是被一种恶性疾病感染致死，这种疾病被称为"西尼罗河病毒"。这种病毒一般寄宿在鸟类或者动物身体内，通过蚊子传播给人类。

历史学家普鲁塔克记载，亚历山大大帝到达巴比伦一处断壁残垣时，空中盘旋着许多乌鸦，这些乌鸦发疯似的相互叼啄，一些乌鸦从空中落到亚历山大大帝的身边。从史学家普鲁塔克的记载中，可以分析出可能是这些乌鸦感染了病毒，之后将病毒传染给了亚历山大大帝。文献中还记录了亚历山大大帝死亡时的症状，他呼吸不畅，出现皮疹等。两位外国专家就更加确定亚历山大大帝感染了"西尼罗河病毒"的概率是百分之百。

不过美国罗得岛大学的流行病学家托马斯·马思反对这一说法，他表示，"西尼罗河病毒"感染的人群都是一些老人或者是免疫力比较低下的人，而那个时候的亚历山大正值壮年，年轻力壮的他感染这种病毒的概率很小。

第三种猜测：亚历山大大帝中毒而死。

亚历山大大帝的母亲奥林匹亚斯一直是个多疑的人，在亚历山大大帝死亡5年后，宫中突然传言亚历山大大帝是被人下毒而死。奥林匹亚斯便开始调查，还因此处死了很多人，其中包括亚历山大大帝的酒官。奥林匹亚斯怀疑酒官下毒，她下令将其处死，并把酒官的骨灰撒入风中。

一些学者认为，罪魁祸首其实就是亚历山大大帝的老师亚里士多德。希腊史学家阿里安表示，亚历山大大帝生病的时候，他的部将安提帕特鲁送去一服药，就是这服药致使亚历山大大帝死亡，而这服药正是亚里士多德配制的。

学者们对亚历山大大帝的死亡原因作出了很多种猜测，但究竟是何种原因，谁也不能确定。亚历山大大帝死亡的时候正处于他人生的巅峰时期，他作出的功绩是不可衡量的，亚历山大大帝的死令很多政治家、军事家们感到惋惜。亚历山大大帝死亡之谜也一直困扰着后人，这个谜团有朝一日是否会水落石出呢？

相比言之，项羽是长于战斗，韩信是长于战术，刘邦是长于战略，但亚历山大则似乎是三者兼而有之。

克劳狄皇帝是天才还是白痴

在古罗马历史的长河中,有一位君主叫作克劳狄。

克劳狄在位13年,对于他执政的手段,史学家们颇为争议。有人认为克劳狄是一个没有主张的君王,更有人说他是个智障白痴。但也有人认为克劳狄有着不可埋没的功劳,而且还是一位秉性正直、贤明大度的好君王。面对史学家们的众说纷纭,我们不免产生疑问,克劳狄究竟是天才还是弱智呢?

克劳狄出生于罗马贵族家庭,由于是早产儿的原因,克劳狄反应迟钝,在运动上也欠缺天赋,这样一个贵族自然会受到其他贵族的嘲笑。不过上天似乎并没有放弃克劳狄,在克劳狄50多岁的时候,他的命运发生了翻天覆地的变化。在公元41年的时候发生了一场宫廷政变,当时的罗马皇帝盖乌斯被近卫军杀害。盖乌斯是克劳狄的侄儿,盖乌斯被杀的时候,克劳狄就躲在窗帘后,近卫军发现克劳狄便把他从窗帘后拖了出来。这些近卫军作出了一个让人诧异的决定,那就是要拥立克劳狄为新皇帝。对于近卫军的决定,元老们十分反对,但是在看到近卫军手中明晃晃的长矛的时候,他们也只能选择接受。

令人没想到的是,克劳狄登基之后,罗马有条不紊地发展着。克劳狄在学术和政治上的表现得到了大臣们的认可。克劳狄待人宽容,对罗马帝国的政治机构进行了完善,并且建立了新的秩序。克劳狄还创作了很多历史和文学作品。比如《伊特拉里亚历史》《奥古斯都史传》《迦太基史》等,还有一本是克劳狄的自传，不过这本书如今已经失传了。不仅如此，克劳狄在斗兽场上也是一位勇士。这样的克劳狄，大家还能认为他是一位弱智吗？

为此，古罗马学者们对克劳狄是否是一个弱智展开了激烈的讨论。

第一种观点，克劳狄是没有主见的弱智。

克劳狄在位期间的政绩得到了学者们的认同，不过却依旧改变不了学者们认为克劳狄是个毫无主见的弱智观点。史学家苏维托尼乌斯认为，克劳狄的妻子和一些被释放的奴隶们经常命令克劳狄，让克劳狄为他们的利益做事，克劳狄自己作出的决定远远少于他人的命令，足以证明克劳狄是个没有主见的人。

第二种观点，克劳狄是个懂得隐忍的智者。

20世纪20年代，学者们发现了克劳狄写给亚历山大里亚市议会的亲笔信。学者们看过这封信后，观点发生了翻天覆地的变化。这封信写的是克劳狄对亚历山大里亚市的市政建设规划与讨论。在信中，他还阐述了犹太人和希腊人之间的微妙关系。在这封信中，克劳狄的才华和天赋展露无遗，并且也是一个很有主见的人。为此，学者们又对克劳狄有了新的认识和评价。他们认为克劳狄是一个明智的君主，大智若愚，克劳狄做出的功绩都是来自大脑的指挥，所以他是个极其聪明的人。克劳狄在位期间，政党内矛盾斗争激烈，而这些争斗稍微处理不好，可能便会祸及克劳狄的生命，克劳狄迫于无奈才采取隐忍低调，装疯卖傻。

昔日的罗马帝国，如今已经是沧海桑田，人们对古罗马帝国的历史却越来越感兴趣。克劳狄是一个天才还是一个弱智呢？如果我们认定克劳狄是一个傻子弱智，那么他的丰功伟绩、各种政策和代表作都是他人在背后秘密出谋划策吗？

然而那位神秘的辅助者从来没有出现在罗马帝国史中。

· 提图斯的反复无常是伪装的吗 ·

韦斯巴香是古罗马史上最为臭名昭著的皇帝，然而他的儿子提图斯却是个完美无瑕的好皇帝。

在古罗马史上，最为贪婪的皇帝便是韦斯巴香，韦斯巴香的名声在罗马人心中可以用臭名昭著来形容。不过值得庆幸的是，这位皇帝却有个完美的儿子，他叫提图斯。提图斯的形象与他父亲的形象完全不同。提图斯在位几年，几乎让人找不到瑕疵，人们对这位皇帝有着前所未有的崇敬之情。

提图斯继位前后的形象完全不同，在没有继位之前，提图斯是罗马城中名声最坏的人，继位之后，罗马人民对提图斯很恐惧，觉得他可能会成为第二个尼禄（尼禄就是被怀疑烧了罗马城的皇帝）。提图斯继位几年后，他的转变让罗马人民吃惊。他赈济灾民并实施了各种好的政策，他为罗马人民所做的一切得到了认可，让人们觉得提图斯就是上帝派来拯救罗马人的天使。

提图斯前后行为举止大相径庭，学者们对这点颇为着迷。提图斯的反复无常是伪装的吗？在学者们眼中，提图斯就像蒙了一层神秘面纱，让人忍不住想去揭开。

提图斯年轻的时候相貌英俊，威武儒雅，精通武艺和骑术，同时在文化上也有很深的修养。提图斯的记忆力很强，他能够用拉丁文和希腊文当场作出优美的诗句。提图斯在音乐上也很有天赋。这样一个有才华、相貌英俊的人，可以用完美来形容。但是年轻时的他在罗马人民的心中却是个魔鬼。那时候的罗马人民为何将提图斯认定是魔鬼转世呢？

提图斯的朋友很多，主要是同性恋者和太监，提图斯经常和这些狐朋狗友们通宵达旦地玩乐，名声一点点地变臭。除此之外，提图斯还和犹太国王阿格里巴一世的女儿有着暧昧关系。在提图斯担任近卫军长官的时候，人们怀疑他徇私舞弊和谋取贿赂。他的行为在国民眼中很暴虐，如果有人被他怀疑了，那么只有死路一条。还有一次，提图斯向耶路撒冷发动攻击，他残忍地射杀了 12 名守卫者。

这样一个冷酷残忍犹如魔鬼一样的人物，让罗马人民觉得前途一片黑暗，可是令人意外的是，提图斯当上皇帝后，仿佛变了一个人似的。提图斯一继位，他就将犹太国王的女儿送出了罗马城，这对提图斯来说是个非常痛苦的决定。

提图斯的情人很多，大多是舞女。在提图斯的支持下，这些情人们变成了舞台明星。之后提图斯和她们断绝了交往，而且绝不去公共剧场看她们的表演。提图斯对罗马人民很好，他尊重个人财产权利，从不像自己的父亲一样贪婪地勒索群众。而对于民众们的要求，他都尽量给予满足。

提图斯也是懂得自我总结与反省的人，每天晚上，他都会回想这一天干了什么，如果这一天他没有为人民做好事，他便会感到自责和悔恨。罗马发生自然灾害的时候，提图斯把自己的私人财产拿出来救济难民，而自己别墅中的装饰物则被拿去修复神庙。更加让人们觉得可贵的是，提图斯有着极大的宽容和忍耐。为了不让自己再去伤害别人的生命，他接受了大祭司的职务，自此没有再判处任何人死亡。即便当时有两名贵族青年想反叛，提图斯知道后只是发出了警告，并没有给这两名贵族青年任何处罚。

提图斯觉得，皇权是上天赐予的，那么谁也没有夺走的资格。如果想要从他这儿索取别的东西，提图斯倒是不在意。比如，提图斯继位后，他的弟弟一直在暗中算计他，甚至是公开地煽动军队暴动。提图斯面对弟弟如此恶劣的行径，他表现出了极大的宽容，他没有处死弟弟，只是将自己的弟弟放逐。提图斯还私下找过弟弟，希望兄弟两人能够像从前那样共同治理好罗马。提图斯既往不咎，他对罗马民众宣布，自己的王位继承人依旧是自己的弟弟。

公元81年9月13日，提图斯在自己的别墅中病逝。当罗马民众知道这个消息后非常悲痛。元老院的长老们不约而同地来到议事大厅，他们用最美丽的词汇对提图斯进行颂扬，表达罗马人民对他的感激和热爱。

提图斯得到了众人的认可，虽然他年轻的时候以残忍出名，但继位后不但没有被权力迷惑，更是将自己的一切拿出来奉献给罗马人民。虽然提图斯在位只有两年的时间，但这位皇帝在死后却被罗马人民誉为天使般的人物。

提图斯是个奇迹，他让自己年轻时魔鬼般的形象来了一个360度的转变，魔鬼变天使，憎恨变为爱戴，这需要付出多少努力呢？提图斯应该算是英年早逝，这给学者们留下了很多的疑惑。对于他魔鬼变天使的转变，学者们因为资料的缺乏至今没有给出合理的解释。有学者猜测，提图斯为了得到皇位的继承权力，年轻时候的冷酷残忍只是为了迎合他那个贪婪的父皇，以便在继位后能为罗马民众做好事。但这究竟是什么原因，仍让人迷惑不解，这个悬案还有待我们去探索。

魔鬼与天使只有一线之隔，也许提图斯就徘徊在魔鬼与天使之间。

· 伊丽莎白女王为何孤老终生 ·

伊丽莎白一世终身未嫁，因此被称为"童贞女王"。

英国是一个充满绅士风度的国家，英国虽然为君主立宪制的国家，但是皇室还是受到民众的尊敬与爱戴，而女王的位置也继续被传承。在这么多杰出的女王中，伊丽莎白一世最受到学者们的关注。

伊丽莎白是亨利八世的女儿，她出生在泰晤士河畔的格林尼治宫，她的母亲叫作安妮·博林。安妮·博林原来是亨利八世的宫女，安妮·博林与亨利八世的这段婚姻并没有得到天主教的认可，在亨利八世和安妮·博林结婚后的3个月，伊丽莎白就出生了。于是伊丽莎白背上了私生女的身份，天主教不承认伊丽莎白的存在，也不准她成为教徒，这导致了伊丽莎白继位后倒向了新教会。

伊丽莎白两岁的时候，亨利八世处死了安妮·博林，理由是她没有为王室生下男孩。年幼的伊丽莎白失去母亲后，心理发生了翻天覆地的变化，她渐渐变得忧郁、冷漠。直到伊丽莎白死亡的那一刻，她也无法原谅自己的父亲犯下的过错。伊丽莎白为了能够在王室内生存，她努力学习知识，接受训练。伊丽莎白在语言上极具天赋，她通晓多国语言，如意大利语、法兰西语、西班牙语等，并且连难度很大的法文诗都能翻译出来。

1533年，伊丽莎白同父异母的姐姐玛丽登上了英国王位，玛丽被称为"玛丽一世"。1558年，玛丽一世去世了，玛丽一世没有子女，所以王位的最佳人选只有伊丽莎白。在玛丽一世去世的那个晚上，伊丽莎白被英格兰新教徒、新贵族接了回去，在众人的拥戴下坐上了英国王位，伊丽莎白被称为"伊丽莎白一世"。伊丽莎白登基的时候十分年轻，她那时只有25岁。伊丽莎白身材细挑，继承了母亲的美貌，喜欢打扮自己，举止也优雅大方，再加上有了英国女王的头衔，更吸引了欧洲不少的贵族男子。

伊丽莎白是个异常优秀的女人，但是婚姻却让人头疼，以至于伊丽莎白孤老一生。伊丽莎白不愿意结婚，那么这位女王是如何想的呢？集美丽与智慧于一身的女王终身未嫁，这个谜团一直困扰着学者们。学者们对伊丽莎白终身未嫁做出了几种猜测。

第一种猜测是：出于政治的考虑。

有专家表示，伊丽莎白能够带领动荡的英国走向繁荣，其中有两个原因：一个是与她的智慧有很大的关系；还有一个就是伊丽莎白将自己的婚姻当作获取利益的手段。由于伊丽莎白是私生女，她女王的身份一直得不到认可，这个时候西班牙国王腓力二世突然向伊丽莎白求婚，当时西班牙在国际上的地位举足轻重，因为腓力二世的关系，伊丽莎白从中得到的好处可想而知。但西班牙是一个顽固的天主教国家，和腓力二世的结合必然会给英国新教徒带来噩梦。直到伊丽莎白的统治地位稳固后，她最终以宗教信仰不同拒绝了腓力二世。

伊丽莎白在各种政治力量之间游刃有余，使英国一跃而上，在强国中立稳足跟。这样一位极具魅力的女人，一直有无数的追求者。但是伊丽莎白一世却将自己的婚姻作为一种资本，一种可以用于外交的资本，使得自己的统治坚不可摧。英国著名学者罗素表示，王室的婚姻需要考虑到众多的因素，如政治、经济、国际等，这些都紧密地结合在一起，稍微处理不当就会引来国际纠纷。而伊丽莎白终身未嫁，不是因为有生理和心理的缺陷，只是她的眼光看得长远。伊丽莎白为了英国的利益，不惜牺牲自己的婚姻。

第二种猜测是：伊丽莎白有情人。

伊丽莎白爱过一个男人，这个男人与伊丽莎白一起长大，可以说是青梅竹马、患难之交。这个男人是一位伯爵，叫作莱塞斯特。伊丽莎白登基后，莱塞斯特已经结婚，但是没过多久，他的妻子神秘死亡，并且有诸多的谣言。之后，莱塞斯特向女王正式求婚，伊丽莎白很想嫁给他。最后人民不支持，因此，出于种种考虑使得伊丽莎白最终选择了放弃。

1578年的时候，伊丽莎白差点结了婚，对象是法国国王亨利二世的四弟。这位年轻的公爵来英国做客，虽然两人年龄相差一倍，但却一见钟情。据说，伊丽莎白还答应了公爵的求婚，不过考虑到国际关系后，伊丽莎白解除了婚约，并表示自己会独身一辈子。不过在后来，伊丽莎白还私下和这位公爵来往。

第三种猜测是：伊丽莎白的成长环境。

英国有一部电影叫作《童贞女王》，这部电影讲述了伊丽莎白始终没有结婚的秘密。在剧中，伊丽莎白3岁的时候，她的父亲将她的母亲处死了。这段记忆给伊丽莎白造成了很大的心灵创伤，她觉得这个世间的爱情都是骗人的，同时对婚姻也逐渐产生一种恐惧与排斥。即便后期的伊丽莎白权力滔天，她还是无法克服内心的阴影。

第四种猜测是：伊丽莎白不孕。

这种说法有些荒谬，学者们认为伊丽莎白没有生育的能力。因为对生活和未来失去了希望，所以才会终身未嫁。这种说法听起来有点荒谬。

这几种猜测都有很多的学者支持，但是伊丽莎白没有结婚的原因谁也不能确定。一些文献中记载，伊丽莎白即位后，议会很多次恳求她选择丈夫，以便为王室留下继承人。但是伊丽莎白没有理会，她对议会长老们表示，自己已经有了丈夫，那就是英国。伊丽莎白的杰出表现大家有目共睹，在她统治期间，不仅确定了英国的国教制度，还将原本动乱的内政平息，同时为了加速经济发展，伊丽莎白也制定了很多强有力的政策。英国在伊丽莎白的领导下，成为了一个海上霸主，势力不断地向东方扩展。1603年3月，伊丽莎白病倒了，失去了说话的能力。临终前，她用手势传达了遗嘱：英格兰国王詹姆斯为王位继承人。同一月内，伊丽莎白去世。

伊丽莎白凭借着自己的聪明才智，最终将英国的国势推上了顶峰。不过这样一位有地位的女人，因为没有结婚，使她变成了贵族和平民们议论的热点，流言蜚语传遍大街小巷。伊丽莎白女王终身未嫁，在位45年间，议会长老们都无法猜测出原因，到了现在这个年代其原因似乎更加神秘与离奇。学者们绞尽脑汁地思考女王未嫁的谜团，但是给出的答案却五花八门。随着伊丽莎白的逝世，这个谜底将长埋地下，成为一个不解之谜。

她统治时期，和她的臣民与其说是统治关系，倒不如说是情调关系。——丘吉尔

· 巴士底狱"铁面人"之谜 ·

这个囚犯毫无疑问是个非常重要的人物，但他被送往圣玛格丽特岛时，欧洲并无重要人物失踪。

法国的巴士底狱十分著名，巴士底狱是关押犯人的王室监狱。巴士底狱是法国国王查理五世时修建的军事城堡，它原本是用来抵御外敌入侵的要塞。

但在18世纪时,它成为法国王室关押犯人的监狱。在1789年法国大革命中被革命者摧毁。

在法国皇帝路易十四的残暴统治下,阴森恐怖的巴士底狱堡垒就像一座鬼城,确实不是夸张。这一时期的巴黎处于水深火热之中,人民的反抗顺应了历史潮流。在诡异神秘的巴士底狱里关押了形形色色、不为人知的死刑犯,或者是终身监禁者。时至今日,巴士底狱虽然已经不复存在,但是却留下了很多的逸闻传说和猜测。而其中流传最为广泛的就是著名"铁面人"之谜了,巴士底狱里面的铁面人究竟是何人?

最早记述"铁面人"之谜的是启蒙运动开拓者伏尔泰,他在书中记载:圣玛格丽特岛上的鹰城堡即将迎来一位特殊的客人。他是个身材修长、举止高雅的年轻人,他的头上不知被谁罩了个特制的铁质面罩,无论是在他被秘密押送的途中,还是在囚禁的时候,脸上的面具也没摘下过。据说,这个面罩在下颌部装有钢制弹簧,即使是吃饭或喝水也没有妨碍。因此,从来没有人见过"铁面人"的真面目。

对此,学者们对"铁面人"的身份发表了几个观点。

第一种观点,"铁面人"是路易十四。

在之后的时间里,统治者又将这个神秘的"铁面人"作为政治犯关押到了巴士底狱。世人一直猜测这个神秘人的身份,他到底和当时的国王有着怎样不为人知的秘密呢?而作为被终身监禁的死囚犯,"铁面人"一直都在巴士底狱享受着很好的待遇,连他的饮食都是根据他的口味而单独提供的,不得不说,铁面人确实不是一般的政治犯,有人猜测"铁面人"是与王室有着密切关系的大人物!

历史不可更改,但小说却可以人为创作,影片自然也会追随历史的印迹。根据小说《布拉热络纳子爵》而改编的电影《铁面人》,在它上映时引起了观众的热烈反响，片中的神秘铁面人竟然就是路易十四自己。影片大致讲述了一个类似狸猫换太子的情节，一个和路易十四长得十分相像的年轻人取代了他，成为了后来极其残暴的路易十四法皇，统治法国将近60年。

这部著名小说改编的影片和《基度山伯爵》的情节很相像。同样是讲述关于在巴士底狱关押的死刑犯的故事，背景也是法国大革命。而小说的结局就是一个和伯爵长得很像的年轻人，为了报恩而代替他上了断头台。人面相像的传说在当时很受欢迎，所以《铁面人》影片的故事当然很有可看性。只是这个由小说而来的"铁面人身份"的说法，显然在权威证据面前是站不住脚的。

早前伏尔泰留下的记述也是戛然而止，给世人留下了想象的空间。在后来的王室继承者的调查取证下，铁面人的秘密也没有透露给世人。原因就是当时的统治者已经将关于铁面人的一切信息销毁，他们之间像是达成了某种协议，铁面人想要保住自己的生命，那么只能在巴士底狱的牢房内度过。

第二种观点，"铁面人"是法国国王查理一世。

19世纪末期，一位叫作安娜维格曼的学者提出了自己的看法，真相就是这位戴铁面罩的"铁面人"其实是国王查理一世。在法国皇帝查理一世被送上断头台前，刽子手已经被法国皇帝的忠仆买通，有人代替查理一世被砍头。之后查理一世戴着铁面具居住在巴士底狱，目的就是为了避开民众的视线，免于一死。

安娜维格曼的依据就是查理一世和这名囚犯的习性有些相同。不过有人指出，这个说法显然有点不合逻辑，从年份上考究就值得怀疑。

还有文献记载：在一位法国公主写的一封信里就提到这名"老囚犯"。信中写道："多少年来，有个人一直戴着面罩，他住在巴士底狱直到死亡，他的身边有两名武士，两名武士将永远守在他身旁。如果铁面人的面具被他摘下，便会被武士立即杀死……"这里面必然有些蹊跷，铁面人受到的待遇很好，住得很舒服，各项供应无缺。但没有人知道他是谁。从信中可以看出铁面人是被胁迫的，而不是自愿住在巴士底狱。

第三种说法，"铁面人"是路易十四的大臣。

路易十四当政时期，国务秘书马基欧里也被列入怀疑对象之中。大臣背叛了祖国，路易十四深恶痛绝，恼怒的路易十四便将他关进了监狱，并给他戴上了铁面罩。这个说法很少被采用，历史学家都不会相信路易十四面对一个反叛自己的人会有这样的仁慈和耐心。

第四种说法，"铁面人"是路易十四的亲生父亲。

政治学家奎克斯武勋爵认为，铁面人就是法国皇帝路易十四的亲生父亲。路易十三与奥地利妻子安妮结婚后不曾生育，后来经王室的建议，在贵族里选择一个具有皇室优良血统的年轻人与王后生育，这也是贵族们求之不得的，被选中的年轻人就是路易十四的亲生父亲。

为了巩固自己的统治地位，路易十四不得不对其进行封杀。但是作为自己的亲生父亲，路易十四显然不想背负杀父的罪名，最后采取将他作为政治犯终身软禁的手段。至于为什么戴着面具并且终身不得摘下的原因，这位政治学家认为是路易十四和铁面人长得很相像，路易十四这么做就是为了避免因为相貌的相似而引起别人的怀疑。

这个推测也是法国流传最广、最可信的一个说法。法国社科院院士潘约里在1965年出版的《铁面罩》一书中就支持这种说法。铁面人直到死后，使用的依旧是后来的假名——尤斯塔奇·道格。

铁面人的传说为巴士底狱增添了不少神秘色彩，在皇帝专权的时代，统治者可以为所欲为。除了主宰他人的人生，历史也可以被改写。铁面人在监狱里过完了自己凄惨的后半生，死后就被两个侍卫在圣保罗教堂附近草草地埋葬了，没有一个吊唁者。铁面人的去世至此画上了句号，而流传于世人的却是无尽的神秘与猜测。

神秘的巴士底狱，里面还会有多少如同"铁面人"一样不为人知的秘密呢？

· 茜茜公主的一生幸福吗 ·

王子与公主的结局真的如童话中那般美满与幸福吗？

茜茜公主一出生就有着显赫的身份，她 1837 年出生在巴伐利亚，她的家庭是一个贵族家庭，她的母亲是一个女公爵，是当时奥地利索菲皇太后的亲妹妹。茜茜公主非常美丽，很多人都喜爱她，茜茜公主经常和父亲一起骑马打猎，所以她给人的感觉很活泼开朗，当时大家都称呼她为"茜茜"。茜茜还有一个姐姐叫作海伦，海伦与奥地利索菲皇太后的儿子订有婚约，这位索菲皇太后的儿子是个了不起的人物，年纪轻轻就已经是奥地利、匈牙利、波西米亚的国王，他叫作弗兰茨·约瑟夫。

1853 年 8 月，年轻的皇帝弗兰茨来到了巴伐利亚，他此行的目的是看望自己的未婚妻海伦。不过谁也没有想到，弗兰茨的这次旅行却改变了茜茜一生的命运。

茜茜当时只有 16 岁，她的美丽与朝气迷住了弗兰茨，但是茜茜年纪太小，根本没有发现弗兰茨对自己的异样感情，直到弗兰茨解除了与海伦的婚约，茜茜才明白是怎么回事。弗兰茨不顾母亲索菲皇太后的反对，他向茜茜公主求婚，在茜茜年满16岁后，弗兰茨便和茜茜结了婚。茜茜成为了"皇后陛下"，不过年轻的她还带着一身的稚气。

茜茜的这段婚姻充满了隐患。第一个隐患：茜茜活泼、不拘小节的性子惹来索菲皇太后的不快，索菲皇太后向来严肃，所以经常找茜茜的麻烦。第二个隐患：茜茜对宫廷生活很不适应，这使茜茜变得越来越忧郁，身体健康出现了问题。第三个隐患：茜茜和弗兰茨结婚的时候才16岁，短时间的接触根本无法了解彼此的性格，茜茜不知道对弗兰茨的感情是不是爱情，随着他们开始这段婚姻生活，种种的矛盾一一浮出水面。

年轻帝王弗兰茨的性格果断冷静，他做起事情一丝不苟。茜茜的性格天真活泼，她向往自由与温情。两个性格迥异的人在长时间的相处后才发现两人并不合适。茜茜生活在冰冷的宫廷之中，那种骑马打猎的日子成了奢侈，茜茜在心灵和精神上一直得不到满足，茜茜只能转向阅读大量的文学作品。茜茜很聪明，学习语言极有天赋，没过多久她就可以说一口流利的英语和法语。茜茜对哲学和历史也很感兴趣，在宫廷中她也写下了大量的浪漫诗词，但是这都无法改变她生活的乏味与无趣。

在维也纳豪华奢侈的宫廷里，茜茜没有了自由的权利，说白了，茜茜就是一个摆设，一个传宗接代的工具。茜茜的一切都被索菲皇太后安排，婆媳间的关系让茜茜感到窒息。结婚10个月，茜茜生下了第一个女儿，她与皇帝弗兰茨的女儿被索菲皇太后带走抚养，茜茜没有感受到初为人母的喜悦，随后生下的两个孩子也都被索菲皇太后带走，茜茜在冰冷的皇宫中处于孤立无援的状态。

渐渐地，茜茜失去了朝气与活力，她的健康也跟着出现了严重的问题，她开始剧烈地咳嗽，身体没有力气。在1860年的时候，茜茜不但患上了贫血症，还得了严重的肺病，医生劝茜茜去马德里疗养。离开宫廷的茜茜露出了久违的笑容,在马德里无拘束的生活使她的病情好转。此后,她利用各种借口离开宫廷,她大部分的时间都住在自己的娘家。茜茜不再出现在公共场合,她对外宣称身体不好。于是人们开始猜测,茜茜的婚姻是否真的如童话里那般美满与快乐?

1866 年,茜茜迎来了人生中的第二个转折点。这一年,奥地利的军队被普鲁士人打败,她和皇帝弗兰茨去动荡不安的匈牙利访问。在这次访问中,茜茜认识了安德烈伯爵,她与伯爵陷入了爱河之中。1868 年的时候,茜茜生下了第四个孩子,她决定亲自教育这个孩子。

40 岁后的茜茜还是美丽依旧,她开始关注自己的容貌和身材,她寻求各种保持青春的秘方,无论刮风下雨她都坚持跑步。茜茜 57 岁的时候,她还有着苗条的身材,体重一直保持在 50 千克以下。茜茜一直得不到丈夫弗兰茨的关爱,得知弗兰茨和一个女演员关系暧昧后,茜茜并没有显得十分生气,她反而很高兴。这件事情之后,茜茜开始漫游欧洲和非洲。不过在 1898 年的时候,已经 60 岁的茜茜失去了活力,在同年 9 月 9 日,茜茜被人刺杀,地点就在日内瓦的一个湖边。茜茜公主被人刺杀的原因,恐怕只有她和自己的丈夫清楚。

回顾茜茜公主的一生,她就像一只美丽的金丝雀,虽然受到无微不至的照顾,但是困在笼子内的金丝雀始终没有灵气。她的宫廷生活如白开水一般,婆媳关系恶劣,夫妻关系冷淡,母子关系疏远。

茜茜在物质上非常丰裕,精神上却是十分空虚,这些真的是茜茜公主想要的生活吗?

彼得大帝的遗嘱真伪之谜

他用野蛮制伏了俄罗斯的野蛮。

俄国的彼得大帝在历史上绝对是一个风云人物，他是俄国罗曼诺夫王朝第四代沙皇，彼得是在 1682 年即位，1689 年掌握大权。彼得大帝被认为是俄国最杰出的沙皇，他制定的政策使俄国变成一个强国。彼得在生前全身心致力于俄国的全方面建设，他也留下了一份遗嘱，不过这份遗嘱的内容震惊了世界。

这份遗嘱的内容有十四条，每条内容都透露了彼得大帝的野心。内容为：一、俄国长期保持战争状态；二、俄国全力招收各种人才；三、俄国应该积极参与欧洲事务，保持国际地位；四、瓜分波兰；五、征服瑞典；六、利用王室联姻巩固俄国的地位，消化瓜分征服来的国家；七、与英国结盟通商，促进经济发展；八、沿黑海、波罗的海向南北扩张，为下一步侵略作准备；九、进攻君士坦丁堡与印度；十、与奥地利结盟，并且维护同盟关系；十一、暗中挑动奥地利与欧洲各大国作战，从中获取利益；十二、全面统治希腊；十三、利用法国、奥地利中的一个制伏另一个，从中掌控统治权和瓜分地域；十四、征服日耳曼和法国。

很明显，彼得大帝的遗嘱说的是如何统治欧洲的计划，谁都能闻到里面充斥着的浓烈野心，以及一个人内心的强大欲望。这难道真是彼得大帝内心所想？果然，这份遗嘱被公开之后，它的真实性很快就受到了来自各方面的质疑。

首先，披露彼得大帝遗嘱的人叫作德奥。德奥是一个法国人，他在1836年的时候出版了一本回忆录，这本回忆录就是围绕彼得大帝统治欧洲的计划展开描述的。这本书上市后引起很大的轰动，销售量成为冠军。德奥也从一个不起眼的小角色成为了炙手可热的人物。

德奥之前是法国机要局的工作人员，他接受命令潜入俄国宫廷窃取情报。当时彼得大帝的女儿伊丽莎白占据着沙皇的宝座，伊丽莎白荒淫无道，堪比法王路易十四。伊丽莎白在自己的宫中豢养一群"面首"，德奥就是其中的一个。德奥凭着自己的相貌和才华，从这些面首中脱颖而出。他受到了伊丽莎白的青睐，在伊丽莎白的首肯下可以随便出入宫廷，甚至可以翻阅沙皇皇宫内的绝密档案。

所以学者们认为，德奥窃取来的这份《彼得大帝遗嘱》并非空穴来风。德奥在自己的回忆录中表示，这份遗嘱是窃取而来，并且描述了窃取的详细经过。在圣彼得堡的皇宫内，他发现了一份为《彼得大帝统治欧洲的计划》的文件，德奥阅读后觉得很有价值，便手抄下来，之后将文件交给了法国国王路易十五，彼得大帝的这份计划引起法国政府的极大重视。

那么这份计划真实存在吗？为何在后期又受到了不少人的质疑呢？

在德奥将计划交给路易十五42年后，流亡法国的波兰将军索科尔斯基向法国政府提交了一份《俄罗斯扩张计划概要》，这位将军声称是从沙皇档案中发现的。让人惊奇的是，这份概要和德奥窃取的《彼得大帝遗嘱》内容一模一样。所以《彼得大帝遗嘱》的真实性几乎不容置疑了。

但是，苏联最有权威的历史专家认为，德奥所说的这份《彼得大帝遗嘱》完全就是伪造的，这一观点引起了不少人的共鸣，很多国家的学者们加入了判断《遗嘱》真伪的兵团中，结果经过多年研究才认为所谓《遗嘱》都是伪造的。

　　根据文献记载，彼得大帝是因为肺炎去世的。1724年的冬天，彼得已经重病不起，隔年1月份，彼得大帝挣扎在死亡线上。他费尽力气写了"将一切转给"几个字后便不能再拿笔了，他的遗嘱变成了口述。伊丽莎白还没有来得及到彼得的床前，彼得大帝就已经昏迷，并于次日凌晨去世。

　　从这段记载中可以看出，彼得大帝什么遗嘱也没留下，甚至连沙皇继承人都没有说出口。而德奥手中的那份《遗嘱》，内容思路清晰，有条不紊，怎么可能是连笔都提不起、话都说不出口的彼得留下的遗嘱呢？再者，这样机密的文件怎么可能不好好地收藏呢？

　　从德奥披露的这份《彼得大帝遗嘱》的内容来看，野心表露极为明显，一个想要称霸的人不可能将自己的计划写得这么直白，彼得大帝如此心细的一个人，难道没有考虑以后会被发现的结果吗？再者，这份遗嘱经过多个国家的翻译后，虽然内容大致相同，但是从细节上看出入较大。这份遗嘱的起草时间是什么时候？而它的杜撰者又是谁？知道遗嘱是否真实存在的人，恐怕也只有德奥和彼得大帝了。

俄国的缔造是由于一个人的意志——彼得大帝的意志。

拿破仑是中毒而死吗

没有机会!这真是弱者的最好代名词。

拿破仑的名字使欧洲各国君主闻之胆战。作为法国皇帝,他称得上是一位伟大的统治者,他战绩显赫,拥有传奇的一生。但是,常胜将军不是永恒的,拿破仑在与英国作战时不幸战败,成为了阶下囚,最后被流放,没过多久就离奇死亡,这位伟大英雄仅活了52岁。此后,人们一直围绕着这件事进行猜测,他的死因也成了世界历史上著名的疑案,让人忍不住想要揭开谜底,一探究竟。

拿破仑出生于科西嘉岛的没落贵族家庭,他的一生是辉煌的。作为军事家,他有过40场战争的胜利,击败了几乎欧洲所有军事大国组成的反法联盟;作为政治家,他制定的法典被后来欧洲几乎所有的资本主义国家所引用。拿破仑9岁时,被送到法国布里埃纳军校接受教育,1784年以优异成绩毕业,之后进入巴黎军事学校,专攻炮科。16岁时父亲去世,他中途辍学并被授予炮兵少尉的头衔。

在法国大革命中,拿破仑带兵攻下了保王党的堡垒土伦,得到了掌握政权的雅各宾派的赏识。22岁的拿破仑,由少校破格提升为少将,成为欧洲军事史上的奇迹。1798年,拿破仑率军远征埃及,但由于不懂海军作战指挥,法国海军被英国军队歼灭。1799年8月,拿破仑得知国内政局混乱,他从埃及返回巴黎,11月发动了"雾月政变",拿破仑掌握了法国军政大权。1804

年11月，法兰西共和国改称法兰西帝国，拿破仑成为法兰西人的皇帝，之后，他多次击败反法联盟，横扫了整个欧洲，欧洲很多国家不是被法国占领，就是沦为法国的"保护国"。1812年，拿破仑远征俄国，惨遭失败，欧洲诸国再次组建反法联盟，这些联盟以英国为首，并于1814年3月占领巴黎，战败的拿破仑被流放到地中海的厄尔巴岛。1815年3月，拿破仑回到法国，重登皇位，欧洲诸国组建"第七次反法联盟"，拿破仑惨遭滑铁卢兵败，再次被流放到圣赫纳勒岛，并最终病死在岛上。

拿破仑死前曾怀疑有人暗中谋害他，在他临终前，他给御医安托马什写信，希望他为自己进行尸检，并嘱咐不要漏掉任何可疑的地方。安托马什遵从了拿破仑的遗嘱，解剖拿破仑尸体的时候现场又来了很多官员，还有其他6名医生。对拿破仑尸体进行解剖后，这些医生给出的死因五花八门。现场加上安托马什一共7名医生，给出的不同死因有4个。4个死因唯一一点相同的是，在拿破仑的胃部与幽门之间发现有溃疡症状，御医安托马什认为是"致癌性溃疡"，而其他几名医生认为是"硬性癌引起的溃疡"。在这些医生中，一名叫作索特的医生还发现了拿破仑肝脏肿大，并有溃烂。

不过在官方的验尸报告中否决了这个发现，那么官方又为何否决这个发现呢？

在法国人民心目中，拿破仑的威望很高。拿破仑因为战败，他被英国流放到气候恶劣的小岛上，这座小岛极易引发肝病。他被流放后，在短短的时间内就逝世，这足以让法国人民怀疑拿破仑的死因。英国官方害怕人们指责他们如此对待拿破仑，于是给出的死因是拿破仑死于癌症。拿破仑的父亲是死于幽门癌，官方认为拿破仑死因与他父亲一样，不过人们对官方给出的死因报告并不认同，他们更愿意相信拿破仑的死是由于气候原因或者是中毒造成的。于是，拿破仑的死因在法国也有着很多传言，有人说拿破仑是被人投毒谋害致死的。

拿破仑的死因究竟是什么呢？学者们也在一点点地探索。对此，学者们给出了以下几个观点。

第一个观点：拿破仑死于中毒。

瑞典哥德堡有一名学者叫斯坦·福苏弗波德，他是牙医兼毒物学家。他在查阅拿破仑历史资料的时候发现：拿破仑在生命后期喜欢睡觉，却又经常出现失眠，再后来他双脚水肿，身体肥胖，牙根暴露，等等。这些症状不像是癌症，有点像慢性中毒的迹象。斯坦·福苏弗波德立志要解开拿破仑死因之谜。经过多年的研究调查，他确定拿破仑是砷中毒，于是决定对拿破仑的头发进行检测。斯坦·福苏弗波德千辛万苦地弄到拿破仑的头发后，在苏格兰格拉斯哥大学法医学系教授的帮助下，他发现拿破仑头发中砷的含量高于正常值13倍。不仅如此，拿破仑死后尸体不腐烂也引起了他的怀疑。

1840年10月，拿破仑的尸体准备从英国运回法国，棺盖被打开后，尸体没有一点腐烂的迹象。死去20年后的人，尸体不腐烂是为什么呢？经过反复研究，学者们确定拿破仑是被人投毒而死，那么凶手究竟是谁呢？

学者们对拿破仑身边的人员进行了排查，最大嫌疑人就是官员蒙托隆伯爵。这位伯爵曾是拿破仑的心腹，但是拿破仑第一次退位的时候，他投靠了别的势力，抛弃了拿破仑。可是当拿破仑重返法国并在滑铁卢战役失败后，这位伯爵又重新回到了拿破仑的身边，并心甘情愿跟随拿破仑流放到偏远的小岛上。当时蒙托隆伯爵的妻子与拿破仑关系暧昧不清，不过蒙托隆伯爵却不闻不问，还甘愿侍奉拿破仑，一副心安理得的样子。但是，这却让学者们更加怀疑，他们觉得蒙托隆伯爵的目的是想获得拿破仑的信任。

从一些文献中发现，蒙托隆伯爵是受波旁王朝路易十八的弟弟阿图瓦伯爵（1824年后即位，称查理十世）的指使。蒙托隆伯爵在拿破仑的葡萄酒中加上了砒霜，就这样日复一日，最终导致拿破仑死亡。拿破仑中毒而死的说法被多位学者认同，其中最为著名的学术论文是《圣赫纳勒岛的谋杀案》，最为畅销的书是《拿破仑谋杀案》。

有人支持自然有人反对，一些西方历史学家就不赞同拿破仑死于中毒的说法。英国历史学家戴维·琼斯表示，拿破仑确实死于砷中毒，不过不是被人下毒谋杀，而是死于家中壁纸中的砷元素。因为当时的壁纸颜料中都掺入了砷，长期吸入壁纸中挥发出来的砷元素，会导致人慢性中毒死亡。这位历史学家还对拿破仑卧室的壁纸进行检测，检测发现壁纸里面的砷含量高得惊人。

第二个观点：拿破仑死于疾病。

有人认为拿破仑死于热带病。20世纪初，法国和德国的一些医学杂志上出现了讨论拿破仑死因的文章。有人认为拿破仑并非死于癌症，而是患上了一种热带病，这种病是拿破仑远征埃及和叙利亚的时候染上的。后来被流放到气候恶劣的小岛，于是热带病恶化，最终导致其死亡。

第二种观点：雄性激素严重障碍引发的疾病。如美国医生罗伯特表示，拿破仑死于疾病，这种病是男性激素严重障碍引起的，病症使得性腺功能受到严重损害，雄性激素严重失调，最终导致其死亡。

拿破仑是因为癌症死亡，还是中毒死亡？他是自然中毒又或是遭人投毒？拿破仑作为一位伟大的人物，他的一生无疑备受关注，他的死因也因此成了人们关注的焦点。拿破仑去世时只有52岁，在这样一个年龄死亡是十分年轻的。一代代的历史学家和科学家们对拿破仑的死因给出了一个又一个的答案，而这些答案又相继被推翻。拿破仑的死因真相究竟是什么呢？人们还在研究与探索中。

从伟大崇高到荒谬可笑，其间只相差一步。

温莎公爵是叛国者吗

无独有偶，在国外也有为了美人而放弃江山的国王。

1937年6月，英国国王爱德华八世因为爱情主动放弃王位成为温莎公爵，他成为大不列颠帝国史上在位时间最短的一位君王，同时也是英国历史上唯一一个主动逊位的国王。有人说温莎公爵这是叛国，甚至说他是德国希特勒的间谍。不过这些都是真的吗？这件事情至今让人很难说清楚，温莎公爵是否真如传言所说背叛了自己的国家吗？作为英国的上层贵族，温莎公爵出卖国家的目的又是为什么呢？

温莎公爵即"爱德华八世"，他是英国君王乔治五世和王后玛丽的长子，他有一个很长的名字即"爱德华·艾伯特·克里斯蒂安·乔治·安德鲁·帕特里克·大卫"。1910年爱德华被立为王储，1911年被封为威尔士亲王。在第一次世界大战中，爱德华主动参加英国陆军，担任英国的陆军参谋，在法国战壕中出生入死，同德国军队作战。战后，他代表英国王室出访欧美各国，爱德华王储深受各国政府的好评。1936年1月20日，爱德华继承英国王位，成为大英帝国温莎王朝的第二位国王，10个月后，被称为"爱德华八世"。爱德华因为执意要娶辛普森夫人遭到英国首相等人的坚决反对，爱德华为了心爱的人居然宣布退位，他在位时间仅325天。

爱德华八世一生中最具争议的事情是，这位曾经的大英帝国君王是否曾作为德国人的间谍？在第二次世界大战中，他有没有出卖大英帝国和法国的利益？

　　一位名字叫作马丁·艾伦的历史作家，曾声称自己手中掌握了爱德华作为德国间谍的真实证据——爱德华写给德国元首希特勒的信。在信件中，爱德华亲切地称呼希特勒为"亲爱的希特勒"。在这封信件中，爱德华向希特勒透露了当年代表英军指挥官到法国前线巡视的资料，在6个星期内，德军闪击法国、击败英法联军，爱德华提供的详细军事情报中，甚至还包括法军防线弱点的军事机密。

　　这封信件的署名为英文字母中的"EP"，即是温莎公爵使用的简称，落款日期为1939年11月4日，也就是在第二次世界大战全面爆发两个月之后。爱德华还称，在英国被迫签订有利于德国的和平协议后，爱德华将重新登上英国王位。

　　马丁·艾伦把一切能够证明爱德华卖国的证据全部收录到了一本名叫《秘密记录》的书中。那么，作为大英帝国的君王，爱德华是否真的是叛国贼呢？他又为什么会出卖自己国家的利益？

　　1939年10月4日，爱德华以英国前国王的身份对法国进行了一次亲善访问。然而，就在第二日，波兰就宣布向德国投降。随即，德国向西线进攻。当时，英国媒体向外界宣称，爱德华此行除了表示英法亲善之外，还承担着为英国打听法国防务的任务。

　　马丁·艾伦在他的新书《隐藏的日程》中披露出：爱德华此次出行还有一个极为隐秘的任务，就是充当德国人的间谍，他将自己能够搜集到的所有信息都提供给了希特勒，促成了希特勒对英法联军的闪电攻击。当时的白金汉宫对爱德华的叛国行为也有所察觉，但是家丑不可外扬，大英帝国的前任国王都卖国的话，这让骄傲的英国人情何以堪？为了维护英帝国的脸面，英国当局销毁了爱德华通敌叛国的所有罪证。于是，新的问题又出现了，马丁·艾伦所掌握的这些信件又是从何而来的呢？

据了解，马丁·艾伦的父亲彼得·艾伦，曾在1983年写过一本名为《王冠与纳粹十字》的书，书中也提到，爱德华同纳粹德国关系不一般。而马丁·艾伦手中的这些信件正是来自于他的父亲。

第二次世界大战之后，彼得·艾伦曾多次采访希特勒曾经的军需部长阿尔伯特·斯皮尔。1980年7月，斯皮尔亲手把一封信交给了彼得·艾伦，并且神秘兮兮地对彼得说："它或许对你有用。"

信的内容是这样的：

亲爱的希特勒： 我最近刚从北方旅行回来，看到了很多有意思的事情。我已把我度假的情况非常详细地告诉了你的熟人B先生，我无法进一步强调这些信息的重要性，因此就尽量详细地对我们的朋友作了汇报。

有人向我提出了未来接受欢呼的建议，我也有同样的想法。虽然这件事将有助于缓和我们两国的关系，但我的意思是，这件事应非常小心地进行。我已得到通知，如果事件仍是那样的话，我将再去一些地方。

我相信，我可以从我们的朋友那里得到有益的帮助。

1939年11月4日于巴黎

那封信是用德文写的，不过，彼得并没有在意这封信，随手将它扔到了家中。信中提到的B先生，彼得也不清楚是哪一位。后来，马丁·艾伦开始写书，当写到法籍国际商人查尔斯·比多克斯时，通过多方查证，他才明白信中提到的"B先生"就是比多克斯。

比多克斯是当时法国的贵族，在爱德华大婚的时候，曾经送了一座城堡作为公爵完婚的地方，两人因此成为好友。1937年，爱德华在访问完德国之后，想要去访问美国，却受到警告，如果他不能断绝和比多克斯的联系，任何访问都将成为公共关系的灾难，因而未能成行。1939年秋天，在"二战"

全面爆发的前夕，因为议会将越来越多的精力用于应付可能发生的大战上，公爵有机会恢复同比多克斯之间的友好关系。按艾伦的说法，正是在1939年11月6日，公爵在与比多克斯共同进餐时，将出卖英法两国利益的军事情报交给比多克斯，再由比多克斯转交给希特勒。第二日，比多克斯便离开了布鲁塞尔，他的目的地是德国的科隆和柏林。

后来，比多克斯向希特勒效忠的事得到了证实，1942年，他在北非被捕，从其身上搜查出来的文件证实了他德国间谍的身份。随后，他在美国接受了联邦调查局的审讯，最后自杀身亡。为此，马丁·艾伦坚持认定，比多克斯就是那封神秘信件中提到的"B先生"，而"EP"则是"爱德华王子"的缩写。那么，仅仅凭这一个缩写就可以证明这封信真的是爱德华所写的吗？

为了证实自己的观点，马丁·艾伦就拿着这封信件到处查证与温莎公爵一致的书法笔迹。但是，结果让他失望。后来，伦敦一位书法鉴定专家费利巴拉维尔在仔细地研究了爱德华其他的书法笔迹后，认定这封信出自公爵之手。不过，纸张鉴定专家却鉴定出，写这封信的纸张并不是现代的纸，换句话说，这封信可能是别有用心者的伪造。

不过，这并不意味着公爵叛国的事情就不存在。在世人眼里，爱德华是一个大人物，什么事情都可能干出来。马丁·艾伦曾经说过："英国王室和政府一直不欢迎流亡的温莎公爵回国，并不仅仅是因为他娶了瓦丽斯，这种解释太勉强，一定还有其他原因。"

爱德华公爵有没有背叛英国？他是希特勒的间谍吗？答案仍是未知。

第八章　军事纵横

在人类漫长的历史进程中，战争总是不可避免。然而硝烟弥漫的战场，冲锋陷阵的号角，刀光剑影的厮杀只是战争最肤浅的表面，真正的战争是在帷幄之中的较量，而那些不为人知的内幕才是最吸引人的。

· 亚历山大大帝突然撤军之谜 ·

> 把世界当作自己的故乡。——亚历山大大帝

亚历山大大帝（前356~前323），世界古代史上著名的军事家和政治家，古代马其顿国王，亚历山大帝国皇帝。他足智多谋，雄才大略，在担任马其顿国王的短短13年中，东征西讨，确立了在全希腊的统治地位。他不仅灭掉了已经腐朽没落的波斯帝国，还把印度西北部那些像散沙一样的小国一一征服，从而建立了一个横跨亚、非、欧三大洲的大帝国。

亚历山大大帝是一位雄心勃勃的野心家，当时的亚、非、欧三大洲，已经是那时有限的地理知识所描述的全世界，这是亚历山大大帝的最终目标。按照规划，他消灭波斯帝国后，开始入侵印度。然而，公元前327年，当军

队行进到印度河上游的五河流域时,亚历山大大帝竟然命令撤军回国,他的这一举动令人匪夷所思,他为什么作出这一决定呢?

古希腊学家阿里安认为,恶劣的气候使亚历山大大帝不得不放弃了进军印度。亚历山大大帝入侵印度的时候,正好赶上仲夏,印度属于季风气候,全境连连降雨,致使山洪暴发。处于赤道地区的印度,有雨则一泻千里,没雨则炎热无比,亚历山大大帝率领的军队多为马其顿人,他们大多数人都难以忍受这种炎热的气候,炎炎的烈日让很多马其顿人或病或死。所以,炎热的暑气、接连的暴雨,再加上瘟疫横行,让马其顿人还没打仗就已经战斗力大减,在万般无奈的情况下,亚历山大大帝只好暂时放弃了对印度的进军。

有些人觉得,亚历山大大帝单单受气候影响就收兵不太可能。当时,亚历山大大帝在征服亚洲和印度的时候,遭到亚洲人尤其是印度人的强烈反击,损伤严重,因此本国士兵对亚历山大大帝的入侵计划开始出现了反抗情绪。

希腊作家普鲁塔克的《亚历山大传》及《亚历山大远征记》中都曾经有过这样的记录:马其顿士兵对亚历山大大帝进军恒河出现了强烈的厌战情绪,一是由于恒河太宽太深,二是由于他们听说河对岸有大量的敌人。当时有人在亚历山大大帝军队中传言,恒河对岸的乾达利坦族和普莱希安族的国王带领8万骑兵、20万步兵、8000战车和6000战象做好了随时投入战斗的准备。

其实,马其顿人的反抗情绪由来已久,他们离开希腊已经有8年的时间了,征战距离大约5万多里,士兵们伤、残、病、亡比比皆是,而且他们已经看出亚历山大大帝的野心相当大,一将成名万骨枯,亚历山大大帝的伟大帝业对士兵而言只不过是更多的伤亡而已,因此,他们的情绪越来越差,有些人甚至表示从此不干了!很多人的想法都是赶快回家,与自己的父母、妻儿团聚。亚历山大大帝在这种厌战情绪日益高涨的情况下,无可奈何,只好收兵回国了。

另外一些史学家觉得，士兵的厌战情绪虽然会成为亚历山大大帝进攻印度的障碍，但并不会产生那么大的后果，如果把它定为亚历山大大帝撤军的主要原因还是有些片面，因为厌战的情绪不仅只是士兵有，最重要的是亚历山大大帝的战略部署已经引起许多将领的分歧了，这才是他被迫停止入侵印度的主要原因。

公元前335年，伊索斯大战后，战败的大流士曾经委派使者向亚历山大大帝求和，并答应割让幼发拉底河以西的土地，但是亚历山大帝国内部却在战与和的重大战略上产生了严重分歧。当波斯帝国被征服后，亚历山大大帝征服了亚洲西部，可他仍然没有满足，还打算继续前行吞并世界，于是他开始向中亚和印度入侵。这时处在得意之中的亚历山大大帝搞起了自我崇拜，他把自己尊为神，穿上华丽的皇袍，部下都要行跪拜之礼，已经承袭了东方专制君主的习俗，以表明自己完全成为了东方专制的君主。马其顿将领深切地感觉到了亚历山大大帝的变化，内部不满的情绪开始滋生，矛盾随着时间的推移也日益尖锐。此时的亚历山大大帝对昔日共同战斗的朋友开始背信弃义，疏远排挤，不少将领和政要人物也因此遭到杀害。

亚历山大大帝本想以此来告诫内部将领，结果事与愿违。马其顿军队兵临印度后，军队中的不满情绪已经越来越高，并达到高潮。亚历山大大帝一意孤行，他不仅没有理睬军队的反应，还召开军事会议，勉励大家一定要坚持到底，以至于马其顿全军开始了公开罢战。著名老将科那斯在听完亚历山大大帝的鼓动后，他说："我们的部队已经不愿意再跟着您前进了，当他们不再心甘情愿时，如果您坚持这么做，一旦陷入险境，您就会感觉到他们的离心离德、消极怠战了。"当他说完这番话后，旁边就有将领发出了叫好的声音，还有一部分人为此流下了眼泪。可见，当时士兵们的行为足以表明他们不愿意再向前推进，如果亚历山大大帝极力向前的话，那么必将会陷入危难之中，而如果此时班师回朝，不但会消除士兵们的不满情绪，而且士兵们一定会欢呼雀跃地再次跟随亚历山大大帝，并效忠于他。

不过，亚历山大大帝还是觉得不太甘心，他再次召集军事会议继续做工作，但他并没有等到他想要的发言。亚历山大大帝在自己的军帐中闷了三天，觉得整个营地像死一样寂静，在极其失望的情况下，他不得不顺应军心，班师回朝。

综上所述，亚历山大大帝从印度撤军的原因应该不是单一的，气候、伤病、士兵厌战、军官反战等一系列的因素，让亚历山大大帝不得不暂时按下野心。

不过，即使不入侵印度，他也已经是横跨亚、非、欧三大洲的亚历山大帝国的皇帝了！

· 古罗马军团战术是谁发明的 ·

罗马的建立改变了亚、非、欧三大洲的格局。

公元前6世纪末，罗马人赶走了伊特鲁里亚人，建立了罗马人自己的国家，但谁也没有料到，罗马人会横行整个欧洲，使得欧洲以至于西亚和北非地区的格局都因罗马帝国的崛起而发生了变化。是什么力量使得古罗马军队可以如此骁勇善战、百无禁忌呢？

这要得力于他们战术的改变，这支军队最初仍然继续使用他们的统治者伊特鲁里亚人曾经用过的希腊风格的重甲方阵，那是用圆形盾牌和投矛武装起来的重甲步兵组成的，但是此后不久，他们就开始着手建立他们现代化的部队。

重甲方阵有一定的局限性，特别在伊特鲁里亚逐渐衰落后，罗马军队在与拉丁同盟和意大利半岛其他部族进行的战争中，重甲方阵的局限性日益暴露出来。因为意大利的地势凹凸不平，而重甲方阵就像一个牢固的庞然大物，无论是攻击还是防御都显现出种种劣势，所以，它的侧翼常常会被不受约束、没有固定战争风格的部族士兵所攻击。因此，公元前4世纪初，一个更为灵活的军事组织——军团逐渐取代了方阵，成为新的战争方式。

军团的步兵根据年龄和经验排成了列，第一列被称为"哈斯塔迪"，第二列名为"普林斯朴斯"，他们一般都是大约30岁，服役7年以上，战争经验丰富的士兵。他们使用长两米多的重标枪，软铁头和矛柄中间有一段细细的连接，当枪尖在用力过猛时就会弯曲，枪头也常常因此折断，无法再次使用。不过，折断后的矛头也往往能够嵌入到敌人的盾牌和盔甲中，伤及对手。被称为"特瑞阿瑞"的最后一列，则是经历了无数战争，有着丰富作战经验的老兵，他们使用的是长矛，这些人的老练和成熟使整个军队士气大振。军团的人数是根据条件的不同而不断变化的，但是战术结构并不会发生变化。

当第一列队伍在投掷完他们的标枪之后，就立刻挥剑冲入敌阵，近身肉搏。如果第一轮进攻失利，幸存者就会马上退向第二队列，由第二列接着发动更为猛烈的进攻，如果两次进攻都失败了，幸存者将会退到第三列的后部，第三列就会收缩队形，举起长矛，提供一道安全的屏障保护部队安全撤退。可以说，人力的优势、灵活的战术和特殊用途的武器都使他们战无不胜。

不过，除了战术外，罗马军团将士的素质和忠诚也是他们无往不胜的重要原因。公元前200年，希腊将领色诺芬回忆他的军队时说，当他们面对敌人的武器和战马时，总是表现得极为沉稳，这种沉稳的战术会形成一股巨大的力量。

之后，随着军团的发展、武器的更新，军团的主要战斗武器变为西班牙剑，这是一种令人生寒的宽身利刃剑，大约有 70 厘米长，主要是为刺穿东西而设计的，根据推测可能是由在西班牙与迦太基人作战的军队带回意大利的。

将士的优良素养，战术结构的紧凑合理，作战时的配合得当，使得古罗马军团踏遍整个欧洲乃至于西亚、北非大陆，但是这种军团作战的模式是谁发明的？他又是怎样让当时受希腊重甲方阵风格影响的古罗马军队接受了新的作战方式的呢？答案是未知的，然而这种战术却让古罗马受益匪浅

工欲善其事，必先利其器。

· 斯巴达克为何放弃打回家乡 ·

斯巴达克起义是古罗马历史上规模最大的一次奴隶起义，领导者是斯巴达克。

斯巴达克（约前 120~约前 70），是巴尔干半岛东北部的色雷斯人，在罗马军团侵入北希腊时，他被俘后沦为奴隶。在世界古代史上，奴隶起义的事件并不多，其中最有影响力的要数斯巴达克起义了。公元前 73 年，斯巴达克在角斗士学校的厨房发起暴动，带领着 70 多名奴隶逃到维苏威火山上发动起

义。之后队伍迅速扩大，起义者打着反对罗马奴隶主统治的旗号，很快席卷了整个意大利半岛。

当起义接近胜利时，斯巴达克制订了北上的计划，打算全军越过阿尔卑斯山，向北出境重返故乡。获得自由后重返家乡，这是再正常不过的事了，但是这个计划却遭到了他的副将克里克苏的反对。之后，克里克苏与斯巴达克的分歧越来越大，竟然率领2万人自立军队，可惜最终被官军全部消灭。斯巴达克继续着他北上的计划，当他攻打到阿尔卑斯山下的穆提那城时，不知出于什么原因，他竟然下令放弃北上的计划，率领军队调头南下。

当罗马元老们听闻斯巴达克南下的消息后，非常惊慌，他们怕斯巴达克会攻打罗马城，于是立刻派遣了独裁官克拉苏带领8个军团去镇压起义。克拉苏接到命令后，采用了古老的《十一抽杀律》中的律条，凡是战败或临阵脱逃者10人当中抽签选出一人受死。这种严酷又充满恐惧的军规，迫使整个军队拼死战斗。克拉苏对起义军进行了围追堵截，罗马元老院命令将军鲁库鲁斯、庞培分别带领军队从马其顿、西班牙班师回朝，与克拉苏联合，分别从东、北、南三个方向包围起义军，这给斯巴达克军队造成巨大损失。同时，起义军内部也出现了问题，牧民出身的康格尼斯不同意斯巴达克撤离意大利半岛以保全实力的计划，带领着1.2万人离开起义军，结果与克里克苏的下场一样，被克拉苏的官军消灭。

公元前71年春，起义军与官军进行了最后一场殊死搏斗，双方在阿普里亚境内展开了角逐，6万起义军战死沙场，其中包括起义军的伟大领袖斯巴达克。6000多名起义军被官军俘虏，之后官军残忍地把他们全部钉在了从卡普亚到罗巴大道两边的十字架上。

世界史上轰轰烈烈的奴隶起义就这样落下了帷幕，我们不得不问：如果当时斯巴达克不放弃北上的计划，结局还会这样吗？他为什么要放弃北上的计划与罗马政府开战呢？

我们可以看到，当斯巴达克最初制订北上计划时，起义军内部对此计划的意见是不统一的，并且出现了严重的分裂，如副将克里克苏率2万人出走。之后，当斯巴达克决定放弃意大利半岛，渡海去希腊的时候，起义军内部又出现了第二次分裂，康格尼斯不想离开意大利，于是率1.2万人离开队伍。

由此看来，起义军内部出现的分歧主要还是在意大利半岛上。留下还是离开，这个问题是导致起义军内部最终分裂的根本原因。这个分歧从根本上看，应该还是起义军组成人员的意见不统一而造成的，因为起义军是由四面八方的奴隶及受压迫者汇聚起来的，像斯巴达克等来自北部色雷斯的角斗士，有很强的乡土观念，他们起义的目的就是希望能够回到家乡色雷斯。但是还有一些起义军是破产的农民或者牧民，他们的故乡就在意大利、罗马，他们不想离开。这种强烈的本土意识让他们在最危难的时候团聚起来，当然也给起义成功后的去留埋下了隐患。

一些研究者认为，斯巴达克之所以改变最初的计划，是因为客观形势让他改变了回家的想法。起义之初，敌强我弱，斯巴达克觉得罗马官军是他最大的威胁，所以不能长久地留在罗马，他这才制订了北上的计划。但是，在北上的途中他是一路凯歌，屡战屡胜，敌我双方势均力敌，起义军内部异常团结。这时，他又觉得可以返回罗马城与官军"拼一把"，于是放弃了北上的计划。

还有一种观点认为，当起义军到达阿尔卑斯山地区时，被恶劣的自然条件吓到了。阿尔卑斯山平均海拔3000米左右，是欧洲最高的山峰。对于起义军来说，翻过它是一个大难题。再加上阿尔卑斯山地区许多山峰长年覆盖着厚厚的积雪，气候也是变化无常。当时，起义军身上还穿着单衣，同时给养又跟不上，根本没有办法越过阿尔卑斯山，因此才放弃了北上的计划。

当然，还有些人认为，斯巴达克在南方有很多的支持者，但北部农民对他的支持度并不高，当他看到这种情况时，自然也就放弃了北上的计划。

不论哪种说法正确，历史是没有办法重写的。

· 尼禄制造了罗马大火事件吗 ·

在罗马的历史中，有一个暴君叫作尼禄，这位皇帝以乖张暴戾而闻名于世。

尼禄当政时期，罗马城内燃起了一场大火，这场大火发生的真正原因究竟是什么，至今为止还没有人能弄清楚。对于火烧罗马城的纵火者，有人怀疑是罗马皇帝尼禄，不过尼禄真的是火烧罗马城的元凶吗？让我们一起走进这场千古疑案吧。

在公元前1世纪的时候，罗马城十分繁荣，它成为欧洲的政治、经济、文化、贸易中心。不过在公元64年7月18日的那一天，繁华的罗马城因为一场大火变为废墟，这场大火几乎烧光了罗马的所有财富和建筑，人们很想找出罗马城的纵火者，这场大火究竟是谁放的呢？

罗马城内最先起火的地点是圆形竞技场附近，着火的那天不巧刮起了大风。这场大火持续了九天九夜，大火几乎毁掉了整个罗马城，罗马城被笼罩在一片火海中，最后变成一片焦黑，往日的风光不再。罗马城内的宫殿和神庙都被烧毁，那些从战争中夺来的珠宝和珍品都毁于一旦。罗马城内的这场大火被视为空前大灾难，让罗马城变成了废墟。

这场大火的起因究竟是什么，到现在为止还没有一个确切的解释。不过根据文献记载，是尼禄下令制造了这场灾难。不过尼禄为什么要下令纵火呢？

学者们根据历史遗迹给出了两种猜测。第一种猜测：他们认为尼禄厌倦了罗马城内的建筑，为了重新建造一座新的城市，他下令烧毁了罗马城。第二种猜测：这要结合尼禄的性格，尼禄是一个追求刺激的皇帝，他为了看火光冲天的景象，便悄悄下令纵火。

这两种猜测听上去十分荒唐，不过这和尼禄本身的行为举止有着密切的关系，对此，学者们给出了相应的解释。

尼禄出生于公元37年12月15日，他在公元54年的时候登基成为古罗马皇帝，关于尼禄有着太多的记载。在尼禄早期统治罗马的时候，那时候城内一片繁荣鼎盛，不过在公元59年之后，尼禄的性格发生了翻天覆地的变化，他开始乱杀平民。有学者将他的残暴行为归咎于他缺失家庭关爱的孩童时代。

尼禄很小的时候就失去了父亲，他自小没有感受到家庭的温暖。还有一点来自尼禄母亲阴险的性格。尼禄的母亲热衷权势，为了得到权力，她想方设法地让年仅17岁的尼禄登基，她毒死尼禄的继父。尼禄在母亲的教育和影响下，心理扭曲是必然的事。尼禄即位后残害手足，杀妻弑母，几乎各种丧尽天良的事都出自尼禄之手。尼禄担心同父异母的弟弟会和他抢夺王位，于是在一次宫廷宴会上毒死了他，这是尼禄第一次动手杀人。尼禄的心狠似乎更有甚于他的母亲。随着年纪的增长，他越来越了解母亲对权力的渴望，于是便忌惮母亲的存在，他想尽办法要除去自己的母亲。在一次宴会结束后，尼禄送给母亲的船在大海中出了事故，母亲写信告诉尼禄事故状况。不过尼禄却在母亲的信中偷偷放了一把匕首，他对外宣称自己的母亲想要谋害他，于是便以这个罪名处决了自己的母亲。尼禄的妻子也没能幸免，他的两任妻子都死在了他的手中。

尼禄的这些行为都证明了他性格的残暴凶狠，扭曲的性格让他的行事作风实在不合常理。因为无聊，他常常做出荒唐的事情。那么学者们推测的两种理由，是否也能成立呢？尼禄就是想要一座新城，或者是想观看火景，于是便不计后果地火烧罗马城？

学者们还给出了有力的证据：在罗马城被烧毁后，尼禄在帕拉丁山下把自己的那所"黄金之屋"重新修建起来。这所黄金屋子富丽堂皇，里面用了很多的珠宝和黄金做装饰，人们用"黄金之屋"来形容，一点儿都不夸张。尼禄对自己修建的黄金屋子很满意，他说这才是人住的地方。还有文献记载，罗马城烧毁后，尼禄并没有安抚城内的百姓，而是急着建造一座新的城市，并且城市的名字都想好了，就用"尼禄"来命名。

还有记载，尼禄在儿童时代很喜欢绘画和雕塑，他对音乐很感兴趣，语言天赋也极高。尼禄经常写诗，他还举办过类似现代的演唱会。为了自己的艺术，尼禄禁止了竞技场内的血腥角斗表演。火烧罗马城的起点就在竞技场，这使尼禄是纵火者的嫌疑更进一层。

古罗马史学家塔西佗从这些证据中认定，尼禄就是因为厌倦了自己先前的宫殿，他想要一座新的宫殿才烧毁了罗马城。或者他的本意是要烧掉竞技场，不料因为风势使火势失去控制，最终烧毁了整个罗马城。这些理由的说服力极强，不过仅凭这些还不能断定尼禄就是纵火者。

尼禄究竟是预谋已久，还是无心之失，各种原因早已被埋在了废墟下。

"无敌舰队"惨败之谜

1588年8月,西班牙和英国为了争夺海上霸权,在英吉利海峡进行了一场举世瞩目、激烈非常的海上大战。

当时,英国舰队的规模不大,整个舰队所有作战人员以海盗为主,加起来也只有9000人,简直就是一个杂牌军。西班牙却不一样,它的兵力人数高达3万人,武器先进,实力强大,号称"最幸运的无敌舰队"。不过,令人不可思议的是,在这场海战中拥有威力巨大"无敌舰队"的西班牙却惨败给了英国,而且几乎是毁灭性的惨败,"无敌舰队"几乎全军覆灭。从那以后,西班牙的运势急剧衰落,就连"海上霸主"的地位也被英国取而代之。

历史上以少胜多、以弱胜强的战役的确数不胜数,但这次战役一直被许多军事研究者和历史学家津津乐道,人们对"无敌舰队"失败的原因疑惑不解,究竟是什么原因导致了这样一支"最幸运"的舰队败得如此之惨呢?

16世纪以来,西方国家加大了海外掠夺,这个时期是西方的黄金时代。不过,这些殖民者四处掠夺的同时,矛盾也出现了。老牌帝国西班牙也受到了后起之秀英国的威胁,殖民者之间也展开了一场明争暗斗。西班牙当时已经是西方最强大的封建军事殖民帝国,它垄断了许多地区的贸易,殖民势力范围遍及欧、美、非、亚四大洲。据说,在1545~1560年间,西班牙海军从海外运回的黄金多达5500千克,白银24.6万千克。16世纪末期,世界贵重金属开采中的83%都被掠夺进了西班牙的腰包中。

此时，西班牙建立了一支拥有100多艘战舰、3000余门大炮、数以万计士兵的强大海上舰队，以此来保障他们的海上交通线及在海外的利益。但是，此时一些新兴的殖民国家也不甘示弱，特别是英国，在伊丽莎白女王的支持下，进行着疯狂的海外掠夺、圈地运动、血腥立法，因此迅速发展，而且向外扩张的野心也越来越大。

因此，西班牙与英国的矛盾也日益加深，西班牙国王腓力二世利用英国天主教的势力，在英国内部进行颠覆运动，打算扶持信奉天主教的苏格兰女王玛丽推翻英国女王伊丽莎白，从而削弱英国对西班牙的威胁。伊丽莎白女王得知消息后，趁机处死了玛丽。腓力二世的阴谋也因此败露，在这种情况下，西班牙决定以武力解决掉英国。于是，1588年5月下旬，西班牙的"无敌舰队"从里斯本扬帆起航，直逼英国的大门。

英国由霍华德勋爵任统帅，德雷克任副帅，没有带步兵，只是统领着100多艘战舰，载着船员和水手9000多人做好了迎战准备。了解英国的战略部署后，西班牙打算利用步兵的优势，强行登上英国舰船，然后展开肉搏战，夺取英国船只，最后通过英吉利海峡直捣伦敦。

此时，西班牙并不知道，英国的战舰性能虽然不及西班牙，但是他们做了改进，船体小、速度快、机动性强，而且火炮数量多、射程远。这种性能的战舰既能避开西班牙射程不远的重型炮弹的轰击，又可以用火炮在远距离对敌舰进行炮击。8月8日，西班牙与英国在加莱东北的海上进行了会战，西班牙战舰虽然吨位大，人数多，但是运转不灵。相反，英国战舰行动快捷灵敏，而且尽可能躲在西班牙火炮射程之外。

西班牙炮舰向英国军舰射击，却不能命中，而英国战舰远近都可以开炮，而且炮火又猛又狠，西班牙的"无敌舰队"根本没有地方躲藏，纷纷中弹起火。战斗持续了仅仅一天，"无敌舰队"就已经被打得七零八落，两支分舰队的旗舰也先后中弹、撞伤，一个分舰队司令被俘，剩下的军舰也乘着风势向北逃窜，准备绕过苏格兰、爱尔兰回国，但是，不幸的西班牙舰队又接连遇上了两次大风暴，不少士兵被风浪冲到爱尔兰西海岸，被英军杀死。10月，惨败的"无敌舰队"仅剩的43艘残破的船只回到了西班牙。

这次战役中，英国只损失了几百名海员和水手，但西班牙的"无敌舰队"几乎全军覆灭，为什么会发生这样的情况呢？

有人说，"无敌舰队"遇上了天灾是导致他们灭亡的主要原因。"无敌舰队"起航不久就遇上了大西洋的狂风巨浪，这场风暴致使舰队的许多船只被毁坏，船上装的食物变质，淡水桶也遭到破坏，水手们因为食物缺乏变得疲惫不堪，大部分步兵也因为无休止的暴风而晕船，甚至失去了战斗力。这样一支舰队怎能敌得过已经准备完善、以逸待劳的英国战舰呢？而且西班牙舰队回国时在苏格兰北部海域再次遇到大风暴，一些残破的舰船不是被海浪吞噬，就是因方向无法掌控而触礁沉没。因此，"无敌舰队"最终近乎全军覆灭。

还有人认为，"无敌舰队"的惨败是由于西班牙国王用人不当造成的。1588年4月25日，腓力二世在里斯本大教堂任命具有很高声望的大贵族西顿尼亚公爵为舰队总司令，率领舰队出征。但是，腓力二世却没有注意，西顿尼亚虽然出自名门望族，但是他是一位陆军将领，他既晕船又不懂海战，特别是他根本没有指挥庞大舰队的经验。

以西顿尼亚来说，他根本没有想到腓力二世会把重任交给他。在没有任何思想准备的情况下，他曾向腓力二世请求换人，但却没有得到批准。由此看来，"无敌舰队"的主将在没有出征之前就已经打了退堂鼓，再加上既晕船又没有指挥经验，这样的军队怎么可能获得胜利呢？

还有人推断，当时西班牙的国力衰退，这次出征英国根本是不得人心的。

西班牙虽然表面上国力强盛，但是实际上已经外强中干，国王腓力二世为了巩固统治，大量搜刮民脂民膏，专横无道，挥霍无度，国民为此已经疲惫不堪，愤恨无比。这样不得民心的出兵怎么能取得胜利呢？

"无敌舰队"的败落证明了海战对历史发展的影响力。此后，英国一跃成为"日不落帝国"。

· 杰斐逊为何花天价购买一块荒地 ·

托马斯·杰斐逊，第三任美国总统，他同华盛顿、林肯和罗斯福被视为美国历史上最杰出的总统之一。

杰斐逊在任期间，保护农业，发展民族资本主义工业。他取得的最重要的成就就是用1150万美元从法国人手里购买了密西西比河西岸的路易斯安那的大片土地，使美国领土增加了近乎一倍。用这样大的一笔巨资去购买那样一片"荒地"，对当时刚刚建国的美国来说的确不可思议，因此，这一事件长期以来备受历史学家的关注，杰斐逊难道有先见之明要为美国扩充疆土吗？

的确，之后一些历史学家和外交家提出了外交扩张的说法，如以瓦尔特·拉夫勃为代表的历史学家认为，杰斐逊购买路易斯安那完全是由他制定的外交政策决定的。他所谓的外交政策也就是对外扩张，为了利益与权力不惜使用武力。杰斐逊任命詹姆斯·莫迪逊为国务卿，他们的外交政策不是和缓的，而是激烈的。1801年,杰斐逊曾经说过,美国的扩张也许是没有限制的,特别是随着时间的推移,美国限制自己是不可能的。于是,当美国全面发展使其本身扩张时,假如不向南美大陆扩展,也会向北美大陆开拓。杰斐逊的扩张原则是:为了达到目标,不惜付出一切代价。

因此,杰斐逊不惜投入巨资和使用军事力量。在他的支持下,年轻的美国建造了一支小型炮艇舰队,虽然不能与英国当时先进的海军舰队相比,但他敢派炮艇去北非和地中海沿岸对付海盗。由此看来,他购买路易斯安那的气魄与大手笔也就不难理解了。

但是,一部分历史学家并不同意单纯的野心扩张的说法,如历史学家约翰·格莱蒂就一直抱持着这样的观点。他认为,杰斐逊购买路易斯安那是迫于形势,想要打通通往西部的通路,以求达到他向西部扩张领土的目的。

杰斐逊在发表就职演说时曾经说,美国已经拥有了供子孙后代所需要的全部土地,由此看来,他并没有计划去夺取其他地方的土地。那是什么原因使他改变了计划呢?那是因为,随着美国人对西部兴趣的增长,杰斐逊意识到,如果不拥有密西西比河出口的通路和新奥尔良城的话,那么美国将很难保住那时已经拥有的北美大陆东部的一切。因此,为了使美国获得西部地区的巨大利益,就必须得到密西西比河和落基山脉之间的大片土地,也就是说,购买路易斯安那是一定要提上日程的事情。

于是,当杰斐逊听说西班牙要把路易斯安那退还给法国时,他立即警觉起来。对当时的美国来说,路易斯安那在西班牙的控制中是可以容忍的,但如果被拿破仑领导的强大法国接手的话,美国人在新奥尔良的利益就难以保障,那后果将不堪设想。

1800年,杰斐逊担心的事情发生了:法国与西班牙签订了一项秘密协议,西班牙把路易斯安那还给了法国。于是,法国开始计划在北美实施新的冒险,拿破仑打算把路易斯安那变为法国的殖民地。由此看来，如果杰斐逊不购买路易斯安那的话，那么美国的利益将会大大受挫，也就是说，杰斐逊当时已经不得不去购买路易斯安那了。

1801年，当杰斐逊和美国国务卿莫迪逊获悉，软弱的西班牙最后向拿破仑屈服并表示愿意把路易斯安那卖给法国时，他们认为形势十分严峻。因为，当时拿破仑与英国的战争已经结束了，拿破仑已经把工作的重心转向了开发"新世界帝国"的方向。拿破仑早就看好了路易斯安那，他一心想着要把那里作为法国的海地和圣多明各殖民地的食品供应基地。1802年，西班牙的官员切断了密西西比河地区与美国的贸易，杰斐逊意料中的事情发生了，美国面临着巨大的危机。莫迪逊也感觉到了形势不妙，密西西比河是哈得逊、波托马和所有大西洋国家航运河流的汇聚点，现在看来，不管是谁控制了密西西比河，他们都能立刻切断美国在西部地区的发展。于是，杰斐逊和莫迪逊施展了各种外交手段，开始了购买路易斯安那的各种努力。

当然，杰斐逊和莫迪逊购买路易斯安那还有别的理由，那就是为了遏制法国在美洲势力的发展和扩大。1802年，托森特·奥维特领导了海地起义，打算推翻法国人对海地的殖民统治。莫迪逊明白，如果拿破仑失去了产糖的海地岛屿，作为谷仓的路易斯安那就会变得毫无价值，而且相当于后方起火，法国就会留下无数后患。于是，他马上抓住这个大好时机，对海地起义进行秘密资助，支持海地人民抵抗法国殖民者。最后，虽然法国抓捕了起义领导人托森特·奥维特，但起义者仍然断续战斗着。这场激烈的反抗斗争，再加上当地传染病突发，拿破仑的军队在1803年受到重创，撤出了小岛，拿破仑曾经抱怨地说："这该死的糖，该死的咖啡，该死的殖民地！"

莫迪逊的这一支持，不仅给法国以重创，而且还使杰斐逊顺利打通了通往西部的道路，买下了路易斯安那。

由此看来，杰斐逊的这一决定为美国人获得了巨大的利益，那笔重金也就花得值了。

· 英军为何火烧华盛顿 ·

美英第二次战争期间，英军闯入美国首都华盛顿，并点燃了大火，烧毁了全部的建筑物。

美英第二次战争中，美国在天时、地利、人和上占了绝对优势，英军在战场上连连失败，被迫求和。是什么原因导致美国华盛顿遭受如此浩劫呢？

一些历史研究者认为，当时，英国的主要计划就是压制美国，所以才会在1814年火烧华盛顿，而且这种做法的确打击了美国。

第二次美英战争期间，英军兵分三路进攻美国，一支规模比较小的海陆两栖部队，在罗伯特·罗斯将军的指挥下，从百慕大登船起航，在切萨皮克湾地区诈攻，破坏沿岸城镇和军事设施，虎视眈眈地注视着华盛顿和马尔的摩市。其余两支都是陆军，沿着不同的路线前进。力量最强大的陆军是由1万多名官兵组成的，他们从加拿大的蒙特利尔出发，沿着美国独立战争期间布尔果因将军经过的路线前进；另一支陆军在牙买加集结出发，进攻新奥尔良并围攻西部美军。

两栖部队在向既定目标发动进攻中，采取了相对有效的战略战术。1814

年6月,当其余两支大部队在加拿大集结的时候,他们已经从百慕大起航,向切萨皮克湾进发。8月下旬,这支部队就在海军中将亚历山大·柯克兰因爵士和海军上将乔治·科伯恩的具体指挥下,在帕塔克森特河口的马里兰登陆,直接威胁到华盛顿。

美国方面立刻派遣一支炮艇分队,逆流而上,打算保卫首都华盛顿。但是,当英军攻入美军被英军狠狠咬住时,司令官却怕成为俘虏下令解散了炮艇分队。这个司令官的做法真是让人哭笑不得,作为一名司令官怎么可以轻易地不战而逃呢?

众所周知,这位司令官就是在美国已经臭名远扬的威廉·温德。他原是巴尔的摩的一名律师,之后参加了美英战争并迅速晋升为将军。在对加拿大作战时,他就被英军俘虏过,之后不知出于什么原因又被释放了。现在英军攻占华盛顿的郊区并直逼华盛顿时,他带领着一支由民兵和临时征招来的士兵组成的杂牌军,不战而退。逃亡到乡下的麦迪逊总统与其他政府官员都看到温德像丧家之犬似的逃跑的场景,温德那支不到7000人的队伍几乎一枪没放,士兵们见到英军后掉头就跑,狼狈至极。

1814年8月24日黄昏时分,英军顺利进入美国首都华盛顿,他们点起大火,大部分公共建筑都在这场大火中化为灰烬。在英军士兵点燃白宫之前,海军上将科伯恩还捡起了一顶麦迪逊总统的帽子当作纪念品,同时还得意扬扬地享用本是为麦迪逊总统和夫人准备好的晚餐。

由此来看,英军焚烧华盛顿是战略部署的必然结果,要结束英美之间的激烈战争,当然要以某一方的失败为前提,现在美国作战失误,那么失败方必然是美国。不过,对此说法,一些人提出了新的见解,其中最著名的说法是由美国军事史学家詹姆斯·查思和卡尔布·卡尔提出的。

美国麦迪逊总统等人错误地估计了自己军队的战斗力,同时又小看了英军发动突袭的能力。事实上，所有人都为美国指挥官的严重失职而感到不可思议。麦迪逊总统也是一位杰出的人物，他与其他开国元勋一样，有着强大的自信，他觉得英国的士兵怎么可能比得上美国的自由战士，英国的士兵都是花钱雇佣的职业兵，而美军士兵都是心怀美好理想，为自由而战，为祖国解放而战的，每个人都会把胜利作为最终目标。但是，他失望了，英军进攻时那令人恐怖的惊人速度与美军不顾羞耻的逃跑形成了鲜明对比。最后致使麦迪逊也只能舍弃白宫，逃亡到乡下。

卡尔布·卡尔等人还提出，美国首都华盛顿被焚是永远载入美国史册的耻辱一页，这个时刻有着重要的纪念意义，它让每个美国人清醒过来，以前那种凭借地理优势苟且存活的思想的确要丢弃了。独立战争以后，美国人真的放松了，他们凭着地理上得天独厚的优势，一片汪洋大海使他们得以远离战乱纷纷的欧洲。在这样的情况下，美国松懈了。

可见，任何时候都不能掉以轻心，谁都可能"大意失荆州"。

·　拿破仑兵败滑铁卢之谜　·

"滑铁卢"是背运、失败的代称，拿破仑兵败滑铁卢，一直是人们津津乐道的话题。

1812年野心勃勃的拿破仑率领57万大军远征俄国，以实现他称霸欧洲的理想。

可是，这次战争却让法军元气大伤。俄国等国家组成的同盟军在1814年3月的反攻战争中占领了巴黎，1814年4月13日法兰西第一帝国灭亡。身为法兰西第一帝国皇帝的拿破仑被迫退位，被流放到地中海上的厄尔巴岛。拿破仑保留了"皇帝"的称号，可是他的领土只局限在那个小岛上，他在小岛上时刻观察着法国的政治形势，伺机反扑。

1815年春，拿破仑逃出小岛，回到巴黎，打算东山再起，而且因以前的政治基础，他很快再次掌控了整个法国政权。这个消息传出去后，可吓坏了欧洲各国君主，他们立即组成了反法同盟，目的是在最短的时间内打败拿破仑。与此同时，拿破仑迅速部署防御部队及战斗大军投入战争，预计在俄奥（俄国与奥地利）联军到达之前，先灭掉英普联军。但是，这次战争并没有像战略部署那样向着胜利的方向发展，而是留下了让人遗憾的著名滑铁卢之战，让人不禁感叹，怎么聪明一世的"战神"拿破仑会败得这样惨呢？

拿破仑命令内伊元帅牵制英军，但这位元帅却犹豫不决，最后导致部署没有顺利实施。拿破仑又命令内伊元帅的手下戴尔隆军团从弗拉斯内向普军的侧后方攻击，与主力部队形成前后夹击的形势。但是，戴尔隆对此命令理解含乎，错误调度，失掉先机，使这决定性的有力一击迟到两个小时。等戴尔隆明白过来，赶到正确地点时，又被没弄清形势的内伊元帅调开，这时的英军已经在戴尔隆的炮火射程内了，但戴尔隆却机械地执行了内伊元帅的调度，使英军逃过了一劫。

6月18日中午，这个时间恐怕了解历史的人都不能忘记，它就是拿破仑辉煌一生的终结点。随着三声炮响，滑铁卢大战的序幕拉开了。这场战争是世界战争史上令人瞩目的一瞬，也是拿破仑戎马生涯中的最后一战。但是，这次令人惊心动魄又富有戏剧色彩的战争却以拿破仑失败告终，它让法军丢掉了就要到手的胜利，让拿破仑遗憾终身。因此，其中的许多微妙因素让人充满疑问。

这次战争以法国骑兵打先锋,不过防守的英军顽强抵抗,用最猛烈的火力把法国骑兵压制住。这一战打了整整一个下午,战火一刻也没停息,双方损失都很严重,哪一方都没有了控制战局的力量。黄昏时分,拿破仑率领自己的近卫军再次向英军发起猛攻,就在这个危急时刻,英军的援军赶到了,但拿破仑一直确信在英军援军之前就会赶到的法军格鲁希元帅的部队并没有到达,于是,战势逆转,英军迅速发动了总攻。

法国近卫军在拼死抵抗的时候也慢慢撤退,这时的拿破仑也已经从车上下来,骑马向后撤退。他心里明白,自己已经陷入绝境,虽然一度想挽回败局,但现在战场上已经尸横遍野,而俄奥联军即将攻入法国边境,现实已经摆在眼前了。拿破仑只好被迫宣布了退位,开始流亡,滑铁卢之战以法军失败告终。

滑铁卢之战引起了许多史学家和军事评论家的兴趣,拿破仑曾经说:"这是命中注定的,因为即使原因再复杂,那场战斗的胜利者也应该是我,结果我却输了。"难道真的有神灵,冥冥之中注定了法军在这场战争中的失败,让拿破仑辉煌的一生以无奈告终?

有些人觉得,格鲁希元帅的缓慢增援导致了法军的失败。当时,拿破仑带领着7.2万人的军队,而英军也只有7万多,双方几乎是实力相当,不相上下。当战争进入胶着状态后,谁的援军先到,谁就会胜券在握。结果英军的援军到了,格鲁希元帅却不见踪影。

还有些人认为,失败的根本原因应该从更早些时候分析,如果这次战争都按照拿破仑的最初部署去做的话,法军就会早早地结束战斗并取得胜利。但是,部署在实施的时候却出现了种种的失误,特别是之后拿破仑在调兵时也存在着严重失误,他的身边又缺少原来那些骁勇善战、配合默契的将领。

当时，与他配合默契的老部下达乌被围困在汉堡中，缪拉在那不勒斯没有迅速赶回的充分时间，马塞纳也陷入了西班牙的战争中……拿破仑虽然有无数的得力部将，但就在关键的时刻却都不能赶来参战，现在想来，这真是一场充满悲剧的战争呀！

还有人说，当时的天气也对拿破仑十分不利。

总之，许多微妙的因素叠加在一起，让战无不胜的拿破仑在他熟悉的战场上吃了败仗。

· 珍珠港事件是一场阴谋吗 ·

1941 年 12 月 7 日，是美国人的一场噩梦，日本成功偷袭了珍珠港。

事件发生后，原本没有参加第二次世界大战的美国宣布加入战争，战争的局面迅速发生了逆转，德、意、日等野心勃勃的国家的末日也到来了。虽然日本偷袭成功，但是它却把自己入侵多年的成果葬送掉了。长久以来，人们觉得珍珠港事件的背后隐藏着许多鲜为人知的秘密，日本为什么竟然轻率地偷袭了当时军事力量强大的美国？如果是称霸世界的野心驱使的话，难道日本就没有想过偷袭的后果吗？

事件发生时，第二次世界大战已经进行到第三个年头了。在亚洲，中国人民为抵抗日本法西斯入侵的全面战争已经进行了四年；在欧洲，英国、苏联等正被纳粹德国的铁蹄无情地践踏；所以，当时几乎所有的目光都集中到了美国身上，拥有巨大实力的美国却没有果断地加入反法西斯战争的阵营中。虽然当时日本已经极大地损害了美国的利益，但美国也只是不再续约《日美通商航海条约》。之后，德、意、日联合为轴心国严重侵害美国利益时，美国总统罗斯福把太平洋舰队留驻在珍珠港，这实际上是对轴心国的一个警告。但轴心国特别是日本日益膨胀的野心已经无视美国的警告，当美国宣布中止美日贸易时，资源极为缺乏的日本决定不惜对美一战。已经杀红了眼的日本，把侵略的魔爪伸向了美国，最终，日本将袭击目标锁定在美国在太平洋的海军基地——珍珠港。

珍珠港属于位于北太平洋的夏威夷群岛，东距美国西海岸约3800公里，西距日本约6000公里，距菲律宾约7000公里，战略地位十分重要，被人们称为"太平洋的心脏"。1909年，美国开始在此建设海军基地，经过几十年的努力，珍珠港已成为美国在太平洋上的重要海军基地。日本这次袭击行动的最高指挥，是当时任日本联合舰队司令的山本五十六。他提出首先突袭美国太平洋舰队，削弱美军战斗力，然后再对美国实施进攻，乘胜追击，从而赢得胜利。表面上看，这一战略似乎很合理，但是，日本真的有那样的军事实力拿下珍珠港吗？如果拿下后，整个美国真的会因受重创而一蹶不振吗？

突袭之前，1941年12月7日，山本的计划得到天皇认可后，他做好了充足准备。为了确保偷袭的突然性，日军之前先后任命亲美派野村吉三郎、来栖三郎等人为和平特使，赴美谈判，以此来转移美国的注意力，以使美国放松警惕。1941年12月8日，山本一声令下，日本飞机对珍珠港展开了猛烈的轰炸，毫无防备的美国海军被打得七零八落，几分钟后，日军总部就收到了负责轰炸的指挥官的胜利电文：虎！虎！虎！不到两个小时，日本突袭珍珠港的军事行动就以胜利告终。当天晚上，美国总统罗斯福紧急召开内阁会议，商讨对策。第二天，罗斯福总统竟然从轮椅上站起来，向世界宣布：美利坚合众国与日本已经处于战争状态，美国正式加入第二次世界大战。

以此看来，美国在遭受侮辱性的打击后终于加入了维护世界和平的队伍中。可是，综合实力上落后于美国的日本，竟然可以在几千公里之外成功地突袭成功，这实在令人费解。难道这里面另有隐情？美国失败的背后，还有什么不为人知的秘密吗？

许多历史学家对此进行了深入研究，有一部分研究者给出了一个让人吃惊的解释，他们认为珍珠港事件其实是罗斯福有意设计的"苦肉计"。

第二次世界大战爆发时，美国国内孤立主义思想非常严重，罗斯福对英、苏、中等国援助的计划常常受到掣肘。虽然罗斯福已经看透了德、意、日轴心国的野心，但是国内的孤立主义势力只图眼前利益，不愿参战。所以，罗斯福不惜以珍珠港为代价，让孤立主义势力的幻想破灭，从而唤醒民众的正义感。据说，当时美国已破译了日本的外交密码和至关重要的海军密码，也就是说，在珍珠港事件发生前，罗斯福就已经对日本的行动了如指掌，但他却任由日本把事态扩大，没有制止。

当时，有人报告了日本舰队正在驶近夏威夷的情报，罗斯福的顾问班子提出了三条建议：一是通知太平洋舰队做好应战准备，这样的话，日本就不可能成功；二是向全世界公布日本特遣舰队已经驶近，迫使日本舰队掉头退回；三是按兵不动，静观事态发展。罗斯福在思考后选择了第三种，当时他觉得太平洋舰队不能够抵抗日本人的进攻，而且这样可以刺激孤立主义势力的神经。所以，罗斯福并没有把情报告知太平洋舰队，最终使日本成功偷袭珍珠港。

在事件发生前，美国高层曾经下达过一系列奇怪的命令。太平洋舰队中的船舰及一批军事素质好的士兵被成批调到了大西洋舰队，虽然这遭到指挥官金梅尔的反对，而且他曾经向上级强调太平洋舰队的重要性，但并没有得到作战部长的理会。更奇怪的是，当日本飞机对珍珠港狂轰滥炸时，太平洋舰队的主力——3艘航空母舰恰巧全部外出，因此躲过劫难。此外，在珍珠港事件发生的前一两个月，美国红十字会和美军后勤医疗部队就曾经向珍珠港进行过非常规的人员和储备物资紧急调动。而这批额外补给，在珍珠港事件发生后的急救工作中发挥了至关重要的作用。

综合上面的种种疑点，人们觉得，这次珍珠港突袭事件，只是罗斯福借日本人的野心对美国民众及全世界人民上演的一场"苦肉计"。除了美国的研究者外，就连发动偷袭的日本人似乎也相信这一说法，当然，日本人也许是为了推卸自己挑起战争的责任，才说美国为了参加"二战"，利用并引诱自己发动了珍珠港事件。

关于这一事件，有人还提出另一种观点，美国的中立政策让英、苏都很无奈，日本偷袭行动的电文，英国方面早已经破译，但是英国首相丘吉尔却有意扣留了情报，他的目的就是使美国被迫参战。对于这种说法，有人还提供了最有力的证据：英国首相丘吉尔曾经在日记中写道，他得知了珍珠港要遭偷袭，并认为那是一个好消息！这种观点听起来似乎有些合理。

不久前，美国的《洞察》杂志又提出了一种更新奇的说法。他们认为，珍珠港事件是由苏联人一手打造的。当时苏联已经受到德军从西边的攻击，因此很担心日本从东线发动进攻，使自己陷入两面夹击中，所以他们起用了早已安插好的庞大间谍网，挑动日、美两国开战，挑起事端，促使美国被迫加入战争。

苏联在美国政府内部安插了一名高级特工，他就是指导美国"新政"的经济学家、罗斯福总统最信任的经济顾问之一——亨利·迪克斯特·怀特。有资料证明，怀特曾经从苏联高层那里得到指令，负责向罗斯福提出大量针对日本的政策性建议，怀特建议美国政府对日本采取强硬政策，如鼓动美国敦促日本从中国撤军，等等。这一政策招致了日本的愤怒，两国的矛盾越来越激化，日本在气急败坏的情况下，发动了偷袭珍珠港的行动。

日本偷袭珍珠港后，美国宣布参战。1945年8月6日，美国在日本长崎、广岛投掷两颗原子弹，为日本定下败局，第二次世界大战也因此结束。谁也不敢想象，假如日本当年不发动珍珠港的偷袭事件、美国不参战，我们就不知道"二战"何时才能结束，也不知道战争结束后的世界会是怎样的一番天地。

珍珠港事件改变了第二次世界大战的进程。

第九章 名人秘闻

但凡是能在历史上留下一笔的人,身上都潜伏着一种令人着迷,引人探索的魔力。他们或是穿梭于政治的名利场中,或是运筹于帷幄之中……然而他们展现出来的是否是他们最真实的一面呢?他们的身后又有哪些不为人知的秘密呢?

· 独裁者苏拉为何放弃权力 ·

苏拉是古罗马有名的独裁者,因为狡猾勇敢的性格,被称为"半狐半狮"。

苏拉依靠军队实行独裁统治,为日后的独裁统治开了先河。不过,苏拉最令人不解的地方,就是出身于社会最底层的他,费尽心机登上了权力的顶峰后却突然宣布辞职,之后隐居在一座海滨别墅里。

公元前138年,苏拉出生于一个衰落的贵族家庭,穷困的苏拉甚至只能与被释放出来的奴隶住在同一间屋子里。为了能填饱肚子,苏拉去做演员,甚至做小丑表演,这些职业在当时是最卑微的,没有人能瞧得起。不过,苏拉以他出色的表演和特有的滑稽相深受观众的欢迎，在罗马娱乐界也小有名气。苏拉对此并不觉得高兴，他对人生、对社会有自己的想法。他羡慕那些官场得意、家道兴旺的人们，对自己的无所作为，甚至丢人的处境感到强烈的不满。他决心要像自己的祖辈一样，做一个能呼风唤雨的大人物。为了实现这个目标，他处处寻求时机。但是，苏拉30岁时仍没有什么进展，他都开始绝望了，而且有些自暴自弃，只要有点积蓄，他便把它们花在吃喝玩乐上。

有一天，机遇终于来了。苏拉偶然间遇到了一位比自己大十多岁的妓女，他用自己的感情换来了妓女的信任，妓女临死前，把全部财产都留给了苏拉。与此同时，苏拉以他的聪明才智获得了继母的宠爱，继母去世后，苏拉又继承了一大笔财产。两笔巨额财产让苏拉青蛙变王子，一夜之间从一个落魄子弟摇身变成罗马社会上有名的富人，初步实现了他的梦想。

从那以后，人们对他刮目相看，他放弃了那些虽然小有成就，但是一向被人瞧不起的职业，开始步入了政坛。因此，很多人认为，苏拉之所以会有以后的成绩，完全是踩着两个女人的肩膀爬上去的。

苏拉步入政坛后，可以说是顺风顺水。公元前111年到公元前105年，位于东非的罗马属国努比亚掀起了由朱古达领导的反抗罗马的"朱古达战争"。罗马当时的战斗力很薄弱，因为罗马小农破产，兵源明显不足，再加上军队内部腐化，已经完全失去了压制反抗势力的战斗力。反抗一直持续到公元前107年，罗马仍然没有在战争中取得任何优势，反抗力量也没有放弃，双方仍打得难解难分。为此，罗马政府深感头疼，派执政官马略为领导人去平息叛乱。

当时，苏拉也跟随马略出征，他抓住一个有利的时机，与朱古达的岳父交上了朋友。苏拉听人说，朱古达与他岳父之间有着不可调和的矛盾，于是，他运用这个矛盾，利用朱古达的岳父，把朱古达活捉。到此为止，持续了近7

年的战争终于结束了。

苏拉也成了战争的功臣,罗马人把他奉为民族英雄,因此苏拉的身价顿时倍增。之后,他又与罗马实权人物大祭司的女儿麦特拉结婚,网罗了更多的罗马上层势力,从此在罗马的政坛享有很高的地位。苏拉50岁那年,东方的本都国王反叛,元老院决定出兵东方平叛,但在由谁带兵出征的问题上出现了分歧,因为当时苏拉与马略的竞争十分激烈。结果,苏拉借助麦特拉及上层贵族派的支持,战胜了马略,当选为执政官,统军平叛。不过。令他没有预料到的是,他离开罗马后,马略立即控制了元老院,除去了很多拥护苏拉的人,其中就包括苏拉的女婿。

在外平叛的苏拉得到消息后,立刻带着一小部分军队匆匆赶回罗马城,并且暂时夺回了元老院的控制权。但是,马略并没有死心,他再次利用苏拉去东方平叛的机会,击溃了苏拉的势力。就在苏拉平息了东方的叛乱,回到罗马城时,他带领的4万大军与马略的军队展开了为时一年半的内部战争。这场战争是罗马人的第一次内部战争,使10多万罗马人死于非命,整个罗马被战火笼罩,显现出一片死气沉沉的恐惧。最后,马略带着残部逃出罗马,苏拉取得了胜利,但他也因此背上了千古骂名。

战争胜利,苏拉率领军队进入罗马城,罗马元老院任命苏拉为无限期的独裁官,这是一个集立法、行政、司法、经济、军事等大权于一身的无冕之王。之前的独裁官,大部分都是在国家处于危难之时才选举产生的,一般任期都不超过半年,但是,现在苏拉却是终身制,也就是说他这一辈子永远会在独裁官的宝座上。苏拉上任后,他以维护罗马统治为理由,实行了一系列的恐怖政策,他颁布了《公敌宣言》,对与马略有关系的人大肆捕杀,弄得整个罗马人人自危,苏拉那个"半狐半狮"的称号也由此而来。

但是,看起来对独裁官一职热情似火的苏拉却只做了三年就突然宣布隐退了，这到底是什么原因呢？对于苏拉来说，这一权力来之不易，而且权力和财富是他一生的追求，他曾经不惜丢掉道德，不顾国家灾难和人民的生命去换取权力，可是现在这个追求实现了，他却要隐退。当苏拉决定放弃权力时，他曾在广场上发表过一次演说，他提出，如果有人质问他隐退的原因，那么他会不避讳地回答。但是，广场上没有人向他提问，因为没有一个人会冒着生命危险去质问他。

苏拉隐退的原因至今令人疑惑不解，而且自古至今说法众多。有人认为，苏拉在3年独裁统治后放弃权力是非常明智的选择。还有人觉得苏拉在权力欲满足后开始厌恶战争，厌倦权力，甚至对罗马的生活都感到疲惫，他向往轻松自由的田园生活，因此才会退隐。还有人认为，苏拉退隐完全是他实行的大刀阔斧的改革失败，他在绝望的情况下下定决心急流勇退。除了上述说法外，还有一种说法似乎更让人容易接受。

公元前78年，苏拉因肠出血而死。所以有些人以此推测，苏拉在宣布隐退时，已经得了相当严重的结肠溃疡，据说他那腐烂的肌肉里都长出了虱子。随着病情的加重，这些虱子爬得到处都是，这种病情让苏拉根本没有心思与精力再去管理朝政，所以只能退隐，以度残年。

独裁者苏拉能在人生的巅峰上急流勇退，确实是一件令人匪夷所思的事。

丹东是叛国者吗

乔治·雅克·丹东与革命家马拉、罗伯斯庇尔并称为法国资产阶级激进派政治团体雅各宾派的"三巨头"。

丹东为拯救法国做出了巨大贡献。但是,1794年,丹东却被扣上了"通敌"的帽子,被捕入狱,并在同年被判处死刑。

丹东真的通敌叛国了吗?为什么这样一个为法国做出杰出贡献的人却会通敌叛国呢?这些问题引起了人们的思考,丹东案也成了世界史上的谜案之一。

法国大革命时期,许多不安定的因素一直威胁着新生派资产阶级政权,国家政治动荡不安,风云变幻。特别是一批波旁王朝的流亡贵族更是勾结国外封建反动势力,妄图一举击垮新生政权。同时,法国的共和政府也对外界的一切变化保持着高度警惕,为了稳固国家政权,防止国家机密泄露,共和政府组建了著名的公安委员会法庭,用以打击旧王族保王党势力的残余分子与一些间谍的破坏。

不过,法国的政局并没有因此而变得平稳,相反各党派间的矛盾越来越复杂,动不动就会以"通敌"罪对待持不同政见的人。1793~1794年为雅各宾派专政时期,这种打击方式更是极端化,他们连自己的领袖人物也不放过,丹东就是被打击的典型范例。雅各宾派专政建立后,丹东主张对外修和,对内实行法治,提倡宽容和人道主义。这一政治主张立刻遭到了同为领导人的罗伯斯庇尔、圣茹斯特等人的反对,雅各宾派内部也因此出现了分歧。

1794年3月30日，圣茹斯特指控丹东犯了通敌罪，因为丹东勾结政治家米拉波收取王室的贿赂，密谋协助国王路易十六出逃。而且他以丹东的政治主张为依据，认为丹东与温和的共和派——吉伦特派结盟，主张对敌人和解与宽容，又与可疑的外国人勾搭，把得来的财产装入自己的腰包。丹东对圣茹斯特的一连串指控，进行了激烈的辩解，表示他对国家一直赤胆忠心，绝对不会因为钱财出卖自己的灵魂。

但是，丹东的这些辩解并不能逃脱对他的刑罚。1794年4月5日，这位为法国的共和政府、为雅各宾派作出重大贡献的政治家，以通敌叛国、危害共和国安全的罪名被判处死刑。

关于丹东通敌的罪名，雅各宾派并没有拿出充分的证据，似乎真相被掩盖了起来，案件变得疑点重重，扑朔迷离。怎样去找到真相，判断他是否真的犯了通敌罪呢？根据圣茹斯特的指控，我们只能关注一下他在法国大革命时期急剧膨胀的个人财富了。

法国大革命时期，社会上一直流传着这样一个词——"庇特的黄金"。"庇特"是当时英国的首相威廉·庇特，人们一直认为，当时英国政府出钱给一些法国流亡贵族，用以支持他们的特务活动，颠覆四面危机的法国共和政府。丹东就被认为是接受庇特黄金的间谍之一，人们觉得他早已经因为钱把自己出卖了，因此人们常常叫他"皇室走狗""密探""英国间谍"等。虽然当时科尔得利俱乐部主动出来帮他写陈情书，平息了流言，但是人们还是对丹东大批个人财产的由来十分怀疑。

丹东在大革命期间的确像暴发户一样迅速富有起来。1791年，他不但偿还了以前欠下的大批债务，还购置了大量的土地和新的房子，他的财富扩充速度让人不可思议。丹东被捕后，人们在他的一些私人文件中，发现了英国外交部给当时在巴黎从事间谍活动的银行家别尔列格的指令。指令的内容是，要求别尔列格立刻给一些人支付效忠英国的报酬。这可能就是丹东被指控与英国勾结的一个重要证据,人们怀疑丹东就是领取人之一。那么,为何指令信会在他手上呢?这也是一个难以解释的问题。

之后的一些事情,更是引起人们的怀疑。1794年"热月政变"后,法国国民公会为那些在雅各宾派专政时期死去的议员平反,可丹东并不在平反之列。1803年,一位保王党人偷偷回到巴黎时被拿破仑当局抓获,他供认丹东曾经参与协助路易十六外逃,并向英国人索取高额酬金。之后,还有一名保王党人的回忆录中也提到了这件事。1851年公布了米拉波与王室代理人马克公爵的通信,信中提到了丹东的确收了保王党的钱。真相似乎越来越明朗了,丹东为了钱出卖了自己与国家,伟大的政治家的确犯了通敌叛国罪,他也因此名声扫地。

但是,在人们相信丹东罪行的时候,一些人也站出来为他辩解了。1848年革命前夕,史学家韦尔奥梅通过广泛收集的资料证明,丹东的财产是通过正当途径得来的。著名史学家米什莱也在《法国革命史》一书中把丹东称为"大革命的天才""法国人民的象征"。之后,又有很多历史学家也在其著作中为丹东鸣不平。

史学家奥拉尔一生都在从事法国革命史的研究,他的《法国革命政治史》于1902年出版,是现在人们了解法国革命史的重要著作。书中他为丹东辩解,他认为丹东是独一无二的革命巨人,是爱国主义的化身,是管理国家的巨人。同时,他还认为,丹东可能犯有一连串的错误,但是在杀人和金钱方面他一定是无辜的。因为这本书的出版,使之前人们心目中那个通敌叛国的丹东的形象大为改变,丹东重新成为英雄的形象。

本以为丹东的案件就这样过去,令人意想不到的是,20世纪初,奥拉尔的学生马迪厄的言论又引起了史学界对丹东的关注。

马迪厄对丹东的经济情况进行了仔细盘点，经过几年资料的积累，他觉得丹东的收入已经远远超过了合法所得的范围。如1787年丹东的年收入为1.2万里弗尔（货币单位），可是到了1794年他的各种财产总额竟然达到20万里弗尔。几年的时间为什么财产提升如此之快？马迪厄认为这些钱财应该就是保王党人或者英国政府给予的。除此之外，马迪厄以1789年驻英大使的报告作为丹东是英国间谍的证据，因为报告中有一个英国间谍的名字也叫丹东。

马迪厄的言论再次让人们对丹东的评价分成了对立两派。人们的争论似乎难以休止。

· 杜桑·卢维杜尔是被捕还是投降 ·

杜桑·卢维杜尔是南美洲独立运动伟大的革命者和领导人，他缔造了海地共和国。

杜桑是奴隶出身，从小就受到法国殖民者和奴隶主的凌辱，于是他下定决心要为黑人争取自由。之后，杜桑参加了起义运动，他凭借严明的作战纪律使队伍迅速壮大，他带领的队伍很快成为起义军的主力，杜桑本人也成为海地奴隶起义军的主要领导人。

1801年6月，海地制定了独立宪法，宣布独立，杜桑当选为海地总统，创建了第一个黑人共和国。拿破仑知道消息后，迅速命令他的妹夫黎克勒出征平定海地。海地人在杜桑的领导下进行了自卫反击战，战争中法军节节败退。但就在这时,杜桑却突然被法军俘虏,最终在监狱中染病身亡。

这一切发生得很突然,而且存在许多疑点。大部分人认为,杜桑是在前去法国军营谈判时,被狡诈的法军逮捕的。但是,还有人坚持自己的看法,他们认为杜桑并不是去议和,而是去向法国的远征军投降,之后被法军遣送回法国的。历史的真相究竟是怎样的呢?难道杜桑并不是被法军欺骗,而是真的去向法军投降吗?

1801年12月,黎克勒接到拿破仑的命令后,率领着54艘战舰和3万名士兵踏上了以恢复法国殖民统治为目的的征途。杜桑带领着起义军坚决抵抗,他们在远征军登陆的地方点起了大火,法军所到之处,都成了一片灰烬。整个海地,迎接法军的只有满地尘土、满眼浓烟,法军根本没有办法找到食物,甚至连淡水也没有,因为起义军在所有法军能够找到的水中都投了毒。就这样,法军几乎失去了战斗力,再加上起义军利用有利地形,四处伏击,雄霸欧洲的拿破仑远征军变得狼狈不堪,伤亡遍野。

根据史学界的说法,当时黎克勒出征时,曾经带上杜桑的儿子和养子去做说客,但并没有成功。于是,他就采用了诱捕的办法,从而逮捕了杜桑。我国学者李春辉在《拉丁美洲国家史稿》一书中,对当时的情形做了描述:黎克勒在用武力无法解决海地的情况下,就采用了反动统治者经常使用的欺骗伎俩——伪装和谈。1802年5月,杜桑应邀出席了和谈会议,但是,当杜桑到达会议地点以后,黎克勒迅速下了逮捕令,给杜桑加上镣铐,同年7月,杜桑被押送到法国。

美国学者罗伯特·珍扬对当时的情形也做了记述,杜桑多年来信奉的一句话就是"警惕是安全之母"。然而,在法军大败、杜桑也不想继续战争的情况下,他把自己的话给忘掉了。黎克勒邀请他去参加和谈会议时,他只带了养子普拉西多和一名村夫,径自去了准备谈判的种植园。当进入种植园后,一名法国将军热情地迎接了他，随后一个连的士兵闯进了会议室，捆住了他的双手。杜桑就这样被推出屋子，送上一辆马车，以最快的速度送到"英雄"号船上，并被送往了法国。

罗伯特的这种说法还曾经被写入世界史的教科书。但是，最近学术界更加倾向于另一种新的说法，他们觉得，杜桑并不是被强行逮捕，他在被捕前已经向法军投降了。

根据资料记载，在黎克勒带领着远征军向海地进攻前，杜桑手下的大部分起义将领已经向法军投降了，所以法军到达后集中了所有兵力向杜桑开战。杜桑当时被孤立起来，终于被打败，无可奈何之下，他向法军投降。于是，黎克勒假称杜桑疲劳过度，需要休息，强迫杜桑回到自己的种植园，从而夺取了他的一切权力。但是，此时黎克勒又接到拿破仑的命令，要求必须把杜桑逮捕送回法国，所以黎克勒便以和谈为名诱捕了杜桑。也就是说，杜桑在丧失一切权力，没有办法自我保护的情况下，才被法军逮捕的。

不过，美国学者托马赫并不同意杜桑投降的说法，他在《拉丁美洲史》一书中写道："杜桑被夺去了权力之后，他提出要保证黑人和自己的自由，同时他的支持者们也必须继续在政府和军队中任职，只有黎克勒答应这些条件后，他才会停止敌对行动。很快，黎克勒同意了杜桑的条件，杜桑隐退到了海地西部，但是黎克勒却没有信守诺言，他背信弃义地逮捕了没有任何防御能力的杜桑，并把杜桑送到了法国。

后来，杜桑病死在监狱中，不久之后，海地人民再次揭竿而起，反抗法国的殖民统治，黎克勒患黄热病死去，法国的远征军也全军覆灭。海地终于赢得了自由独立。

然而，杜桑被捕的原因却始终没人能说清楚。

林肯遇刺背后的阴谋

1865年4月14日晚上，美国南北战争结束五天后，总统林肯被刺杀。

亚伯拉罕·林肯（1809~1865），美国第16届总统。1809年2月12日，林肯出生在肯塔基州哈丁县的一个伐木工人家庭。1858年，林肯发表了著名的《废奴宣言》，要求限制黑人奴隶制的发展，实现祖国统一。1860年3月，林肯当选为美国第16届总统，林肯的政治主张影响了南方各州奴隶主的利益，为此，他们组建了"南部联盟"，打算另立政权。1861年4月12日，美国历史上著名的南北战争爆发。1862年9月22日，林肯发布《解放黑人奴隶宣言》（《解放宣言》）草案，宣布废除奴隶制，解放黑奴。战势迅速发生变化，北方联邦得到民众最广泛的支持，终于在1864年取得彻底胜利。1864年11月8日，林肯再次当选为美国总统，开始着手准备进行战后重建。但是，他的计划还没有施行，悲剧就发生了。

那晚，林肯与夫人到福特剧院去看戏，随行的有几名警卫。他们10点多进入包厢，而后有人平静地用枪射穿了林肯的左耳和背脊之间，并在人们还没来得及反应的时候顺利逃跑了。

据说，实施这桩震惊世界的枪杀案的人是一个精神错乱的演员约翰·威尔克斯·布斯，他出身于美国戏剧界名门之后，是南部联邦的坚定支持者。内战期间，布斯就与一群人先后组织了刺杀副总统约翰逊、国务卿西华德等活动。从凶手的身份来看，林肯被刺杀的原因很明显，只是一个支持南方奴隶主的凶徒将仇恨发泄在废除奴隶制的总统身上。但是，这件事真是这么简单吗？

我们先来说说总统包厢。剧院中，林肯所处的包厢有前后两道门，而且每道门上都有一把大锁。林肯坐在包厢中，除了能看到舞台上的演员外，还能看到他的夫人和警卫。也就是说，这个包厢应该是十分安全的。但是，谁也没有预料到，包厢的后门被人做了手脚，门上有一个刚钻了不久的洞，透过洞可以看到包厢内的一切活动。同时，包厢后门的大锁也早已经被人弄断了锁簧，这道门已经形同虚设，并且它距离总统还不足5英尺。凶手就是通过这道门实施了他的刺杀计划。我们不得不问，门上的洞为什么事先没有人发现？锁坏了为什么没人修理呢？凶手实施犯罪时，跟随林肯的警卫都在干什么？

那天，除了随从外，总统身边还有4名白宫警卫。林肯在遇害前几天，他忽然有种不祥的预感，因此，在去看戏时，他为了自身的安全，要求作战部长斯特顿派陆军上校埃克特来做自己的警卫。但是，斯特顿告诉总统，埃克特早已在当晚安排了别的任务，于是就委派了武官布莱恩作为总统当晚外出的警卫官。根据预定安排，警察约翰·派克本来应该守在大厅通往包厢的必经之路上的，但是他对看戏并不感兴趣，于是趁演出换幕的间隙，他躲到另一个房间里喝酒去了。这样，凶手就有了可乘之机，毫不费力就进入了总统包厢，实施了暗杀。当晚，这一系列事情的发生，难道都只能用"巧合"两个字来解释吗？

于是，人们对这桩刺杀产生了怀疑，一些人认为，这个事件应该是一起有组织、有预谋的政治阴谋。

对于林肯被刺杀这个案件，官方的说法是，凶手约翰·布斯刺杀的目的只有两个：一是想要为南方奴隶主报仇，二是想要出名。但是，官方给出的这个凶手的杀人动机很多人并不认同，他们认为这里面一定有不可告人的秘密。

林肯在去剧院之前曾说起自己有种不祥的预感，还特别要求埃克特陆军上校担任自己的警卫。但是，作战部长却谎称埃克特上校当晚要执行别的任务而改派他人。之后，人们调查得知，埃克特上校在林肯被害的晚上，一直在家里待着，根本没有执行什么任务。那么，我们不得不问，堂堂作战部长为什么要说谎呢？据说，作战部长后来委派的那个叫作布莱恩的人，一直图谋不轨，熟悉他的人对他的印象都不好，那作战部长为何还要让他去保卫总统呢？

还有，在事后追捕凶手时，并不是把凶手活捉，而是用了一个"不知道情况的人"把约翰·布斯"误杀"了。是谁开枪打死了凶手？这个人是接受了谁的命令，如此大的胆子把谋杀总统的人直接枪毙了？这不得不让人想到杀人灭口。更令人奇怪的是，在之后的凶手缉拿报告中，人们发现上面赫然写着：凶手畏罪自杀。凶手死了，人们头脑中所有问题的唯一解答者就那样死了，林肯遭枪杀的线索自然也就断了，谋杀案也就成了一桩悬案。

之后，许多资料对林肯遇刺做了披露。资料中证实，林肯在遇刺前对自己被害有了预感。如果这资料是真的，那么是不是林肯已经觉察到了什么针对他的阴谋呢？这种猜测也不是不可能。自林肯上台时起，针对他的各种谋杀计划就已经在进行着。

林肯在任时，由于经常发生恐吓事件，周围的人非常担心他的安全问题，他们经常提醒林肯要小心。面对这一切，林肯总是表现得满不在乎，但似乎心里也早有提防。据说，林肯被暗杀的那天早上，他与副总统安德鲁·约翰逊突然冰释前嫌，人们觉得他似乎已经知道自己大限到了。就在林肯遇刺的当天傍晚，他与陆军部长谈完公事，突然对随从说："克鲁克，我觉得有人要谋杀我，你知道吗？"在场的人听到他的话后大吃一惊，因为平时林肯并不太关心这类问题，每当有人告诫他要注意自己的安全时，他总是满不在乎地一笑，但是这次他一反常态，相当严肃地主动提出来，并且还自言自语："我确信，他们一定会这么干的。"

当时，联邦军事法庭判定凶手约翰·布斯与其他8名同伙共同策划了这次暗杀，除约翰·布斯被公布自杀外，其余8名中的4人判处绞刑，另外4人被判罚苦役。但是，社会各界对此产生了大量的推测，大家都觉得这些人的背后一定有位幕后策划者，而且这个人只有约翰·布斯知道。要不然，约翰·布斯也不会落得自杀的下场。

究竟谁是这次暗杀行动的幕后策划者呢？有一些人认为，当时的副总统约翰逊可能出于某种原因参与策划了此事。有的历史学家认为，幕后策划人应该是当时陆军部情报机构的负责人拉斐特·贝克，因为他在组织追捕凶手时打死了约翰·布斯。而大多数人则推测，幕后黑手一定是陆军部长斯坦顿，他对林肯的重建政策不满，一定是为了共和党激进派的利益而策划了这次暗杀。甚至，还有一些作家有更离奇的说法，他们认为在追捕凶手的过程中被击毙的不是约翰·布斯，而只是与他长得十分相像的人，幕后指使者已经把约翰·布斯秘密藏了起来。

现在，最令人遗憾的是，林肯的儿子也已去世，他在去世前已经把父亲的一些私人文件全部销毁了。他说，那些文件中有内阁成员犯有叛国罪的证据。

西班牙为何没有参加"二战"

1939年,欧洲战争一触即发。佛朗哥却对全世界宣布:在这个受尽折磨和蹂躏的欧洲中,西班牙永远是一块快乐的绿洲。

弗朗西斯科·佛朗哥(Francisco Franco),是西班牙政治家、军事家,西班牙内战期间推翻民主共和国的民族主义军队领袖,法西斯主义独裁者,西班牙长枪党党魁。他告知墨索里尼,自己将竭尽自己全力让欧洲相信:这场全面战争是没有意义的。1939年9月4日,佛朗哥对外宣布:"西班牙中立!"

难道,弗朗西斯科·佛朗哥有未卜先知的能力?他知道德、意、日等国组成的轴心国必将失败吗?或者,他真的是为了维护和平才不参加战争?作为欧洲三大法西斯政权国家之一,他在刚刚结束的西班牙内战中与德国、意大利结成了不同寻常的密切关系,为什么在激烈的战争打响后,他不与德意结成同盟却要选择中立呢?

一些人研究了当时的历史,觉得佛朗哥之所以不参战,是因为当时西班牙内战刚刚结束,国内经济、政治都存在危机。

当时的西班牙,经济发展处于停滞状态,灾荒频繁发生,食品供应严重不足,一些靠进口的必需工业材料和设备也严重缺乏,更别说黄金、外汇储备了。政治方面更是极其混乱,刚刚结束政权的纷争,共和派、共产主义左翼集团和君主派右翼集团处于三足鼎立的状况,哪一派的社会力量和影响都不可小觑。西班牙国内唯一的合法政党长枪党内部也隐藏着种种猜忌、不和与争斗，这些问题严重削弱了长枪党的独裁统治能力。所以，这时的佛朗哥当然不会参与战争，那样只会让西班牙政局更加不稳。他的当务之急就是要解决这一系列的问题，使经济复苏，政局平稳，确保法西斯政权长枪党的独裁统治。

但是，也有人认为，佛朗哥因为国内危机不参加战争这种说法是不可靠的。如果想要解决国库空虚、政治不稳等问题的最快捷、最有效的方法就是对外发动侵略战争。因此，人们觉得佛朗哥不参战主要是因为同盟国的拉拢和利诱。

英、法、美等国家组成了与轴心国对立的同盟国，第二次世界大战就是轴心国和同盟国之间的战争。西班牙所处的地理位置使同盟国很担心，因为一旦西班牙加入轴心国的话，那么直布罗陀海峡就会受到它的控制，大西洋与地中海的航路就会被切断。断了航路，同盟国也许就不战而败了，后果将不堪设想，

所以，1940年3月，英国向西班牙提供了200万英镑的贷款，允许西班牙从同盟国进口一些禁运的工业原料，并且从阿根廷给西班牙快速运送了一批食品，以解决西班牙因战乱灾荒带来的食品短缺问题。1941年，美国为西班牙运送了价值为150万美元的食品和药物，名义上作为红十字会的援助，当时的美国总统罗斯福还设法让国会同意放宽美国商人向西班牙输出石油的控制。

根据以上资料，有些人便得出结论，同盟国的拉拢让佛朗哥选择了中立。但是，这种说法显然也有很多可疑之处。我们知道，佛朗哥和德国的希特勒、意大利的墨索里尼被称为三大法西斯政权头目，他们之间的关系就像"兄弟"一样，当初若没有德、意的援助，佛朗哥也不可能建立自己的独裁政权。况且，1940年5月，意大利把西班牙的债款从70亿里拉减少到50亿里拉，西

班牙的军火、机械、精密仪器等也一直是由德国提供。1940 年 10 月 23 日，希特勒宣称，如果佛朗哥同意参战的话，他将会得到梦寐以求的兵家必争之地——直布罗陀海峡，这样，战后西班牙也能大捞一笔。同时，希特勒还同意给西班牙提供物资援助，如石油、粮食、橡胶和化肥等。

如果当时西班牙同意参战的话，那么轴心国取胜的可能性很大，希特勒所说的"大捞一笔"也会实现，这要比同盟国给的"利"大多了，但佛朗哥为什么不贪这种"利"，而选择了中立呢？

于是，第三种说法出现了，佛朗哥之所以不参战，只是因为他反对苏联。

当时，苏联是支持西班牙国内左翼力量的后台，佛朗哥对苏联恨之入骨，他曾说："西班牙和西方世界的真正敌人是苏俄，西方国家之间的任何战争都不过是为俄国人'火中取栗'。"

1941 年 6 月，德国攻打苏联，佛朗哥立即表示支持德国的军事行动。他迅速组织了 1.7 万人的长枪党志愿军，史称"蓝色师团"，参加了对苏联的战争。佛朗哥针对此事件还加以解释，他强调，"蓝色师团"的行动只代表西班牙抵制苏俄的一贯立场，并不能证明西班牙参与了轴心国一方的作战计划。

这样，西班牙左翼力量虽然仍然存在，但已经名存实亡，对佛朗哥的政权已经无法构成威胁了。但是，如果我们赞同这种观点，认为佛朗哥向苏联作战是反对共产主义的话，那么谁也不能解释为什么在 1943 年德军对苏联的作战优势失去后，他不助德国一臂之力，而是落井下石地把"蓝色师团"撤了回来。因此，我们只能说，佛朗哥是个讲求实际的人，他不会因为只反对苏联而放弃参战，放弃这个谋取利益的大好机会。

以上资料都无法揭示佛朗哥放弃参战的根本原因。所以，对于这件事人们仍在不断的探寻中，但在研究过程中，不知道你是否注意到一个可疑之处：为什么希特勒会对佛朗哥如此宽容，对西班牙的"背叛"视而不见呢？

1940年夏，德军急需穿越西班牙，攻占直布罗陀和北非的丹吉尔，如果能够成功的话，德国将把地中海置于自己的控制下，这也是轴心国能否取胜的关键。这时，佛朗哥表示，西班牙对任何入侵企图都将加以抵抗。也就是说，如果德军穿越西班牙的话，那么西班牙会对德开战。如果以希特勒的一贯作风，他必将长驱直入，但令人奇怪的是，德国竟然停止了行动。

同年6月14日，西班牙出兵与邻国共管的丹吉尔，于是佛朗哥向希特勒提交了一份西班牙参加轴心国的条件，其中包括对直布罗陀、法属摩洛哥和阿尔及利亚奥兰省的领土要求。德国答应了他的一部分条件。于是，他们共同商议要对直布罗陀采取军事行动。但是，当德军一切准备就绪，并供给了西班牙作战所需的重武器，通知次年1月开始行动的时候，佛朗哥突然明确表示：西班牙目前还不能参战。希特勒对佛朗哥强调，战后一定满足西班牙的要求，但佛朗哥仍然拒不参战。因此，德国只好停止了这一行动。

读到这儿，我们不禁要问："佛朗哥有什么资本拒绝横扫欧洲大陆的希特勒呢？"

· 丘吉尔遇刺谜团 ·

丘吉尔叱咤风云的一生中，最为惊心动魄的一次应该是69岁生日宴会时的遇刺案。

温斯顿·丘吉尔（1874~1965），政治家、演说家、作家以及记者，曾于

1940~1945年及1951~1955年间两度出任英国首相,并且多次担任内阁大臣等职务,被认为是20世纪最重要的政治领袖之一。第二次世界大战期间,身为英国首相的温斯顿·丘吉尔带领着英国人民取得了反法西斯战争的伟大胜利,被人们推崇为英国的拯救者。当时,他与苏联统帅斯大林、美国总统罗斯福被人们并称为"三巨头",是被载入现代世界史册上的一代伟人。不过,在他那非凡的魅力和杰出的才能受到人民爱戴的同时,也遭到了敌人的仇视。

1943年11月30日,丘吉尔迎来了他69岁的寿辰。此时,第二次世界大战正进入十分微妙的相持阶段,丘吉尔打算乘胜追击,彻底摧毁世界法西斯联盟,于是,他以庆祝寿辰为名义,邀请了罗斯福和斯大林等34位贵宾,一起在德黑兰聚会,以便共同商议作战大事。

丘吉尔命令侍卫长汤普森负责这次特别庆祝会的安全工作。汤普森接到任务后,便命令情报机构加班加点,仔细调查每一个来宾的详细情况。宴会将要开始的时候,丘吉尔以主人的身份领着客人们朝餐厅走去,罗斯福总统新聘的私人秘书霍克犹豫了片刻,转身从口袋里拿出一个精致的小包放到桌子上,又顺手取过一束鲜花,放在小包上面,然后像什么事都没发生过一样走进餐厅。

这位年轻的秘书并不简单,他有着十分复杂的经历,他曾经在瑞士与德国国家秘密警察的特务有过接触。此时,德国纳粹出了几十万英镑的重金收买了他,让他在宴会厅里安放定时炸弹。但是,当时别说携带定时炸弹进不了宴会厅,就连一根小小的针没有经过检查也带不进去,所以,霍克在等待时机。

非常老练的汤普森一直警觉地注视着这一切,他当然不会看不到霍克的这个举动,汤普森立刻取走了小包,带到另一间屋子,然后轻轻地打开小包一看,里面只有一块十分昂贵的钟表。他又仔细地把小包和钟表检查了几遍,也没有发现什么可疑的地方。于是,汤普森放心地走进了餐厅,来到了丘吉尔的身边继续警惕地观察着周围的一切。但是，他的脑海中已经有了疑虑，神经更加紧绷起来，注视着身边的每个人。

这时，一个精致的大蛋糕摆在餐厅的桌子上，上面已经点燃了69支蜡烛，餐厅中正在进行着切蛋糕的仪式。每个客人都端着酒杯，祝贺着丘吉尔的生辰。丘吉尔兴致勃勃地向客人们致辞："我衷心感谢诸位光临我的庆寿仪式。尤其是两位伟大的朋友斯大林元帅和罗斯福总统抽出宝贵的时间出席这个聚会，我深表感谢。"席间，宾主频频举杯，鼓掌声、碰杯声不绝于耳，大厅内每个人都沉浸在一片热闹喜庆的氛围之中。

突然，所有人的视线都转向了餐厅的南门，因为这时一个侍者正托一只大盘子走进来，盘子上放满了布丁和盛有冰激凌的杯子，堆得很高，看上去也很重。那个侍者脸上的表情十分痛苦，而且显得特别恐怖，脚底下也踉踉跄跄，没有根基。这个侍者摇摇晃晃地往前走着，结果碰到了斯大林的翻译鲍罗克的身上，连人带盘子全都倒在了鲍罗克身上，盘子中的布丁和冰激凌溅了鲍罗克满身。

餐厅中的人看着鲍罗克尴尬的模样，哄堂大笑。但是，没有人能预料到一个恐怖行动正在悄悄地进行着。正当大家放松警惕的刹那间，餐厅中的灯突然全部熄灭了，整个大厅伸手不见五指，陷入一片黑暗中，只听到有人大声地吼道："抓住侍者！小心他的盘子！"随后，餐厅中枪声连连响起，刹那间，碗盘的破碎声、人们的喊叫声以及枪声让整个大厅陷入一片混乱中。

很快，一些人反应过来，四周手电筒的光也亮了起来，这时，人们发现罗斯福的私人秘书霍克的头部中弹，已经被击毙，他身边的椅子底下掉落了一支手枪。那个侍者也倒在地上，身体早已变得冰凉，人们仔细检查他的身体后发现，他的喉咙里不知何时被刺进了一根半寸长的细针，侍者的托盘底部有个按钮，按钮开启后，里面装有一枚微型定时炸弹和一只袖珍时钟，时钟上的指针离12点还差3分钟。汤普森急忙拔掉定时炸弹的引线，如果再晚一会儿的话，那后果真是不堪设想。

幸好汤普森及时地发现，才避免了这场灾难，丘吉尔毫发无损，罗斯福和斯大林也安然无恙。这件事过去后，丘吉尔的情报人员才送来一份情报，在他生辰宴会前，纳粹党头子希特勒就下过一道命令："无论如何要干掉丘吉尔。"大批的纳粹特务已经汇集到了德黑兰，德国的密探和间谍千方百计跟踪丘吉尔的行踪，伺机下手。

此后，有人认为霍克深知自己的行迹败露，持枪自杀了。但是这种说法并不真实，因为打中他脑袋的那颗子弹并不是出自他自己的枪。汤普森观察了在场的所有人，觉得应该是那个被侍者撞倒的鲍罗克开的枪。

鲍罗克对此连连否认，他说自己肯定不会开枪杀自己的同行的，但是，他说霍克坐的门旁边有灯的总开关，并且提醒汤普森杀死侍者的针是东方式的。汤普森也回忆了当时的情形，侍者跌倒时，身边只有鲍罗克和霍克，斯大林的保镖都时刻形影不离地保护着他们的首脑，他们是不可能既开枪又吹毒针的。按照鲍罗克之后的提醒，汤普森查了霍克在瑞士银行的账户，里面新增加了五十万英镑，看来这笔钱应该是纳粹收买他时所付的。

汤普森一直希望在鲍罗克的回忆录中找到是谁杀死了纳粹的两名奸细，但是，这本回忆录一直没有公开出版，所以真相便被隐藏了起来。

巴顿将军的车祸是巧合还是意外

在军队中服过役的人是堂堂正正的人。——巴顿将军

巴顿所在的战场上,人们听到最多的一句话就是:"混蛋,你们的刺刀要毫不迟疑地穿透那些杂种的胸膛。"巴顿将军以他英勇神武的精神屡次创下辉煌的战绩,1945年4月,美国军方将四星上将的军衔授予了他。但是,就在这一年的12月9日,他却在德国曼海姆附近突然遭遇了车祸,12月21日,因伤势严重抢救无效在海德堡医院去世。

战争才刚结束,谁也没有料到刚刚被授予上将军衔,应该享受战功成果的老将,却因为一场车祸结束了生命。难道冥冥之中上天真的在安排着人类的命运吗,还是这场车祸本身就有些太过巧合呢?这场车祸究竟是意外还是人为的呢?

如果想要解开疑惑,我们只能一起回到1945年12月9日的那个清晨。当时,巴顿住在德国曼海姆。这天,他准备与朋友盖伊上将一起去打猎,于是,早早就安排司机霍雷斯·伍德林准备好车子,那是一辆超长的豪华凯迪拉克。根据当时的资料表述,巴顿将军所乘的轿车正在火车道口边等火车经过,司机已经看到离火车道500米左右的距离停着两辆大卡车,仿佛在等待着什么。当他们的轿车开始慢慢向前行进的时候,两辆卡车中的一辆向着他们的轿车缓缓驶来,另一辆也由相反方向向轿车驶近。在这样"背腹受敌"的紧急情况下,司机迅速踩下了刹车,但事故还是不可避免地发生了。轿车重重

地撞在了卡车右边的底盘上，因反作用力被弹出三米多远，巴顿将军也因惯性被狠狠地向前甩动，头部撞在司机后座椅的围栏上。之后，巴顿将军被送到了海德堡医院，因为剧烈的撞击让他的脊柱已经完全裂开了，眉骨上方的头皮也被隔板割开了一道7.6厘米长的口子。

大约一个小时后，巴顿将军醒了过来，虽然头脑还算清醒，但是脖子以下已经没了知觉，四肢已经不能动了。在医生的全力救治下，巴顿将军的伤势渐渐好转，他的一只胳膊已经可以用力，一条腿也有了知觉。可是，当医生们认为他已经脱离危险的时候，12月20日下午，他的身体状况突然恶化了。次日凌晨5时55分，巴顿将军因血栓和心肌梗死抢救无效离开了人世。

事情的经过就是这样，可是很多人提出了疑问：按当时的情况来说，豪华凯迪拉克车内应该一共坐有3个人：司机、巴顿将军和盖伊上将，可是为什么只有巴顿将军受了重伤而其他两人没有太大损伤呢？而且根据记载，当车祸发生后，司机竟然趁人们抢救人的混乱之机不见了踪影。事后，宪兵队勘察案发现场时也表现得很马虎，甚至最后也没有看到任何一份案件记录。所以，我们如果现在去查巴顿将军资料的话，除了他在军方的履历表外，什么都找不到，就是记录全面的履历表也不知道什么原因把巴顿将军的车祸情节忽略掉了。

一切的可疑现象都似乎在告诉我们，这场车祸一定不是那么简单，不是一次意外事故，而极有可能是一场蓄意谋杀。如果是这样的话，那么谁是幕后指使者？是谁要如此残忍地置巴顿将军于死地呢？他与巴顿将军之间又有怎样的纠葛呢？

有些人认为，那只伸向巴顿将军的幕后黑手应该来自他的某个上司。一些美国历史学家提出了大胆的假设，他们认为，那位上司就是与巴顿将军不和的艾森豪威尔将军。巴顿将军在第二次世界大战后的一些行为与艾森豪威尔的主张大相径庭，巴顿将军一直提倡要与德国亲近，他曾经公开批评包括美国在内的同盟国国家的"非纳粹化政策"，而且还在记者面前把纳粹党人和非纳粹党人之间的斗争，不恰当地比喻成美国民主党和共和党之间的斗争。同时，他又打算扶植德国几个没有在"二战"中受损失的党卫军部队，挑起一场与苏联的战争。因此，艾森豪威尔将军一直对他很不满意，巴顿将军已经成了他的眼中钉、肉中刺，对巴顿将军下狠手也是可以推理出来的。

还有一些人认为，巴顿将军的死可能与"奥吉的黄金案"有关。"奥吉的黄金案"是一个政府参与的大案，第二次世界大战期间，纳粹分子埋藏的一批黄金被美军的一些高级将领给发现了，但是他们并没有上缴国库，竟然私下里瓜分了。事情发生后不久，巴顿将军就被指派去调查此案。久经沙场、雷厉风行的巴顿将军很快投入了案件追踪中，他调查得很认真，案子也有了新的进展，但是，就在这马上要将作案嫌疑人公布于世的关键时刻，巴顿却突然遇难了。

如果说那只是一场意外车祸的话，那巴顿将军一定很冤屈。

· 马丁·路德·金遇刺案背后的阴谋 ·

我有一个梦想……

马丁·路德·金（1929~1968），著名的美国民权运动领袖。1963年，马丁·路德·金拜见了肯尼迪总统，要求通过新的民权法，给黑人以平等的权利。

1963年8月28日,马丁·路德·金在林肯纪念堂前发表著名的《我有一个梦想》的演说,并因此获得1964年度诺贝尔和平奖。1968年4月,马丁·路德·金前往孟菲斯市领导工人罢工时,被人刺杀,年仅39岁。那么,到底是谁刺杀了马丁·路德·金?这次谋杀事件的幕后黑手又是谁呢?

马丁·路德·金出生在佐治亚州亚特兰大市的一个黑人牧师家庭,这在黑人当中属于中等阶级家庭,他从小就受到家庭的熏陶,接受了系统的神学教育。当时的美国正处在战后经济发展的巅峰时期,但是,同样为美国的民主事业做出贡献的黑人,却在经济和政治上受到歧视和压抑。马丁·路德·金主张大爱,公正无私的爱,爱一切人,甚至要爱敌人。基于上述理念,他对美国的种族歧视深恶痛绝,决心以自己的实际行动去改变这种现状。

之后,马丁·路德·金和几个黑人领袖组织了"蒙哥马利改进协会",他们领导近5万名黑人展开了声势浩大的抵制公共汽车运动的游行。从此,持续十余年之久的黑人民权运动拉开了序幕。1957年1月,为了有效地把民权运动推进下去,60位黑人牧师在亚特兰大组成了"南部基督教领袖联合会",具有很高威望的马丁·路德·金被推举为大会主席。此后,为了正义与和平,马丁·路德·金就不断往返于美国各大城市,四处奔走呼吁。在他的领导下,民权运动取得了一系列辉煌成果。遗憾的是,1968年4月4日,一颗子弹击中了马丁·路德·金,一代黑人民权运动领袖就这样离开了人世,留给后人无限的思考。

1968年4月4日,马丁·路德·金和他的追随者为了支持清洁工争取同工同酬进行的罢工运动,赶往了田纳西州孟菲斯市,住在了洛兰旅馆306房间。当天下午6点左右,他吃完晚餐后与助手走到阳台上时,突然传来一声枪响,随后马丁·路德·金应声倒下。晚上7点5分,医生宣布,子弹穿透了马丁·路德·金的脊髓,医治无效死亡。

据说，1964年，当美国总统约翰·肯尼迪遇刺身亡之时，马丁·路德·金就曾经对妻子说，在他身上将要发生同样的事。可能，那时他就预感到自己未来将死在某次暗杀中吧。马丁·路德·金遇刺后，愤怒的人们强烈要求美国司法部门和联邦调查局迅速查明案件的真相，要求把真凶捉拿归案。在这种压力下，美国警方和联邦调查局特工展开了调查。4月5日凌晨，联邦调查局就称找到了真凶——詹姆斯·厄尔·雷。

马丁·路德·金被刺的当天下午，他们下榻的旅馆对面出租的公寓里来了一个穿着入时的青年，以约翰·维拉尔德的名字做了登记，并付了一周的租金，但是晚上6点之后他突然失踪了。这个人的行迹很可疑，再加上穿透马丁·路德·金脊髓的子弹就是从对面公寓射来的，所以警方立刻把这个青年列为了怀疑对象。

同时，公寓的一位临时住户也证实，枪响后有人拿着奇怪的东西离开了二楼浴室，联邦调查局立刻根据住户的描述，模拟出了这个人的肖像。之后，警方又在公寓里发现了一个旅行袋，里面装有衣物、望远镜和一支雷明顿公司制造的760型"打猎能手"式步枪等。经鉴定，那支雷明顿步枪的购买者登记名为埃里克·斯塔尔沃·高尔特，而步枪上的指纹却是在公寓住宿的约翰·维拉尔德。之后，经过联邦调查局的缜密调查，发现埃里克·斯塔尔沃·高尔特与约翰·维拉尔德是同一个人，而这个人的真名叫詹姆斯·厄尔·雷。于是，联邦调查局确认杀死马丁·路德·金的凶手就是詹姆斯·厄尔·雷。

虽然联邦调查局很确定，但是人们不禁要问：詹姆斯·厄尔·雷杀人的动机是什么呢？他虽然有过盗窃和抢劫银行的犯罪记录，但是他并没有伤害或者杀死过人呀，他为什么要杀死领导民权运动的马丁·路德·金呢？

联邦调查局称，詹姆斯·厄尔·雷是一个极度仇视黑人的种族主义者，他认为马丁·路德·金所倡导的运动是一种颠覆活动，所以他要把这个领导黑人民权运动的人消灭掉。然而，联邦调查局的这种说法却遭到很多人的反对。根据记录，詹姆斯·厄尔·雷是个笨拙的罪犯，他怎么能够用几个假名四处流窜呢？他又怎么能在刺杀行动后，迅速逃脱警方的抓捕呢？太多的疑问让人们理不出头绪，只能等待法庭的进一步审判。

1968年11月12日，马丁·路德·金遇刺半年之后，孟菲斯法庭准备对詹姆斯·厄尔·雷正式进行审判。但是，谁也没有料到，在开庭的前一天晚上，法庭称疑犯突然要更换律师。一般情况下，犯人是不会随意换律师的，因为新律师必须从头开始工作，进行调查、取证，然后再得出结论，这大概会浪费半年多的时间；而且詹姆斯·厄尔·雷所更换的是著名律师珀西·福尔曼，这将需要一笔不菲的律师费。

法庭的审判一再延期。可是，当第二年的3月10日再次开庭的前一天，不可思议的事情又发生了，孟菲斯法庭突然称，公诉方和辩护方已达成协议，犯人已经认罪，并自愿被判99年监禁。表面上看，案子已经结束了，可是就在詹姆斯·厄尔·雷被监禁的29年中，他先后8次上诉，每次都称自己是在被人胁迫和诱骗下才认罪的，并请求法庭重新审理此案，但孟菲斯司法当局并没理会。最后，詹姆斯·厄尔·雷因肝癌死于狱中。

詹姆斯·厄尔·雷的上诉没有被司法当局重视，却引起了人们的怀疑。人们觉得孟菲斯法院在掩盖事实，杀人真凶绝对不止是一个人，刺杀的过程很复杂，这不是一个人就可以完成的。因此，美国国会也得出了马丁·路德·金的死是有组织、有预谋的谋杀案件的结论，但同时又表示无法查明密谋的具体参与者。

直到1999年，美国一个陪审团裁定，马丁·路德·金被杀事件是多种势力策划的惊天刺杀阴谋。2002年4月，美国佛罗里达州的一名牧师向《纽约时报》记者透露，他的父亲亨利就是杀害马丁·路德·金的凶手，他今年61岁，其父亲在 1990 年已经去世。当年，亨利是一个 3 人小组的头目，他并不是反对马丁·路德·金的民权运动，而是认为马丁·路德·金与共产主义有联系，他身为一个热爱美国的人，除掉共产主义者是为了挽救整个国家的命运。

究竟是谁杀了马丁·路德·金？凶手杀人的真正动机又是什么呢？

第十章　文化秘史

人类从远古的蒙昧洪荒走到如今的灿烂文明，得益于人类文化的传承。然而因时光的流逝，很多文化发展的人证、物证早已消逝或失去了最初的样子，谜团也就随之产生……

·拉丁字母表起源之谜·

拉丁字母表是罗马文明为世界文化做出的巨大贡献。

因为拉丁字母表的发明，罗马人不但将拉丁语和拉丁文化普及到当时多民族的整个意大利地区，还促进了之后整个罗马帝国境内的各个民族和罗马文化的发展。

进入中世纪以后，由拉丁字母表发展而来的有意大利语、西班牙语、法语和罗马尼亚语等罗曼语族的各个国家的语言，还有英语、德语等日耳曼语族的某些语言，以及波兰、捷克、克罗地亚等斯拉夫语族的语言。正是因为拉丁字母表比其他语言文字的字母表拥有更多的优越性，所以我国如今所使用的拼音字母表才会参考借用拉丁字母。不仅如此，很多医学以及生物学的科学专用术语也都是采用拉丁字母进行表示。

但是，拉丁文却不是古代最早出现的文字，拉丁字母表同样也并非世界上最早出现的字母表。即便如此，拉丁字母表的产生也脱离不了东方文化的孕育。

世人皆知，世界上最古老的六种文字就是：中国的甲骨文；中美、墨西哥的玛雅文字；克里特线形文字；印度的哈拉巴文字；西亚的楔形文字和埃及的象形文字。可是这些文字都不是字母文字，因为字母文字的出现时间应该是比较晚的。

按照古希腊人和罗马人的推测，字母表的首创者很有可能是以下五个民族：腓尼基人、埃及人、亚述人、克里特人和希伯来人。由此可见，最早出现的文字和字母表大部分都是来源于东方。虽然在古代，各大文明地区之间都比较闭塞，可是也不会绝对是"东方就是东方，西方就是西方，相互之间没有任何的往来"。拉丁字母表的产生就是最有力的证据。

根据威廉·库里坎的研究，最早出现字母系统的是叙利亚海岸的古代乌加里特。其中，乌加里特字母表确定年份为公元前1400年左右，所使用的也是30个楔形符号。而最早的线性字母表却是腓尼基字母表。这种字母表最初出现在比布罗斯的阿希拉姆国王的石棺上面。虽然这种字母的定年说法不一，有公元前13世纪、公元前11世纪、公元前10世纪或者约公元前975年等说法，但是其中约公元前975年这种说法最为后世学者所认同。以此类推，大约公元前1200年，就已经产生了22个字母的腓尼基字母表。

到公元前9世纪中期，希腊人就从居住在希腊各个地方的希腊商人那里学会了腓尼基字母。其中，在克诺索斯的一个克里特几何形墓中发现了公元前900年的腓尼基铭文。这就可以证明，那个时候的腓尼基人和爱琴海地区的希腊人已经在文化上进行相互交流了。希腊字母表是来源于腓尼基字母表，并且希腊字母本身又是由东部和西部两个变体共同组成，其中东部变体的爱奥尼亚字母就在希腊、小亚细亚及邻近岛屿通行。雅典所用的就是爱奥尼亚字母。直到公元前4世纪中期，爱奥尼亚字母逐渐取代其他的字母，从而成为了24个字母的古典希腊字母表。

一直以来，有关拉丁字母表的产生都是争议不断，但经过总结大致可分为以下两种说法：

第一种说法认为：在希腊字母的各个分支当中有两个最大的分支：一个就是西里尔字母，是9世纪时期圣西里尔（约826~869）和圣美多迪乌（约815~885）按照安色尔体希腊文创造而来的；还有一个就是埃特鲁斯坎字母，诞生于公元前9世纪或公元前8世纪初，应用于意大利中部的托斯卡纳，但是很多流传下来的铭文几乎都没有被破译通读。之后，西里尔字母演变成为俄语、乌克兰语、保加利亚语和白俄罗斯语等多个民族的语言文字，埃特鲁斯坎字母表也演变发展成拉丁字母表。

最初的时候，罗马人只是从26个字母的埃特鲁斯坎字母表中借用了21个字母。到了公元前1世纪的时候，随着罗马帝国对希腊的征服，另外两个字母Y、Z也被应用到了拉丁字母表中。其中J、V两个字母是在中世纪的时候被创造出来的，在这之前，日常的书写都是用I、U这两个字母来代替的。直到最后，又从罗曼语中新增了一个字母W，从而才形成了最终的26个字母的拉丁字母表。根据这种说法，古典的拉丁字母表应该是来源于埃特鲁斯坎字母表，其中又间接地受到了希腊字母表的影响。

第二种说法认为：最早的拉丁字母表只有20个字母，没有J、O、U、W、Y、Z，并且是直接采用了坎帕尼亚的库迈城的希腊字母表。其中，库迈城是希腊优卑亚岛卡尔奇斯城的殖民地。之所以会有拉丁字母表是起源于坎帕尼亚的库迈城的希腊字母表这种说法，完全是因为一些拉丁字母的古老形式和库迈字母表相对应的字母形式极为相似所推论出来的。

迄今为止，人们依然不能对拉丁字母表的起源下结论。

· 是谁毁灭了亚历山大图书馆 ·

亚历山大之所以闻名世界，很大一部分原因在于它拥有一座当时世界上最好的图书馆。

公元前5世纪，古希腊就已经拥有了众多的图书馆，其中就包括公共图书馆和私人图书馆。然而，古希腊时期最为雄伟壮观和最有名望的图书馆并不是建立在雅典城，而是建立在古埃及的亚历山大里亚城。当时，亚历山大里亚城拥有很多精美绝伦的建筑物：宫殿、广场、花园、庙宇以及博物馆等，其中最为著名的就是亚历山大博物馆。而这个著名的博物馆里面又建有一个当时世界上最大的图书馆：亚历山大图书馆。

可是，在古代硝烟四起、战火不断的年代，文化的繁荣并不能保护自身的安全，在经历多次的战争和亚历山大市统治者的变换之后，亚历山大图书馆还是未能幸免于难，最终走向了消亡。那么，导致亚历山大图书馆毁灭的罪魁祸首究竟是谁呢？这个问题的答案至今都尚未解开。

亚历山大图书馆是根据古希腊的帝王亚历山大的名字命名的。相传，亚历山大大帝自幼就热爱并且熟知古希腊的文化，他的老师就是古希腊最为著名的学者亚里士多德。亚历山大大帝十分喜欢阅读和收藏书籍，甚至在征战的途中也会带着大量的书籍，然后抽时间阅读。他还曾经计划建造一个巨大的图书馆，但遗憾的是，没等这个计划实现，亚历山大大帝便因病去世了。后来，亚历山大大帝的继承者托勒密一世索特（前367~前282）开始实行了这个宏伟的计划。

虽然托勒密一世是一位专制蛮横的君主，但是他十分喜欢结交文人学者，也因此招揽了众多的著名学者来到了亚历山大里亚城。其中就有一位名叫德米特利乌斯的学者，他是希腊的演说家、历史学家和诗人，他在公元前307年来到了亚历山大里亚城，不久就成为了托勒密一世最为宠信的大臣。之后没多久，德米特利乌斯就十分热心诚恳地向托勒密一世提议：为了体现王朝的繁荣昌盛，从而名垂千古，最好在亚历山大里亚城建立一座庞大的图书馆和博物馆。托勒密一世不假思索便同意了这个提议。随后在德米特利乌斯的协助下，公元前297年（一说公元前290年），托勒密一世就在亚历山大里亚城布鲁丘姆建立起一座极为雄伟壮观的大厦，这座大厦集博物馆、图书馆和学院的功能于一体。

到了托勒密二世的时候，又紧接着在亚历山大里亚城西南隅的萨拉匹斯神庙中新增了一个分馆。这个分馆的规模相对较小，据称里面藏的图书大约有四万卷，被人称为"子馆"，虽然它不如主馆的藏书丰富多彩，但是对外却比较开放，允许一些普通的市民和学生进行使用。因此，亚历山大图书馆成为了托勒密二世统治时期最为重要的代表建筑。亚历山大图书馆以丰富的藏书著名，但是里面究竟藏有多少图书，至今都无从知晓。有人说里面收藏的草纸和皮纸卷轴大约有十万，也有人说大约有二十万，还有人说大约有五十万，甚至有人说大约有七十万或者一百多万卷。

亚历山大图书馆是当时世界上规模最为庞大的图书馆，在之后长达两百多年的时间里,它作为古希腊文化的中心,对古代世界文化的保存和交流起到了极为重要的作用。但是,令人十分痛惜的是,亚历山大图书馆最终还是被毁灭了。那么,这座举世闻名的图书馆究竟是如何毁灭的呢?关于这个疑问,历史上没有任何可靠的文字记载,所以也就成为了一个难以破解的千古之谜,也因此引发了众多学者们的猜测和争议。经过总结,大致可归结为以下几种说法。

第一种说法:公元前47年,罗马统帅凯撒亲自率领军队远赴埃及征战,当时,凯撒的军队在经过亚历山大里亚城的时候,企图掠夺走亚历山大图书馆中的藏书。于是,亚历山大里亚城中的市民们为了阻止图书被运走,就放火烧毁了港口停留的船只,但是没想到船上的大火迅速蔓延到了整个市区和图书馆,导致亚历山大图书馆也被烧毁了一部分。根据古代历史学家狄奥·卡西乌斯的记载,公元前41年,罗马统帅马可·安东尼为了弥补凯撒军队对亚历山大图书馆的毁坏,就从小亚细亚的另外一座著名的图书馆——帕加马图书馆中把大约二十万卷的图书送给了当时以美貌著称的古埃及女王克娄巴特拉七世。

第二种说法:公元后,亚历山大图书馆的影响已经大不如前,里面收藏的图书有一部分就被搬运到了罗马的图书馆。

第三种说法:古埃及女王克娄巴特拉七世为了取悦于凯撒大帝,曾经用亚历山大图书馆的藏书换取了小亚细亚西北部古城帕加马的图书馆。

从上面几种说法我们可以看出,亚历山大图书馆被烧毁的各种说法之间存在很大差异,但这里面也同样存在一些共同点,那就是:第一,亚历山大图书馆是因为外族入侵被毁灭的;第二,毁灭的方式几乎都是火烧;第三,被毁坏的原因也大都与宗教有关;第四,图书被毁坏并不是在短时间之内完成的,而是遭受了多次的抢夺和破坏,它经历了一个漫长的过程。

亚历山大图书馆的毁灭是人类文明的一个不可弥补的巨大损失。

羊皮纸典籍为何能流传千年

古希腊和古罗马孕育了世界文化，是世界文化的发源地之一。

在长达10多个世纪的悠久岁月里，希腊和罗马先后孕育出很多的文化名人。他们创作出很多举世闻名的著作，为后人留下了极为宝贵的精神财富。每当我们阅读这些流传下来的历史巨著时，都会在心中反复出现一个疑问，那些几千年前写成的文字到底是如何保存并流传下来的呢？

追溯到古希腊罗马时代，那时候还没有发明纸张和印刷术。通常人们在写字的时候，都是用羽毛或者芦苇管做笔，蘸着墨水在羊皮纸上面进行书写，然后再逐一装订成册子。如果人们想要得到一本书，唯一的办法就是通过手工抄写。当时很多贵族们的家中，都有专门负责抄书的奴隶，也正是因此，远古的书籍才得以广泛流传。然而，在公元476年西罗马帝国灭亡以后，情形就开始发生了很大的改变。

最初的时候，取代罗马人进行统治的是被称为"蛮族"的日耳曼人。日耳曼人大都是一些不识字的武夫，根本不知道羊皮纸典籍所蕴含的巨大价值，所以他们肆意地损毁。由于战争连年不断，很多宝贵的书籍都遭到了焚毁或者损坏。等到社会逐渐稳定下来以后，整个欧洲势力最为庞大的基督教会为了掌控民众和排斥异己，就对古希腊罗马的典籍进行了一场大规模有组织的焚毁行动。

除此以外，教会中的人员和神学家们还把大量的羊皮纸书籍的原文给销毁掉，然后再在上面书写一些有关基督教的东西。如此一来，又毁掉了大量的古典书籍，还造成了部分古典书籍的内容混乱。另外，很多羊皮纸书籍都是常年存储在禁室当中，因而里面灰尘散落、蛛网遍结、虫蛀腐烂。从6世纪到10世纪欧洲进入黑暗时代，长期以来积累起来的书籍宝库，遭受了无数次的掠夺、焚毁、虫蛀和腐烂，所造成的损失是难以计算的。

即便如此，还是有不少的羊皮纸典籍得以保存并流传开来，从而成为了当今世界文化宝库中一笔非常珍贵的财富。那么，这些珍贵的古典书籍在当时的环境之下又是如何得以保存的呢？经过总结，大致分为以下几种说法。

第一种说法认为，虽然基督教会是焚毁古希腊罗马古典书籍的元凶，但是后来在保存这些古典书籍方面，还是做出了一定的贡献。这里面功劳最大的就是修道院里面的抄录修士。在公元6世纪的黑暗时期，东哥特王的宠臣、罗马贵族后人加斯奥多勒斯在自己创建的修道院里面专门开设了一个誊写室，里面的人专门负责抄写古典书籍作品。根据圣本笃修会的创始人本尼狄克所颁布的会规规定，抄录书籍是修士们每日必做的功课，并且还说只有通过日夜不停地抄写，才会得到上帝的宽恕。自此以后，抄录制度就迅速在西欧各个修道院中普及开来。不仅抄写的书籍数量巨大，而且质量也是非常不错，整个稿本字迹工整，装订也非常精美。不仅修道院中普遍抄书藏书，甚至连教皇也收集了大量的古典书籍。

罗马的教廷图书馆创建于公元4世纪，但是13世纪的动乱使图书馆中的藏书损毁了大半。15世纪时，教廷又在梵蒂冈重新建立了大型的图书馆，这座图书馆直到今天仍是古希腊罗马手稿的重要收藏地。但是，教会的人们为什么会如此重视抄写和收集一些异教的典籍——古希腊罗马的古典书籍呢？后人对此也是争议不断，有以下几种观点。

第一，古希腊罗马的古典书籍里面有基督教可以汲取利用的东西。如果汲取利用这些东西，将会让基督教的思想更具有力量。不仅如此，他们举例加以证明：托马斯·阿奎那就是在吸收了亚里士多德的思想以后才成为了经院哲学的集大成者。除此以外，托勒密的天文学地心说也被教会用来证明上帝是创造和主宰一切的神明。

第二，基督教内部经常会产生意见分歧。这些人热衷于古希腊罗马古典书籍的收集、整理和阅读，以此来创立自己的学说。

第三，10世纪以后，伴随着欧洲工商业城市的逐渐发展，人们对古典医学、数学、天文学、地理学、生物学以及工艺学知识的需求日益增长，教会作为当时的知识统治阶层，不可能视若无睹。

上述几种观点，究竟哪一种观点才更接近真相呢？这就要看每个人自己的判断了。

通过修道院里面修士们的抄录和教会收集所保留下来的古典书籍数量确实很多。有人认为，修士们将6世纪以来能够看到的羊皮纸古典书籍都抄录了下来，并且他们认为保存到今天的古希腊罗马古典书籍几乎都是经过他们的抄录才得以流传的。对于这种说法，很多学者都提出了异议。原因有以下几点：

第一，很多古希腊罗马的古典书籍早在日耳曼人占领罗马城之前就已经毁坏或者流落到别的国家去了。

第二，古希腊罗马有些古典书籍，由于犯了禁忌并没有被抄录，或者在抄录之后又被刮掉销毁。

第三，不少古典书籍在被抄写完成以后又流失了。

第四，由于羊皮纸来之不易，也有人将收藏的古希腊罗马古典书籍上面的文字给刮掉，然后抄写教会的书籍。

那么，除了教会以外，是不是还有其他保存羊皮纸典籍的人呢？

第二种说法认为，后世有的学者将保存古希腊罗马羊皮纸典籍的功劳归结于阿拉伯人。自从公元 7 世纪以来，阿拉伯人在长达几个世纪的领土扩张过程当中，占领了地中海沿岸的大片原属古希腊罗马统治的区域，从而直接获取了许多宝贵的古希腊罗马古典书籍。不仅如此，阿拉伯的统治者还推行开明的文化政策，大量搜集各国文化书籍，甚至不惜动用军队去掠夺。

公元 9 世纪时期，哈里发马蒙在巴格达修建了宏伟壮观的图书馆，并且还将四处搜集到的古典书籍翻译成阿拉伯文字。这些书籍在 12 世纪以后又逐渐流回到欧洲并被翻译成了拉丁文。当时翻译书籍的中心主要是刚刚赶走阿拉伯人的西班牙的托利多，其次就是接近阿拉伯地区的西西里。一时之间，阿拉伯人的书籍作品在各地迅速地流传开来。有人曾专门做过这项统计，认为阿拉伯人所收集保存的古希腊罗马古典书籍的数量要比欧洲修道院中所保存的古典书籍还要多，特别是医学和自然科学方面的著作。有些被翻译为阿拉伯文的古典书籍后来都被陆续地翻译回拉丁文，从而在整个欧洲流行开来。

第三种说法认为，拜占庭才是古希腊罗马古典书籍的最大保存者。在西欧处于黑暗时期，大量的羊皮纸典籍都遭到损毁，只有拜占庭收藏、保存了大量的古典书籍。当时的拜占庭统治者君士坦丁七世极力提倡学术和艺术。拜占庭的藏书虽然在 1204 年和 1453 年遭到了十字军和土耳其的两次劫掠，但是当时整个西欧的黑暗时期已经成为了过去，拜占庭流失出去的古典书籍也陆续流回了欧洲地区。因此，后世有学者将拜占庭称之为古希腊罗马古典书籍的最大保存者。不仅如此，他们还认为如果不是拜占庭进行收藏的话，那么，如今的人们是无法一睹荷马、柏拉图、索福克勒斯甚至亚里士多德的辉煌著作的。

知识无国界，越是民族的，越是世界的。

古罗马人为什么崇尚"角斗"

在古罗马漫长的历史上,曾出现过一项血腥至极的娱乐活动,这就是"角斗"。

最初的角斗是人与人之间的拳斗,后来逐渐发展成为人与老虎、狮子等猛兽的肉搏。再到后来,为了寻求更大的刺激,角斗发展为两个斗士手里拿着利剑或三叉戟、盾牌或网套,相互刺杀。为了进行这种娱乐活动,罗马人还专门建了许多雄伟壮观的角斗士竞技场。

在我们看来,古罗马人的角斗是一种极为残忍的血腥活动,但是角斗却是古罗马人生活中的重要娱乐活动,当一批批角斗士的躯体被猛兽撕裂之时,他们不但不对此感到厌恶和愤恨,反而为此大声欢呼叫好。在当时,甚至现在,角斗显然已成为罗马城的象征。曾有一位叫贝达的神父预言:"几时有斗兽场,几时便有罗马;斗兽场倒塌之日,便是罗马灭亡之时。"我们从中也可看出古罗马与角斗之间的渊源关系。那么,古罗马人为什么要进行这种野蛮残忍的血腥活动呢?他们角斗的目的又是什么呢?

第一种观点:古罗马角斗与祭祀和宗教有关。

罗马人真正的角斗活动是从邻近民族埃斯特鲁坎人那里学来的,而埃斯特鲁坎人进行角斗是为了表示对战死沙场的英雄的祭奠。故持此观点者认为,古罗马人角斗的目的也应如此,他们相信,死者可以用血来赎罪,因此便在葬礼上用杀战俘或奴隶的方式祭祀死者。但是对此观点持反对意见的人认为,古代有许多民族都有这种用奴隶来祭祀死者的迷信观点，当角斗在古罗马风行之时，它最初的宗教意义早已不复存在，所以这种说法的理由过于牵强。

第二种观点：古罗马皇帝和贵族举办角斗比赛，是出于政治需要，而角斗产生的根本原因则是奴隶制度。奴隶制度的最突出特点就是不把奴隶、战俘、犯人当人看待，对他们大肆折磨和杀戮。奴隶制度中处于中间阶层的是破产的农民，这些人虽然是"无产"阶级，但他们却是拥有选举权的公民，手中握有选票，在政治斗争中占有举足轻重的地位，就是统治阶级也不敢无视他们的存在，甚至还要巴结他们。所以，这些公民仗着手中的选票，即使破产了，也不会去劳动，并且还视劳动为耻，整天无所事事，不劳而获，是社会的寄生虫。由于角斗是古罗马人喜欢的一种娱乐方式，王公贵族为了笼络民心，争取更多全权公民的支持，于是就引诱他们，扩大角斗规模，增多比赛场数，延长比赛时间，让他们在长时间欣赏角斗的过程中日益堕落、沉沦，成为对统治者唯命是从的工具。正如亚利桑那大学教授埃里森·福特莱尔所说："竞技场奠定了一块复杂的政治基石，与其说它意味着用糖衣来掩饰强制力，还不如说是罗马统治者自身正在进行逼真的表演。竞技场上的仪式是皇帝通过直接的个人态度变化来控制的方式，以此来造就和操控大众情感的反应，重新规范地构建统治特权阶层的命令。"即古罗马皇帝为了赢得罗马民众的支持，贵族为了光耀门第，总之是为了个人目的才煽起了角斗之风。

第三种观点：角斗是罗马帝国统治与教育的需要。

此说认为，虽然罗马帝国内部的核心地带已经"和平"，没有了战争，但是为了培养罗马人那种勇敢善战、视死如归的作战精神，罗马人便在城市和乡镇建立起人工战场，以对后方的男人、女人和孩子们进行勇敢和善战的现场教育，不仅要使男人们增强体质，也要让孩子们从小就记住被打败的后果，还锻炼了妇女们敢于牺牲的心理素质。另外，由于每次角斗比赛，总有许多战俘、奴隶被打死，相当于是在执行公开的死刑，让罗马人都看到这一残忍的行为，也是对他们有所警醒，起到一种杀一儆百的作用，意在告诉他们反叛与出卖祖国的下场。就连主张内心平静的西塞罗都说："角斗是一种良好的教育，它能培养沉着、勇敢和视死如归的精神。"由此可知，角斗对于古罗马帝国的统治所起的作用非同一般。

第四种观点：罗马风行角斗是罗马人的传统。

此说认为，如同斯巴达人一样，古罗马人是一个好战的民族，其民族文化实则就是战争的文化。也正是因为如此，养成了罗马人残忍好战的性格。正如有些人形容罗马人那样："罗马人天生残忍，这句话重复多少遍也不过分。"罗马人天生喜欢血腥，充满着征服欲，所以即使在"和平时期"，他们也非常渴望"流血"的战争。于是，他们大量捕获野兽，当国内的野兽数量急剧减少后，他们还从国外进口野兽，然后将野兽随意扔给犯人，让他们进行厮杀，以满足自己观看"流血"的欲望。这一点从奥古斯都统治时期，将用罪犯喂养野兽作为合法的死刑中就可以看出来。

第五种观点：角斗的风气源于罗马人对勇士的崇拜。

这种说法认为，由于罗马人对勇士有着无上的敬意，因此，在罗马人心中，战胜的角斗士是最有魅力的人物，是罗马文明中的英雄。另外，获胜的角斗士也十分讨异性的喜欢，这一点从庞贝遗址的雕刻中就可以找到此类信息："塞拉杜斯，三次获胜者，三次冠军，年轻女孩心目中的白马王子。"

君士坦丁大帝曾在 325 年下令禁止角斗比赛，然而直到 6 世纪，角斗才得以停止。

遣唐使是日本派出的间谍吗

"留学生"一词是由日本人创造出来的,源于我国大唐时期。

唐朝时,日本政府为了学习中国的先进文化,曾多次派遣唐使来中国学习。由于遣唐使是外交使节,不可在中国停留太长时间,于是日本政府在第二次派遣唐使来中国时,又带上了"留学生"和"还学生"。在遣唐使回日本时,与之一起回国的人就是"还学生",而留在中国的则被称为"留学生"。后来,"留学"一词便由"留学生"发展而来。

所以,现在一提及"留学"的渊源,便会让人不由自主地想起日本人在中国大唐"留学"之事,而对于日本人留学中国的目的,一直以来,人们多以为日本是为了学习中国文化,为了促进中日文化交流。但是,事实真相果真如此吗?

公元630年,唐太宗李世民即位,就在这一年,以犬上御田秋为首的日本政府第一次派遣唐使来到长安。后来,从公元630~894年的200余年间,日本政府又向唐朝派出遣唐使多达19次之多。不过,有两次受阻未能成行,有1次是为了迎接前遣唐使回国,有3次是为护送大唐使节回国,所以,日本正式委派并真正到达唐朝都城的遣唐使的次数应是13次。由于中国大唐时期,经济文化发展空前鼎盛,中亚、波斯、印度、拜占庭等地的国家纷纷派遣使节和商人来到唐朝学习中国的治国经验和先进文化,占据优越地理位置的日本自然也不甘心落后,日本政府便精挑细选出一些使臣和学者来中国参观学习。

刚开始时,日本的遣唐使团(由政府使官、学习访问人员和航海工作人员组成）规模较小，通常每次只有一两艘航船，人数也仅有 120 人左右。后来，遣唐使团的规模逐渐扩大，航船增加至 4 艘，人员增至 500 余人。

日本人在中国的"留学"确实对推动日本的发展做出了巨大贡献，而且也极大地促进了中日之间的经济文化交流。从现在日本的民俗风情和生活习惯中，我们也可看出浓厚的中国古代文化的痕迹。

然而，随着元、明时期倭寇在我国沿海的出没，有些学者对日本人"留学"中国大唐的目的产生了怀疑。有人认为，日本对中国的野心是蓄谋已久的，他们当初来大唐不仅仅是为了进行经济文化交流和学习，更多的是为了窥探中国，或者是在窥探中国的同时，顺便学习中国的先进文化。而对于"遣唐使"和"倭寇"这两个称谓，有人说，日本本就是"寇"，只是因为当时他们的实力难以与大唐的国力相抗衡，故将"寇"转为"使"，以便冠冕堂皇地出入中国。

谁是谁非，恐怕只有当时的留学生才能回答。

·《源氏物语》是出于女人之手吗·

《源氏物语》是世界上最早的长篇写实小说，被人们誉为世界文学长廊的经典之作。

《源氏物语》是日本的一部古典名著，小说描写的是平安朝时期日本的风貌与宫中的斗争，揭露了当时的人性，反映了当时妇女的低下地位和苦难生活。全书共 54 回，近百万字，故事涉及四代天皇，历时 70 余年，涉及人物多达400多位，成书年代大约在公元1001年至1008年间。

《源氏物语》是日本小说创作的巅峰，对日本文学的发展产生过巨大的影响，至今都无人能及，可以说，这是一部让日本民族整整骄傲了十个世纪的古典著作。

然而，这部在世界上享有盛誉的日本巨著却有着诸多谜团，而且至今未解。

谜团之一：《源氏物语》作者的真实姓名叫什么？

现在，人们都说该书的作者是紫式部，日本宫廷的一个女官。其实，紫式部并不是作者的真实姓名。因为作者是11世纪时晶子宫的一位女官，当时有个规定：除了尊贵的公主之外，贵族妇女的名字一般是不公开的，所以作者的真实姓名就成了一个谜。作者本姓藤原，由于当时的宫中女官往往以父兄的官衔为名，而作者的兄长在朝中担任式部丞一职，因此作者在宫中时的名字就是藤原式部。那为什么现在人们都称其为紫式部呢？这主要是因为《源氏物语》中的女主人公紫姬很受人喜爱，并被世人广为流传，因此，人们便用紫姬的"紫"字当作作者的姓，这样一来，便有了"紫式部"一名。

谜团之二：作者的生平之谜。

虽然作者生前曾写有《紫式部日记》，而且至今仍保留有此日记，但是由于日记记录不是很全面，学者们数百年来通过各种途径对其生前的生活状况和生平进行了探讨，也已勾画出一个大致的轮廓，但是这些内容都还不是十分明确。学者们对紫式部的生平作出的推测大致是这样的：

紫式部出身于势力极大的藤原家族旁系的一支，在大约公元1000年，她与御林军军官藤原宣教结为夫妻，并生下一个女儿。但是，在他们结婚一两年后，藤原就去世了。从此，年轻的紫式部就开始独守空房，与女儿相依为命。据说，紫式部为了消遣时间，便在此时开始着手写《源氏物语》。后来，在父亲的帮助下，她于1005年或1006年进宫做了女官，由于她从小就读书识字，受到了良好的文化教育，所以进宫后的主要任务便是给一条天皇19岁的皇后晶子解读白居易的诗以及《日本书纪》。在此期间，紫式部仍然在不间断地撰写《源氏物语》。1011年，一条天皇驾崩，皇后晶子便与其侍女一同搬进了一座较小的宫殿。

谜团之三：日本最伟大和最早的小说出自一千多年前的日本女人之手？

有许多文学工作者对《源氏物语》的作者提出质疑：当时的妇女识字者甚少，即使是贵族妇女也没有几个能看得懂文学著作，一名宫女怎么可能执笔进行创作，而且还写出日本最伟大和最早的小说呢？相较于有关紫式部的其他谜团，这个问题很容易解释。既然紫式部可以给皇后晶子讲解白居易的诗作以及《日本书纪》，就说明她是有一定文学功底的。由于当时的日本将汉文作为标准文字，日本男人阅读、书写的内容多是汉字，但供女人使用的文字还是日文，所以用日文书写的人一般都是女人，而《源氏物语》的原本也是用日文书写的，这一点也可以充分说明此书是出于女人之手。

《源氏物语》的谜团不仅这些，还有很多未解之处等待人们去发现。

·《我的太阳》是讴歌兄弟之情吗·

啊，太阳，我的太阳！

意大利著名歌曲《我的太阳》是意大利作曲家卡普阿（1864~1917）于1898年创作的一首声乐曲。由于这首歌具有浓郁的民族风格和优美的曲调，因此，在1898年举行的那波里音乐节上由意大利著名歌唱家斯泰方诺、帕瓦罗蒂和卡鲁索演唱后，一炮打响，成为20世纪后半叶风靡世界的民歌。在我国，《我的太阳》也是当时最流行的外国民歌之一。

关于这首歌，还有一则有趣的故事：1952年，在芬兰的赫尔辛基举行的奥运会开幕式上，各国的运动员都陆续入场了，就在意大利运动员入场时，现场突然响起了《我的太阳》。不是应该奏意大利国歌吗？现场的7万多名观众先是一惊，然后哄堂大笑，随即又激情饱满地伴着节奏一边鼓掌，一边齐声合唱起来。这是怎么回事？原来，当时的意大利驻芬兰大使馆不知因何缘故没有向奥运会组织者提供国歌，而组织者也因为种种原因没有向其索要乐谱。就在意大利运动员入场后，乐队指挥才发现乐谱集上竟没有意大利国歌的乐谱。不过，他急中生智，马上指挥起了歌曲《我的太阳》，因此才出现了这一幕。我们由此故事中也可看出，《我的太阳》当时在世界上影响之大。

虽然这首歌风靡了半个世纪，但是对于"我的太阳"所指究竟是什么，由于卡普阿自己没有透露，所以至今都没有人知道这个问题的答案，人们只能猜测了。

一说，《我的太阳》是一首情歌。"我的太阳"指的就是卡普阿心目中的情人。此说认为，作者在这首歌中热情洋溢地倾诉了自己对心目中的太阳，也就是热恋中的情人的赞美和爱慕之情。

二说，"我的太阳"喻指情人的笑容。此说的依据是《罗密欧与朱丽叶》中的两行诗："是什么光从那边窗户透射进来？那是东方，朱丽叶就是太阳。"因此，有学者认为，卡普阿是将情人美丽多情的笑容比喻成了"太阳"，表示忠贞不渝的爱情。

三说，"我的太阳"是弟弟对哥哥的比喻。这首歌表达的是两兄弟之间的深厚感情。此说法源于一则故事：有一个家庭，只有哥哥和弟弟两个人。由于父母早亡，兄弟俩亲密无间，相依为命。为了照顾好弟弟，让弟弟吃饱穿暖，哥哥便决定外出打工挣钱。当哥哥出门远行时，弟弟来为哥哥送行。为了表达对哥哥的感激之情，弟弟便唱了这首歌，将哥哥比作自己心目中的太阳。

还有一种说法也与兄弟感情有关。此说也源于一个传说：相亲相爱的两兄弟长大后，同时爱上了一位美丽温柔的姑娘。不过，这兄弟俩并没有像其他人一样，为了争夺美人而斗得头破血流，甚至都没有为此而争风吃醋，因为哥哥做出了让步和牺牲，他决定出门远行，将心目中的太阳，也就是自己的爱人留给弟弟。弟弟在为哥哥送行时，含泪唱了这首歌，把亲爱的哥哥和钟爱的情人比作自己心目中的太阳。

无论《我的太阳》所指何意，能打动人心的永远是饱含在歌曲内的真情。

·"维纳斯"为何会断臂·

维纳斯是爱神、美神，同时又是执掌生育与航海的女神。

1820年4月的一天，在希腊爱琴海一个名叫米洛斯的小岛上面，一位名叫伊奥尔科斯的农民带着他的儿子一起在田中耕作。当他们耕种到一处灌木丛的时候，忽然发现了一个很大的洞穴。两人对这个洞穴非常好奇，就决定进去一探究竟。他们小心翼翼地走进了洞穴，发现映在眼前的是一尊异常优美的半裸女子的大理石雕像。这座雕像高2米，是由半透明的白云石雕刻而成。不仅如此，这座雕像雕刻的技艺非常精湛，造型也非常典雅，整个人物的姿态美轮美奂，可以说是形神兼备。

根据有关专家们的鉴定，这座雕像是公元前4世纪古希腊大雕刻家的作品，可以说是当今世界艺术宝库中不可多得的稀世珍品。世人皆知，爱神维纳斯的雕像是断臂的。那么，爱神维纳斯断臂的原因究竟是什么呢？后世的学者对此一直是众说纷纭，莫衷一是。但是经过分析总结大致可分为以下几种说法。

第一种说法：根据19世纪法国舰长杜蒙·居维尔回忆录中的记载，爱神维纳斯是希腊米洛斯的农民伊奥尔科斯于1820年春天在进行耕地的时候获得的。维纳斯最初被发现的时候，右臂是下垂状态，左上臂高举过头，并托着一只苹果。当时法国驻米洛斯领事刘易斯·布勒斯特知道了这件事情之后，急忙赶往了伊奥尔科斯的住处，表示自己愿意用高价收购这座雕像，并得到了伊奥尔科斯的同意。可是由于手上一时没有足够的现金，只好派居维尔连夜赶往君士坦丁堡向法国大使报告。法国大使在听完汇报以后，赶紧命令秘书携带大量金钱跟随居维尔连夜前往米洛斯购买维纳斯女神像。但是，出乎意料的是，农民伊奥尔科斯这个时候却把维纳斯女神像卖给了一位希腊的商人，并且已经装进了船中准备运走。居维尔听说以后，准备动用武力去抢夺维纳斯女神像。紧接着，英国政府听说了这件事，也打算派舰艇去争夺，双方因此展开了一场非常激烈的战斗，在交战中爱神维纳斯像的双臂不慎被砸断。从这以后，维纳斯就成了一座半裸断臂的女神像。

第二种说法：爱神维纳斯的雕像在被雕刻完成以后，雕塑家曾请来了很多位名人对这座雕像进行评论。众人在看完以后都连连称赞完美无瑕，并且一致认为最美的地方就是维纳斯的左臂。当众人纷纷把目光都集中在维纳斯的左臂上的时候，雕塑家当场就将维纳斯的左臂给敲断了。众人惊诧之余连忙询问原因，雕塑家回答说不能让局部的美破坏了雕像整体所呈现的美，如果是这样的话,宁愿它最终展现给大家的是一种残缺的美。

一直以来,古今中外众多学者都对爱神维纳斯雕像的断臂姿态进行了种种猜测和争议,但是时至今日也依然没有人能够将这座维纳斯雕像进行复原。

根据德国考古学家福尔托温古拉的猜测,这座维纳斯女神像在被断臂之前应该是左手往前伸,并且小臂是搁在一根柱子上面,同时手里还握着一只金苹果,而下垂的右手正好按住落在腹部位置的裙角。

英国医生克罗蒂阿斯·达拉尔的看法和考古学家福尔托温古拉的猜测几乎相同,都认为维纳斯女神像的左手上臂是向前平伸,可是小臂却是向上弯曲,手掌上面握着一只金苹果,右手下垂并紧紧按住了衣服的裙角位置。但是也有部分学者认为,维纳斯女神像的左手是握着一面盾牌,向前伸展,而右手则是略微向前下垂,并没有拿任何物品。

维纳斯的魅力也许正在于引人遐想的残缺的美。

· 《蒙娜丽莎》真品藏身何处 ·

蒙娜丽莎的神秘之处不仅在于它的微笑,连的它的藏身之处也是个谜。

也许有人会问:"达·芬奇的《蒙娜丽莎》原画不就藏在巴黎卢浮宫吗?"按照以往的说法,这个问题的答案是肯定的。但是,由于《蒙娜丽莎》的真品曾在1911年失窃,两年后失而复得。而几百年来,有不少收藏家都自称他们手中的藏品是真版的《蒙娜丽莎》,数量竟达60幅之多。这样一来,失而复得的、现收藏于卢浮宫的《蒙娜丽莎》究竟是不是真品就成了一道难解之题。如果不是，真正的《蒙娜丽莎》又藏身于何处呢？

在收藏界，有一种说法称真正的《蒙娜丽莎》没有在法国，而是保存在伦敦一所公寓的墙上。据这个公寓与这幅作品的保管者普利策博士说，当时，达·芬奇在画完《蒙娜丽莎》后，此画就留在了丽莎·德·佐贡多家中。后来，一个贵族又请达·芬奇为他的情人，一个被称为"拉乔康达"（意为"微笑的人儿"）的女子画了一幅肖像画。由于拉乔康达与蒙娜丽莎长得非常像，达·芬奇便偷了一个懒，直接将《蒙娜丽莎》的脸部换成拉乔康达，应付了差事。但是没想到的是，画作完成后，那个贵族抛弃了拉乔康达，因此，他就没有买这幅画。再后来，达·芬奇受弗朗西斯邀请，去了法国，并带走了此画。普利策称，现挂于巴黎卢浮宫的画正是拉乔康达的肖像画，而真正的《蒙娜丽莎》后来流落到了英国，几经波折后被瑞士一财团收购，而他就是财团中的一员。

由于现在全世界已有200多幅形形色色的《蒙娜丽莎》赝品，就连英国前首相撒切尔夫人都收藏有4幅，所以很多人认为，普利策所言只是为了给伦敦公寓的那幅赝品找托词。但是普利策又给出了这幅画是真品的理由。第一，他对伦敦这幅画和达·芬奇的其他画作分别做了显微摄影术检测，发现这幅画上的指纹与达·芬奇其他作品上的指纹相同。第二，根据记载，蒙娜丽莎比拉乔康达年轻19岁，而且达·芬奇为蒙娜丽莎画肖像画时，她披着一条悼念女儿的面纱，而卢浮宫收藏画像中的女人是中年妇女，且没有披面纱，但伦敦那幅画中就是一个披着面纱的年轻女人。第三，在达·芬奇给蒙娜丽莎画像时，拉斐尔曾对此画作过速写，速写中的蒙娜丽莎背后有两根圆柱，伦敦这幅画中就有这两根圆柱，而卢浮宫的画中蒙娜丽莎背后只有山崖、小路、石桥、流水和树林。

除了"伦敦说"之外，还有学者从1911年发生的《蒙娜丽莎》盗窃案入手,以此认定卢浮宫的《蒙娜丽莎》是赝品。在《蒙娜丽莎》被窃两年后,它现身于意大利,不过,这幅画作已不是原作,因为画面上蒙娜丽莎身后的廊柱已被切掉了。几年后,《蒙娜丽莎》重新回到了卢浮宫。持此观点者认为,《蒙娜丽莎》归还卢浮宫只是一颗释放给外界的烟雾弹,事实上,《蒙娜丽莎》真品已经被一位富有的收藏家花重金收购,为了蒙混众人,卢浮宫便挂上了一件赝品。

关于达·芬奇的《蒙娜丽莎》,还发生了一件更有趣的事情。1984年,美国东部缅因州波特兰美术馆收到了一幅《蒙娜丽莎》,而这幅《蒙娜丽莎》中的人物除了不微笑之外,其他各处都酷似蒙娜丽莎本人。馆内研究人员通过对此画进行现代科学技术测定,发现此画确实是达·芬奇的真迹。后米,画家们经过商定,将此画定名为《不微笑的蒙娜丽莎》,并推测此画作应是达·芬奇在当年画《蒙娜丽莎》时画的一幅底稿。

因为这些谜团,而更加迷人了。

第十一章 遗迹传说

当今人类科技发展迅速,人类的足迹几乎无所不能达。但在人类的视线之外,无论是海底,还是地下,是否还有我们不知道的存在?是否还有我们不能理解的过去……

· 大西洲只存在于传说中吗 ·

在柏拉图笔下,曾经记述过一块神奇的大陆,这块大陆就是传说中美丽富饶的大西洲。

据柏拉图在他的著作中记述:大西洲,当时被称为"亚特兰蒂斯城",是一座美丽富饶的人间天堂。它的面积大约拥有207.2万平方公里,是一个四面环海的岛国,具体的位置位于今日的直布罗陀海峡,被称为"赫拉克勒斯之柱"以外的西海。

不过这块大西洲被海水淹没了,它给学者们留下了很多个谜团,让我们一起走进传说中的大西洲,去了解那些不为人知的秘密。

第一,大西洲的富饶之谜。

"大西洲"属于北温带气候区,它拥有得天独厚的地理、自然条件,那里气候温暖，降水丰富，十分适合人类居住、繁衍。岛上森林茂密，拥有十分丰富的金、银、铜矿等资源。此外，花草丛生，各种各样的珍奇动物、植物，在岛上随处可见，自然景色十分美丽。柏拉图笔下的大西洲周围分布着12个主要岛屿，岛上的居民分别建立了12个国家，并推选出各自国家的国王。他们信仰的海神被当作是岛国无上的主宰。岛国上交通发达，运河水道四通八达，成为岛屿经济向前发展的血液。岛屿最为繁荣富裕的地方是岛国的都城，那里的皇宫富丽堂皇，宫殿、庙宇几乎是用黄金、象牙等奇珍异宝堆建起来的。但是，财富和富足的生活使得大西洲的人们逐步腐化、堕落，大西洲人的美好品德逐渐被人类的各种恶劣品质所代替。愤怒的海神便制造海浪将大西洲毁灭，几乎是在一夜之间，整个大西洲便沉入了海底。

柏拉图讲述的这个故事，听起来似乎很玄妙，并且像极了神话传说。如果大西洲真的像柏拉图描述的那样广袤，那么什么样的大海啸能让这样的大陆一夜之间沉没海底？这一点柏拉图并没有描述。

第二，大西洲是否存在之谜。

柏拉图坚持认定，他所描述的大西洲是真正的史实，绝非自己凭空杜撰。为了验证有关大西洲传说的真实性，柏拉图还亲自前往埃及向当地有名的僧侣请教这件事情。柏拉图描述的大西洲大陆成为人类心目中向往的世外乐土，一批批的考古学家投入对这片沉没的大陆的考古研究当中，英国学者史考特艾利欧德就认为大西洲和亚特兰蒂斯城确实存在过，并且它们的文明在当时已经达到巅峰期。

19世纪中期，有"科学性的亚特兰蒂斯学之父"之称的美国考古学家德奈利出版了他的研究成果，并在书中提出了关于亚特兰蒂斯大陆的13个观点：

远古的大西洋，的确存在过这样的大型岛屿；

柏拉图关于亚特兰蒂斯的记述是真实的；

大西洲是人类文明形成之地；

因为人口增多，于是那里的人们向四处迁徙；

《圣经》中所谓的"伊甸园"就在亚特兰蒂斯；

古埃及是亚特兰蒂斯人最早的殖民地；

古希腊和北欧的神是人类将亚特兰蒂斯国王神化而形成的；

埃及和秘鲁的神话传说中，均有亚特兰蒂斯崇拜太阳神的痕迹；

欧洲的青铜器起源于亚特兰蒂斯；

字母的原型源自亚特兰蒂斯；

亚特兰蒂斯人是欧洲、印度人的祖先；

因为特大灾难，亚特兰蒂斯沉入海底；

少数居民乘船逃离，留下了上古关于大洪水的传说。

1870年，德国著名的考古学家在希腊伯罗奔尼撒发掘出大量迈锡尼文明的遗址。1900年，英国考古学家在克里特岛上发现了更早的米诺斯文明遗址。克里特岛屿是爱琴海中面积最大的岛屿，它有8331平方公里，位于爱琴海的南端。从遗址中出土的文物来看，当时的克里特岛十分繁荣，而处在鼎盛期的米诺斯文明却在公元前15世纪突然失踪。而米诺斯城市消失的时间和大西洲消失的时间，竟是出奇地一致。难道米诺斯文明便是亚特兰蒂斯的文明？这两起曾经让整个世界震惊的考古发现，让人不约而同地将其与大西洲联系到了一块，同时也从侧面证明了大西洲的存在。

第三，大西洲文明中断之谜。

火山喷发是人类首先想到的解释。如果说大西洲和米诺斯文明相关，那么从米诺斯文明的突然中断这一切入点出发，是否能发现大西洲消失的原因呢？

人类也确实在岛上找到了火山喷发的证据，而且初步估计火山喷发的时间是在公元前15世纪。火山猛烈爆发同时引发了海啸。但是在时间上，这次火山的喷发同大西洲沉没时间相差了近8000~9000年，火山喷发而造成的岩浆覆盖面积和沉没的大西洲面积，更是相差了200万平方公里。如此看来，要在两者之间画上一个等号，最大的问题便在时间和面积上。不过，这一种设想又一次改变了大西洲存在的时间和面积，也就是说大西洲存在的时间应该在公元前15世纪，这正是桑托林火山爆发的年代，面积则为20.72万平方公里，这又正好与当时桑托林、克里特所在的地中海东部诸岛的面积相似。有些考古学家认为，这种差距很有可能是因为柏拉图的疏忽大意造成的，将一百误认为是一千，也就使得关于大西洲面积的数据扩大了十倍。所谓的"赫拉克勒斯之柱"应该在克里特岛和希腊海岸线沿岸，至于所谓的西海应该是地中海。

其次，伯尼巴福德的海床说。英国一个叫作伯尼巴福德的航空工程师，他在通过"谷歌海洋"查询三维海床地图时，偶然发现了重大秘密，再一次让人们联想到大西洲。他发现在大西洋海底靠近西非海岸620英里处，有一个巨大的矩形几何图案，按照比例来算，这一图案的实际面积竟然几乎和英国的威尔士面积一样大。而且这个图案上有清晰的十字交叉线，看起来像极了一处古城的遗址。而这一遗址位置在西班牙加纳利群岛西北，正是柏拉图著作中声称大西洲沉没的地方。于是，他声称找到了大西洲。这一发现立即轰动了整个世界，很多学者对他的发现很感兴趣，并且表示图案的所在地最有可能是大西洲的遗址之一。

也许随着时间的流逝，大西洲的神秘面纱终将被揭开。

金字塔是外星人登陆地球的起降点吗

金字塔是古埃及文明的代表，是人类文明史上的一大奇迹。

关于金字塔的作用，普遍观点认为是法老们的坟墓，不过却没有得到考古学界的认可。金字塔至今仍是学者们激烈争议的话题。关于金字塔的作用，学者们给出了以下几种说法：

第一种说法认为金字塔是储粮仓库。

中世纪的埃及盛产粮食，为了便于粮食的存储，古埃及人便修建了金字塔，金字塔是用来储藏粮食的大仓库。

第二种说法是外星人登陆地球的起降点。

这种说法同外星人有关，有些人认为金字塔是外星人在地球上的登陆基地。近年来，金字塔和日晷仪、日历、天文观测台、测量工具甚至神秘的外星生命扯上关系，使得金字塔是外星飞船的起降点的说法很有市场。

第三种说法是法老墓地。

金字塔是法老们的坟墓，这是一个被广泛接受的观点。很多埃及学者都赞同这一观点，大多数普通人群也接受这一种说法。金字塔散布于尼罗河的西岸，在古埃及神话传说中，金字塔是与来世相通的通道。考古学家们还在金字塔附近发现了很多葬礼仪式中所用的小船。据说，这些小船是法老们驶向来世的工具。而且，金字塔中有很多石棺、木棺。19世纪之前，在法老的石棺或在石棺附近，人们发现了神秘图画，这些神秘的图画是一些咒语，目的是帮助法老们从一个世界通往另一个世界。稍感不足的是，坚持这一个观点的学者们，他们在金字塔中没有找到法老们的木乃伊，因此仍无法十分肯定金字塔是法老们的坟墓。

第四种说法是天文台。

有学者表示，金字塔是古埃及人的天文台，祭司和占星家们可以利用金字塔来观测星辰运行，然后进行占卜。塔内上、下坡甬道的交接处形成一个26.17度的夹角，这个夹角可以用来储水。借助下坡道的水面可以映出北极星的亮光，光芒通过上面狭窄的缝隙照射下来，因此，观测者可以在走廊中跟踪子午线以及缝隙交叉时的垂直轨道。

第五种说法是，金字塔是纪念碑。

既然金字塔内没有法老们的尸体，于是学者们便认为金字塔是纪念碑，是为了纪念死去的法老们。金字塔之中虽然没有木乃伊，不过却有大量的棺木和祭奠品。这些金字塔内的东西为这个观点提供了有力的证据。

金字塔究竟是用来做什么的呢？学者们虽然给出了很多说法，并且都有一定的理由，不过这些还不能让大家完全信服。到今日为止，金字塔之谜还尚未解开，但历史是永无止境的，人类社会总是在不停向前发展。

总有一日，金字塔的神秘面貌会原原本本地展现在人类面前。

探秘狮身人面像

在恢宏壮观的金字塔建筑群中，胡夫金字塔旁边的神秘狮身人面像更引人注目。

胡夫金字塔旁边的狮身人面像是在岩床上雕刻出来的，雕像的主体仍与岩床相连。雕像十分雄伟，它长 73 米，肩部宽 11.58 米，高 20 米，虽然经过数千年的风雨侵蚀，雕像仍然保持着往昔的壮观。石像面朝东方，视线与 30 度线正好吻合，面部表情阴沉。这座狮身人面像同人类很多历史遗迹一样，也给人类留下了无数的谜团。

第一个疑惑：狮身人面像的原型是谁？

学者们给出了法老卡夫拉的辩论说。有资料记载，狮身人面像叫作斯芬克斯，它是古希腊神话中狮身人面的巨型怪物。据描述，它用女神缪斯所传授的谜语为难人们，谁猜不中它的谜语就要被它活生生吃掉。斯芬克斯被人们当作先知，时至今日，斯芬克斯也仍然被人类当作智慧的化身。传统的史学家根据这段资料认为，狮身人面像是当时第四王朝法老卡夫拉依照自己的脸形雕刻成的，目的就是体现自己的智慧和无与伦比的地位。

1992 年，《剑桥考古》杂志刊出了芝加哥东方学院马克·莱纳教授的研究成果，他利用"摄影光学数据和电脑图像"证明了狮身人面像就是法老卡夫拉面孔的临摹。莱纳教授在他的研究论文中写道："用电脑将测绘出来的结果编程后，屏幕上就出现了 3D 立体模型，再由 260 个平面点为骨架添上肌肤，便可以得出狮身人面像数千年前的模样。"

而纽约警察局法医弗兰克却提出一个截然相反的观点。近 20 年的时间，他一直在研制犯人肖像的"鉴别器"，对各种各样的人脸面孔进行了研究。当然，狮身人面像同卡夫拉面孔之间的差异也是他重点研究的目标。他在自己的工作室中仔细研究了雕像和法老卡夫拉的上千张肖像，得出结论：这是完全不同的两张脸。然后，他公布了他的研究结果："狮身人面像的五官，不论从何种角度来看，都与卡夫拉完全不同。"

第二个疑惑：为什么人们认定雕塑和卡夫拉法老有关系？

为什么所有研究雕像的史学家，他们都毫不犹豫地将狮身人面像同卡夫拉法老联系在一起呢？有资料记载，1817 年，一位探险家发掘出来一块石碑，石碑上刻着"khaf"，这个音节让他确信，狮身人面像是根据卡夫拉的容貌雕刻的。但是，有人提出了反对观点，反对者认为，单凭一个单词就认定雕像是以卡夫拉法老为原型，这过于草率和武断，有可能是因为卡夫拉长老功绩大，所以才被刻在石碑上呢！

古代刻碑记功，留名千古，这种事并不少见，就像中国的秦始皇巡游天下之时，便令官员李斯登上泰山刻石颂扬他的功绩。东汉也有窦大将军为了让自己的功德流传，也刻下了碑石。而且，在卡夫拉之后的许多法老都修复过狮身人面像，卡夫拉有可能是修复者之一，他将自己的名字刻在石碑上，这样的解释也不是没有道理。

第三个疑惑：狮身人面像水渍之谜。

美国学者约翰·韦斯特发现，狮身人面像头部以下的地方都有被水浸透的痕迹。于是他将人们带入了另一个谜团中，狮身人面像上的水渍由何而来？

首先是洪水说。约翰·韦斯特认为，这种浸透是由于洪水造成的。不过有学者推翻了他的论断，学者们根据狮身人面像的水渍高度测定，那场洪水至少要有18米深，那就表示已经淹没到金字塔的底座，但是在狮身人面像堤道的另一端——石灰岩心构造的建筑物，并没有被淹没的痕迹。

其次是雨水侵蚀说。为了解开这个谜团，约翰·韦斯特向波士顿大学地质专家斯利克教授求教。斯利克本来就怀疑狮身人面像雕刻于第四王朝以前。但当他首次实地考察了狮身人面像之后，他改变了自己的看法。斯利克教授从气候学的角度出发，他认为，造成狮身人面像的侵蚀并非尼罗河流域的特大洪水，而是由于当时埃及充足的降水，是雨水造成了雕像的侵蚀。针对教授的研究，地质学专家提出了一种非常保守的估计，他们认为狮身人面像雕刻的时间可能在公元前7000年至公元前5000年之间，这个时间比史学家们普遍认同的狮身人面像雕刻时间至少提前了数千年。按照史学家的观点，那时候引起狮身人面像特殊侵蚀模式的大雨已经停止了。

第四个疑惑：狮身人面像雕刻之谜。

据埃及科学家推论，在公元前7000年至公元前5000年，尼罗河流域还处在新石器时代，原始部落都是以狩猎为生存方式。当时，古埃及人类的文明还十分落后，所使用的工具也仅仅限于磨制火石和木头所制成的工具，等等。而建造金字塔的石块，每一块都重达200余吨。在建造设施落后的情况下，狮身人面像和它周围的金字塔又是怎样建成的呢？

狮身人面像至今屹立在埃及广袤无垠的沙漠中，它给人类留下了无数个扑朔迷离的谜团，这些谜团仍在困扰着人类。

谜团尽管未解，然而狮身人面像却永远是古埃及文明的见证。

通天塔只是一个传说吗

传言说,巴比伦王国修建了一座通天塔。不过,这座传说中的通天塔是否真的存在呢?

据了解,巴比伦是两河流域最繁华的古代都城。史学界曾经极力地想恢复巴比伦古城的旧貌。有野史记载,巴比伦古城有两座建筑非常宏伟,一个是空中花园,还有一个就是传说中那座让上帝都感到又惊又怒的通天塔。对于通天塔是否真实存在,学者们给出了多种看法。

第一,《圣经》中描述的通天塔真实存在。

最早提到通天塔的是《圣经》。在《圣经》中,它对"通天塔"的外貌有这样一段描述:人类一直以来都是用一种语言进行交流沟通,直到有一天,诺亚方舟建造者的后人想要建造一座巴比伦通天塔,然而上天的主宰神耶和华得知这个消息后,他害怕人类这种团结的力量会威胁到他主宰神的地位。为了不伤害人类,又能阻止人类继续修建通天塔,他使用魔法打乱了人们的语言,这样人们之间无法正常沟通,而通天塔的建造也就成了难题,于是便终止建造通天塔。后来有人把这座大塔称作"巴别","巴别"在希伯来文中是"变乱"的意思。其实"巴别"原是来自巴比伦文,意为"神之门"。

第二,通天塔其实就是巴比伦的马都克神庙大寺塔。

对于《圣经》中关于通天塔的描述,很多历史学家提出了反对意见。学者们认为,《圣经》所说的通天塔其实是另有所指,它指的是古代两河流域时期位于巴比伦城市中心马都克神庙的神秘大寺塔，这座大寺塔被诗人称作"埃特曼安基"（意为天地之基本住所）。这座大寺塔是由新巴比伦国王那波帕拉沙尔提议修建的，可惜还未来得及竣工，那波帕拉沙尔就因病离开了人世。他的儿子尼布甲尼撒坚持继续完成父亲遗留下来的工程，终于将这座大寺塔建成。修建这座塔时，尼布甲尼撒为了使塔有着与天比高的豪迈气魄，他要求将塔尖增高。最后，按照他的要求，大寺塔一共建造了 7 个楼层，塔高约 295 英尺。

据公元前 229 年史料的详细记载，大寺塔的地基约 95 英尺，这一点同《圣经》中的记述是完全相同的。而且考古学家在考古中发现，用来建造大寺塔的材料同《圣经》当中的记述也是一样的。并且，古巴比伦城是一个多民族聚居的大城市，众多民族的聚居使城市中的居民语言情况极其复杂。这一种情况在《圣经》里面也提到过，耶和华为了阻止人类修建"通天塔"，他打乱当时城内所有人的语言，这一情形与《圣经》中所记述的情形也是完全相同的。

经过后世考古学家的研究，他们发现早在苏美尔的远古时代，这种多楼层结构的方形塔寺已经出现。建造这种塔的人认为，上帝会从天上利用行星飞进塔里，同一些尊崇神明的人交流。因此，当时这些塔是用来祭神、思索宇宙以及观察天象的地方，这与基督教徒对神灵的崇拜是符合的。

除了以上说法，公元前 5 世纪，古希腊著名的历史学家希罗多德所著的经典史书《历史》中，也有对这座大塔的记述："在这个圣域的中央，有一个造得非常坚固的塔，塔上又有第二个塔，第二个塔上又有第三个塔，一直到第八个塔。人们必须螺旋而上，通过塔层的扶梯，最后才能到达塔顶。在最后一重塔上，有一座巨大的圣堂。"这段记述与《圣经》中记述的不同，希罗多德的记述中这座大寺塔的塔身共有八层，但是《圣经》记载只有七层，两者略有出入。史学家对此的解释是，当时希罗多德很有可能将最底层的塔基高台也算作了一层，那么就比《圣经》的记载多出一层。

第三，通天塔是人类臆想出来的。

很多历史学者对《圣经》中提到的通天塔提出了否定意见，他们也不认为通天塔就是巴比伦王国时代的马都克神庙大寺塔。他们猜测，通天塔有可能是当时的人们臆想出来的，臆想的来源是巴比伦以前的时代建造出来的萨哥埃尔神庙和米堤犹拉哥神庙。

第四，通天塔其实是乌尔大寺塔。

另外也有一些历史学者认为，通天塔实际上是位于巴比伦城东南的乌尔大寺塔。当地有传说称，这座乌尔大寺塔是当年闪族人从乌尔迁到迦南时建造的。这些学者认定，在新巴比伦王国时代，修建的所有寺塔中，乌尔人寺塔的规模最大、修建的时间最早。在地理上，这里位于巴比伦城东南135英尺处，这里是两河冲积地，上游带来的泥沙提供了取之不尽的建筑原料，解决了修建高塔的材料问题。如果像《圣经》中说的那样，闪族人也的确曾有过从东方到西方的大迁徙，那可能就是指族长率领部落从乌尔迁到迦南。以上种种理由，似乎都可以证明，乌尔大寺塔便是传说中的通天塔。

让上帝又惊又怒的通天塔，留给人类的只是无限的遐想。

特洛伊城遗址的发现之旅

在《荷马史诗》中，曾详细记述了古希腊人依靠木马计，成功地夺取了特洛伊城。

但是，严谨的史学家认为，特洛伊战争仍有很多的疑团。历史上真的发生过这一场战争吗？特洛伊这座城市，又是否真的存在于现实当中呢？

关于特洛伊战争最早的记载，出现在《伊利亚特》和《奥德赛》两部经典史诗中。这两部作品既是不可多得的文学名著，也是研究古希腊历史的珍贵史料。这两部作品是古希腊盲人诗人荷马遗留给后世的瑰宝。

据这两部史诗记载，达尼尔海峡将希腊和土耳其两个地区分隔开。在距该地几英里处，靠近亚洲的一面耸立着一座小山，它被世人称为希沙立克。

根据希罗多德、色诺芬、普卢塔克以及希腊和罗马的其他一些古典作家的说法，闻名于世的特洛伊城就坐落于此。但是这些古典作家却不能肯定，诗人荷马是否真的到过这座城市。但是他记述的特洛伊战争的经过，希腊人十分坚信它的真实性，而且毫不怀疑地认定这场战争就发生在希沙立克附近。

荷马史诗中的描述是："那是一个与人类很像的神灵，而神灵身上又表现了太多的人性，特洛伊城就是人和神之间最伟大的交流场所。这座城市目睹了太多的变故。帕里斯是特洛伊国王普里阿摩斯之子，他绑架了世界上最美的女人海伦，并从希腊将她带回了特洛伊城。希腊为了夺回海伦，国王阿伽门农率领他的军队来到特洛伊。就是在这里，希腊最勇敢伟大的战士阿喀琉斯杀死了帕里斯的哥哥赫克托耳。"

在《伊利亚特》的最后一幕，普里阿摩斯会见了阿喀琉斯，谈判的结果是归还他儿子赫克托耳的尸体，并达成了希腊人和特洛伊人之间的停战协议。但是，熟知《奥德赛》史诗的读者很清楚，有关特洛伊城的故事并没有就此结束。帕里斯为了给哥哥报仇，他给了阿喀琉斯致命的一击。而希腊人则借助一匹巨大的木马，潜入特洛伊城内，并且最终摧毁了特洛伊城。自此，特洛伊和古希腊发展的黄金时代也终结了。特洛伊城因为这场战争被希腊人毁灭，特洛伊文明也就此终结。

对于荷马的记述，从18世纪起，很多历史学家、著名学者开始对特洛伊是否发生过战争产生了怀疑，荷马史诗中所叙述的特洛伊战争更被怀疑是编造的。一些人甚至对荷马本人也产生了疑惑，荷马这个人是否真的出现过？

很多学者注意到，荷马和希罗多德之间相隔了数百年，而荷马又和所谓的古希腊黄金时期，也就是特洛伊战争的时代相隔了几百年。几百年之后的人类叙述，又有多少的真实性呢？

有很多学者赞同特洛伊真实存在这一个观点，其中包括弗兰克·卡尔弗特，他是美国驻当地的领事、业余考古学家。1868年，卡尔弗特邀请一位来访的德国百万富翁共进晚餐，富翁叫作海因里希·谢里曼，这位富翁对荷马十分着迷。在交谈中，谢里曼被卡尔弗特说服，开始相信希沙立克就是特洛伊城。谢里曼足够富有，他可以支持卡尔弗特展开考古调查。

1873年5月，谢里曼在古希腊发现了珍宝，它们全是做工精湛的金银器物，这些物品中有：两顶用成千上万条纤细的金线织成的金冠、60对金耳环和8750只金戒指。谢里曼认为，这些珠宝肯定是属于特洛伊国王普里阿摩斯的，海伦的珠宝也含杂在内。他推论，这些财宝是在希腊人洗劫特洛伊时打算劫走的。他还表示，当希腊人洗劫特洛伊时，一名王室成员捡到了一只珠宝箱。后来箱子和特洛伊人都被埋在废墟之中。因此，谢里曼猜测，珠宝附近一定会发现一把可以开启珠宝箱的钥匙。最具讽刺性的是，后来的考古学家们研究发现，荷马书中关于特洛伊城的记载时间比谢里曼发现的城市建造的时间要晚几个世纪。因此可以断定，这些珠宝绝不可能是特洛伊人的。更糟的是，谢里曼因为急于到达小山底部，他将荷马笔下的特洛伊城挖通，破坏了特洛伊城市的遗址。

谢里曼死后，学者威廉·德普费尔德继承了他的事业，威廉·德普费尔德曾经是谢里曼生前的助手。他沿着原来的城市遗址不断向西、向南挖掘。相比谢里曼，德普费尔德无疑比他成功多了。在1893年和1894年，他在遗址中发现了更多的房屋和瞭望塔，以及一段300余米长的城墙，甚至还有迈锡尼时代的很多陶器。德普费尔德发现的建筑物比谢里曼发现的任何建筑都更符合荷马史诗的描绘，所以他认为，这才是荷马描述的特洛伊城。此外，德普费尔德还仔细分析了希沙立克之下的沉积物，他认为谢里曼发现的特洛伊城不过是希沙立克的第二座建筑，建筑建于公元前2500年。而他本人发现的特洛伊则是第六座城市，建于公元前1000年到前1500年。虽然这种推断并不是十分准确，但十分接近于特洛伊战争的发生时间——约公元前1200年。

直到40多年后，德普费尔德的观点才被一支美国探险队推翻。探险队在学者卡尔·布利根的带领下，来到希沙立克进行发掘。布利根认为，古希腊人的入侵并不是造成第六座特洛伊城毁灭的原因。城墙的一部分地基发生了偏移，其他部分也彻底坍塌了。布利根认为这种破坏不可能是人为的。他将这种情况归结于一场地震。他认为，希沙立克出现的第七座城市才是荷马史诗笔下的特洛伊城。

谢里曼、德普费尔德、布利根，这三位考古学家都坚信自己在希沙立克发现的城市才是荷马史诗中的特洛伊。为了证实三人的观点，20世纪90年代中期，德国考古学家曼弗雷德·科夫曼也来到了希沙立克。他运用了遥感等现代化科技，测定出德普费尔德、布利根发现的城墙修建时期，他们先前确认的时间远远早于实际时间。科夫曼的分析还表明，在公元前8世纪，特洛伊城还存在，荷马很有可能在这段时间居住在特洛伊城。

有学者坚持特洛伊城的确存在，自然也有学者反对。今天的大部分学者强调，对于在希沙立克发现的赫梯的楔形文字泥板，可以有各种各样的解释。这些泥板显然不足以证明历史上有普里阿摩斯或帕里斯这样的人物，更何况是美女海伦以及勇士阿喀琉斯或阿伽门农的存在！特洛伊战争到底有没有发生过呢？很多学者认为这已经很难考证了。有人认为，《伊利亚特》和《奥德赛》只是诗人对已经过去的黄金时代的想象，并不能作为真实的史实。

特洛伊或许如楼兰古国和亚特兰斯帝国一样，它们一同消失在了历史的尘沙中。

· 庞贝古城消失之谜 ·

庞贝古城是古罗马帝国文明史的辉煌成就，是古罗马人艺术的结晶。

然而，这样一座智慧与艺术结晶的庞贝古城却在2000多年前的一夜之间神秘地消失了。是什么原因导致人口众多的古城在一夜之间消失不见了呢？

从还原的古城面貌中，人们可以了解到一些信息。庞贝古城位于维苏威火山西南脚下，距离罗马城约200公里，位于那不勒斯城附近。庞贝古城是一座背山面海、繁荣昌盛的繁华城市。它建在面积约0.63平方公里的五边形台地上，周围城墙长3公里，共有7个城门和14座城塔，城内街道纵横，以"井"字形排列，将全城分为9个城区。全城的街道都是由青石板铺就，大街十字路口处建有带有雕像的石制水槽，水槽和城市中的水塔相通，遍布全城，供给城内居民饮用。街道两侧，商铺林立，包括竞技场、体育场、酒店、赌场、妓院、公共浴室等娱乐、商业设施，可以想象，当时的庞贝古城已经繁华到了极点。

那么，到底是什么原因让这座古城埋藏在废墟中1600多年呢？

庞贝古城的遗址是意外被发现的。1748年，为了方便引水灌溉农田，那不勒斯国王命令御前工程师阿勒比尔去勘测一条150年前开凿的引水隧道，他从那不勒斯西北部20公里的地方开始挖掘，挖了6米多的时候，发现了一具手中握有金币的木乃伊和一些色彩艳丽的绘画。当时的考古学家经过认真分析，认定阿勒比尔开挖的地方正是消失了1600余年的庞贝古城。为了寻找更多的金银财宝和珍贵艺术品，人们开始对庞贝古城进行疯狂地挖掘，他们挖掘的目的只限于寻找财富。

从1860年开始，经过了一个世纪有系统、有条件的大规模发掘，埋藏在废墟中16个世纪的庞贝古城终于重新出现在世人的眼前。德国考古学家约翰根据杂乱的古城遗迹和自己掌握的历史知识大致描绘出古城的原样。重现的古城中，餐桌上还放着没有吃完的熟鸡蛋和烤好的鱼，面包炉里面还有刚刚烤好的面包，商店前台仍放着找零的硬币，瓶罐中盛放着栗子、橄榄、葡萄、小麦和水果。这些早已成为化石，学者们用他们生前的动作、表情，向世界生动地展示了当时灾难来临时庞贝古城的情景。庞贝古城的灾难来得很迅速，有人蹲在地面上，他们双手捂住面孔；有的趴在地上挣扎不止；有的头顶枕头、被褥，仓皇逃出住房；小女孩抱着母亲的双膝大哭；看家的家犬前腿跃起，像是要逃命……所有的一切都定格在那一瞬间，庞贝古城中的生活情景好似突然中断。

据考证，庞贝古城当时应当有3万余人口，至今发掘出2000余具尸骨。这些尸骨被周围火山喷发的石灰岩浆包裹得严严实实，形成了硬壳。到后来，遗骸腐朽化为乌有，尸体原型的空壳却保留了下来。为了纪念古城的辉煌，同时让人类牢记灾难带给人类的创伤，考古学家们就地取材，他们往遇难者死尸上灌筑石膏，好让他们仍然保持原状。

到此，又一个疑问出现了，当时古城中的大部分人都跑到哪里去了？坚持留在庞贝古城的人为何都死得这么惨？

大部分考古学家认为，庞贝古城毁于维苏威火山的大喷发。公元79年8月24日的中午时分，城内正常生活的居民听到了维苏威火山发出了巨吼。一瞬之间，炽热的岩浆喷薄而出，浓浓黑烟，遮天蔽日，空气中处处弥漫着令人窒息的硫黄味，火山灰沙毫不留情地扑向庞贝古城。仅仅数小时，火山岩浆便将建筑恢宏的古城埋淹没了。

庞贝古城毁于火山的喷发，这已经成为考古学界的共识，只是让人产生争议的是，古城真的毁于一瞬间吗？

对此，很多学者提出了异议，他们认为火山喷发会有一个较为漫长的过程，前后经历了八天八夜，生活在古城的居民应该有足够的时间从容逃生。为此，有人认为，火山开始喷发时，岩浆、碎石、烟灰、水蒸气一起喷上天空，半个小时之后，空气中的粉尘、硫黄味道令人窒息。4小时之后，飘落到屋顶的火山灰太重，建筑物开始纷纷崩塌，直到这时，城内居民才意识到灾难的来临，惊慌失措的人们逃出了城市。等到48小时之后，火山喷发物逐渐减少，逃生的人们以为灾难已经过去，纷纷回到城市。但这时，灾难才真正开始降临，火山开始了第二次大喷发，灼热的岩浆将城市毁于一旦，今日所见的尸骨残骸多是由于这一次灾难造成的。在第一次的袭击中，城内的居民死亡人数很少，第二次是造成人们死亡的最终原因。

文明辉煌的庞贝古城，它是如何在火山大喷发之中变成了"化石城"的呢？

考古学家们认为，当时火山喷发之后，足足下了八天八夜的大雨，雨点落到灼热的岩浆层上化为蒸汽，蒸汽再一遇冷凝成了水滴，聚合当时空气中飘荡的灰尘和落下的瓢泼大雨，山顶的灰渣最终形成了滔滔不绝的泥浆流。泥浆流便如水泥一样，它流过的地方，干燥后就像岩石一样坚硬，积灰的城市便盖上了一层硬壳，这就是地质学上所谓的"水熔岩"。

此外，既然火山将庞贝古城毁灭，为何邻近的那不勒斯城未曾受到火山的威胁和覆灭？

众所周知，意大利第四大城市那不勒斯拥有140万的人口，占了那不勒斯湾一带人口的2/3。从地图上看，那不勒斯比庞贝古城更接近维苏威火山，但从地理上看，那不勒斯的地势高于庞贝古城。而且，维苏威火山喷发时，风向是西北风，火山缺口在东北方向，所以那不勒斯幸免于难。

无论这些难解之谜最终会有何解释，又或者能不能揭开，都无碍于庞贝古城的辉煌。

泰姬陵的建造者是谁

在印度北方矗立着一座举世闻名的建筑——世界七大建筑奇迹之一的泰姬陵。

不过历史上没有记录泰姬陵的建造者是谁，于是学者们展开了激烈的讨论。

据了解，泰姬陵是沙·杰罕王和其王妃的陵墓。泰姬陵占地面积为17万平方米，陵墓四周砌有长为576米、宽为293米的红沙石围墙，陵园结构为椭圆形。陵园大门前是一处水渠，两侧种植着象征生命和死亡的果树，周边还种植着高大的柏树。在陵园的中心处，有一个"十"字形的中心水池。皇陵上下左右都是按照对称轴均匀对称的格局建造的，中央圆顶高62米，令人忍不住赞叹。陵墓的四周建有四座高约41米的尖塔，塔与塔之间耸立着不同的墓碑，上面镶满35种不同类型的宝石。从泰姬陵的大门到陵墓，有一条红石铺成的通道，大门也是红岩所建，高有2米，分为2层，门的两侧各有11个典型的白色圆锥形小塔。从大门顺着通道可直达沙·杰罕王和其王妃的墓室，墓室里放置着他们的石棺。

泰姬陵给人类留下很多未解之谜，学者们对泰姬陵的争议颇多，主要是关于这座陵墓的设计者和艺术风格流派的争执，为此产生了三种不同意见：

第一种意见认为，陵墓的建造者是波斯人。《大英百科全书》的作者认为，沙·杰罕国王是泰姬陵的建造者，设计这座皇陵的是波斯人乌斯泰德·伊萨，并表示印度人根本没有参与陵墓的建造和设计。

第二种说法认为,泰姬陵是"欧亚文化的结合",是东西文化交流的产物。英国牛津学派的印度史学家史密斯坚持这一观点,他认为泰姬陵是"欧洲和亚洲天才结合的产物"。欧洲文化复兴时期的一些建筑大师,如意大利的吉埃洛米莫·维洛内奥、法国的奥斯汀·德·博尔,他们都曾参与了陵墓的设计和建造,建筑风格上也因此受到西方文化的影响。

第三种说法则坚持"主体艺术印度说"。极力维护这一观点的是印度著名史学家马宗达。他认为,从建筑风格上看,泰姬陵的建筑显然受到了古印度苏尔王朝舍尔沙陵墓的影响,以及莫卧儿胡马雍陵墓的影响。从建筑材料上看,陵墓用的是纯白大理石,这一材料和它的使用方法在西印度的拉杰普特艺术中就开始使用。此外,在莫卧儿时代,印度就已经对外开放,东西文化的交流日渐深入,泰姬陵受到了西方文化的影响,这也不足为奇。总而言之,他认为,研究泰姬陵不可忽略印度自身的因素。

不论争论的结果如何,泰姬陵都是建筑史上的一个奇迹,是一座伟大辉煌的建筑。

· 米诺斯遗址是迷宫还是陵寝 ·

在人类漫长的历史中,鬼神和生命轮回的说法是一直存在的。

很多人认为,人死之后是以另一种方式存在,为此,很多有权有势的人和一些雄才伟略的君王,他们在生前就利用自己手中掌握的权势,耗费无数的人力、物力，为自己修建豪华奢侈的陵寝。

中国古代，人们将死亡称为"逆旅"，认为肉体只是灵魂在人世的一个载体。如果真的是这样，那么生和死，住房和陵寝就不存在差别吗？

众所周知，中国、古印度、古巴比伦、古埃及是人类文明史上的四大文明古国。4000年前，地中海克里特岛上居住的米诺斯人，已经建立了比古巴比伦人还要古老的物质文明，他们积极发展航海贸易，创立了无比辉煌的文明。但是，人类对米诺斯文明的了解甚少，只停留在那个流传了很久的神话当中，比如，克里特岛国王米诺斯及半人半牛的故事，还有藏身于黑暗地下迷宫的怪物弥诺陶洛斯的传说。

20世纪初，考古学家将米诺斯首都诺瑟斯的遗址发掘出来时，整个世界为之震惊，特别是其中一座规模庞大的建筑物。据考古学家们估计，诺瑟斯城极为巨大，加上岛城所属港口，全城居民大约在10万左右，这个数字对当时的欧洲城市来说，可以说是惊人的。这座建筑属多层的建筑结构，好几层建筑在地表以下。城市构造惊奇，所珍藏的物品更令世人惊叹。建筑物中有以海洋生物、雄壮公牛、舞蹈女郎和杂技演员为题材的艳丽壁画。另外，还有许多石地窖，里面存放着斧头的残片、铜斧乐器，以及一个以小片釉陶和象牙包金加镶水晶制作的近1米见方的棋盘。一个疑似国王宝座的座位，被放置在国王接待室的铺路石板上，显出典型的米诺斯风格。

城市的发现者是艾文斯爵士，他同大多数考古学家们达成了一致的看法，他认为这座辉煌无比的建筑物是当时米诺斯人的王宫。虽然这个观点已经成为主流看法，但还是有人提出了异议，德国学者沃德利克在1972年出版的书中说："诺瑟斯这座宏伟建筑不是国王生时居所，而是贵族的坟墓或者王陵。"

如果他的说法属实，那么那些用来储存食用油、粮食、美酒的大陶瓮，就应该是用来盛放尸体的。加入蜜糖是为了防止尸体腐烂，地窖的作用则是用来长久性地存放死尸的，壁画则刻画了人们想象中死后的幽冥世界。至于那些精密复杂的管道，沃德利克认为这些并不是给活人设置的，而是为了防腐。为了证实自己的说法，沃德利克还提出几点有力的论证：首先，建筑物的位置绝不适合王宫的建造，因为建筑物所处的位置四周宽敞，不利于抵御外敌的进攻。其次，该处没有泉水，靠水管引来的泉水不足以供全城人饮用。那些无窗、潮湿的地下房舍，更是不适合活人居住。

无论争论延续到何时，都无法掩盖这座建筑的建造者古米诺斯人对人类文明的贡献。

第十二章 轶闻野史

有些人生来带有与众不同的气质,他们是天生的文学家和艺术家,他们为全人类贡献自己的才智。他们如同绚丽的夏花,却获得终生的灿烂,但在这辉煌的背后,又隐藏了多少轶闻,多少秘史……

· 苏格拉底为何被判处死刑 ·

苏格拉底对欧洲的影响几乎和孔子对中国历史的影响一样深。

苏格拉底用言传身教的方式,积极宣扬他的学说,被后人认为是西方哲学的奠基人,他和他的学生柏拉图,以及柏拉图的学生亚里士多德被并称为"古希腊三贤"。

公元前 399 年,有三位雅典公民美利图斯、阿尼图斯和莱孔对苏格拉底提出公诉,他们指控苏格拉底不敬畏神灵和毒害青少年。审判到最后,在场的陪审团对苏格拉底是否有罪进行了投票表决,陪审团由 501 名雅典公民组成,结果以 281 票赞成控诉,220 票反对,而判处苏格拉底有罪,并处以死刑。他饮下毒酒自杀而死,终年70岁。

苏格拉底之死不仅在当时的希腊引起轰动,同时也震撼着后人的心灵。也许你会纳闷,苏格拉底为什么会被人控以不敬畏神灵和毒害青少年之罪呢?他这个大哲学家果真犯有此罪吗?即使苏格拉底有罪,可在标榜民主的希腊雅典城,仅凭这两条罪状就可以判处他死刑吗?其背后又隐藏着怎样不为人知的秘密呢?

有人认为,苏格拉底之死是因为他得罪了雅典的社会名流们,引起很多人的忌恨,最后招来杀身之祸。在柏拉图的《申辩篇》里,详细描述了苏格拉底为了证实阿波罗神谕"苏格拉底是最有智慧的人"而大力抨击雅典各界的名流,让他们颜面尽失,最终遭到忌恨。

还有人认为,苏格拉底之死是出于政治报复。

民主政治在公元前5世纪末之前,就已在雅典实行了一个世纪,且深入人心。但在公元前411年,雅典远征军在西西里远征中大败,受此次战争失败的影响,雅典民主政治被推翻,由"四百人会议"组成的寡头政府取而代之。不久之后,"四百人会议"政府垮台,民主政治又重新在雅典盛行。公元前404年,雅典在长达几十年的伯罗奔尼撒战争中被斯巴达打败。斯巴达组织的一个由30人执政的"僭主政府"操纵了雅典政府,雅典的民主政治再次被颠覆。

这两次民主政治被颠覆,让雅典公民深受打击。而在这两次颠覆活动中,一些反对民主政治的雅典贵族们都充当了急先锋,其中就有苏格拉底的得意门生阿尔西比阿底斯。他曾任雅典远征军的将军,他在西西里远征战争中背叛了雅典而投靠了斯巴达,也是他直接导致了西西里远征的失败,从而间接导致了雅典民主政治的第一次颠覆;除阿尔西比阿底斯之外,公元前404年,斯巴达"僭主政府"的领袖之一克里提阿斯,也是苏格拉底的学生。

事实上，苏格拉底的一些贵族弟子确实都反对雅典的民主政治，柏拉图也是其中之一。所以，公元前401年，雅典民主政治再度恢复后，雅典政府对苏格拉底恨之入骨，将其视为民主政治被颠覆的罪魁祸首。

不过，美国《苏格拉底的审判》一书的作者却不赞成苏格拉底之死与民主政治被颠覆有关，他认为，苏格拉底的思想从根本上就与民主政治的原则相悖。

苏格拉底认识到雅典民主制的局限——由于人们的决策往往建立在个人的感觉和情绪之上，所以人民的决定不一定都合乎理性，他们很可能会意气用事，这样就不能产生真正的正义和民主。因此，他反对雅典的"无限民主"和"直接民主"，坚持主张"精英民主"。他认为，一个国家应该由那些"有智慧和学识的人"来管理。他的这种思想虽然违背当时雅典的民主政治，但并未因此受到责难，因为当时的雅典人人都有思想和言论的自由。然而，到了公元前5世纪末，雅典民主政治遭到两次颠覆，雅典民主派人士对反民主思想越来越恐惧，两次挫折也打击了他们与反民主思想抗衡的信心。最后干脆用最极端的方式来消灭对手，继而上演了苏格拉底被毒死这一幕惨剧。

尽管这些都是后人的分析，但也不无道理，毕竟苏格拉底的思想确实与当时雅典的民主政治相违背，他的民主思想已经远远超越了古希腊的民主思想的理论。因此，当时的绝大多数人还无法理解他的思想，至少陪审团里的那281人是无法理解的，他们认为苏格拉底的思想就是对神的不敬，就是在毒害青少年。还有，古希腊戏剧大师阿里斯托芬在著名剧作《云》中，就把苏格拉底描述成一个蛊惑青少年的能手，这对苏格拉底之死也许起到了推波助澜的作用。

值得一提的是，苏格拉底其实也许有避免被判死刑的机会。当时，雅典民众法庭的审判程序是：原告和被告先各自陈述自己的理由，陪审团听取双方的陈述后,投票表决被告是否有罪。如果表决有罪,再由原告和被告各自提出处罚被告的刑罚,最后再由陪审团投票选择适合被告罪过的刑罚。

苏格拉底被判有罪后,他本可以自己提出愿意接受比较重的惩罚,比如流放,以此来博得陪审团的同情,这样也许还可以免于死罪。但是,他提出的惩罚却是"政府把他作为有益者供养起来",还要给他提供免费的餐饮,同时提出的罚款数目也很少,只有3000德拉克马(古希腊货币单位)。苏格拉底的弟子和朋友都劝过他,要他提出一个重的惩罚和高额的罚款,他们会为他出钱,但苏格拉底却拒绝了。他提出的惩罚无疑激怒了陪审团,陪审团自然不会对他手下留情了。

在判决以后,苏格拉底也是有机会逃走的,他的弟子和朋友也都为他的逃跑做好了安排,但却再次遭到他的拒绝。他宁愿选择死。但这又是为什么呢?有人说,这是因为苏格拉底忠诚于自己的思想,他不会为了活命向他的反对者屈服的,因为他认为自己无罪,要他认罪或逃跑,无疑是对他人格的侮辱。当然,这也是人们的猜想,并无实证可查。

时间到了,我们各走各的路,是活在这个世上好还是死了好,只有神知道答案。

·《马可·波罗游记》是虚构之书吗·

17岁的马可·波罗游历了很多国家,并写下了《马可·波罗游记》,书中记述了他在东方最富有的国家——中国的见闻。

这本书的问世,引起了欧洲人对东方的向往,促进了东西方的联系与交流。但是,有人对马可·波罗的行程产生了怀疑,当时许多阿拉伯商人都称到过中国,但其实对中国并不了解,马可·波罗是不是真的到过中国呢?

根据资料证实,《马可·波罗游记》是马可·波罗在监狱中完成的。1275年到1291年,马可·波罗一直以客卿的身份在元朝供职。回到威尼斯后,他因参与本邦威尼斯对热那亚人的战争而被俘,在狱中由他口述、由同狱的比萨小说家鲁思梯切诺笔录,把马可·波罗在中国17年的见闻整理成书,这就是《马可·波罗游记》,也有人称为《东方见闻录》。到现在为止,这本书已经被翻译成五六十种语言的版本,在世界各地流传,当时的人们称它为"世界一大奇书"。这本书记录了中亚、西亚、东南亚等地的情况,特别是第二卷对中国的描述最为详细,像元朝初年中国的政治、战争、宫殿及礼仪,甚至中国很多城市繁华的景象都一一详尽记述,引人入胜。

马可·波罗在书中记录了很多奇异的知识,为欧洲人打开了一扇了解东方的窗。比如,游记中有一种能燃烧的"黑色石块"(煤炭),使西方人大为惊奇。与此同时,他把这种从中国汉代就开始使用的燃料带到了西方。有人说马可·波罗创造了欧洲人心目中的亚洲。但因为书中有太多奇异的描写,有很多人提出了质疑，就连马可·波罗的朋友也劝他为了灵魂的安宁，应该删掉一些离奇的描写，即使它们是事实。

1829年，德国学者徐尔曼指出《马可·波罗游记》是一本冒充的游记，事实上它是一本虚构的传奇故事，而且他还对马可·波罗究竟到没到过中国产生了怀疑。徐尔曼觉得马可·波罗最远不过到达过大布哈里亚境内（意大利人常到的游历之地）。最后，他对《马可·波罗游记》的真实性也产生了怀疑。他觉得，这本书是编者借马可·波罗的名字写的，编者说马可·波罗侍奉元朝皇帝忽必烈17年之久，简直就是荒唐的谎言。

他的观点一提出，引发了很多学者的思考，大家投入到马可·波罗到没到过中国的深入研究中，大部分人认为马可·波罗确实到过中国，只是书中的确存在着一些问题。

还有很少一部分学者认为，马可·波罗只到过中都（北京），书中对中国各地的描述都是他在中都听到的。

1965年，德国史学家福赫伯宣称，马可·波罗是否到过中国，这是一个还没有解决的问题。1982年4月14日，英国人克雷格·克鲁纳斯明确地指出，马可·波罗只到过中亚国家，他在那里和从中国回来的波斯商人或土耳其商人一起聊过中国。他很有可能依据某些已经失传的"导游手册"，添上一些口述的传奇故事，写成了《马可·波罗游记》。在阐述观点的同时，克雷格也为这些观点提供了证据：第一，中国所有的史书资料中，没有关于马可·波罗所说的他在中国任职17年的资料；第二，书中竟然没有关于中国最具特色的茶文化和汉字的记述；第三，书中的很多统计资料很可疑，中国原本丰富多彩的景象在书中却很朦胧，而且连最基本的蒙古皇帝的家谱也混淆了。最后一条，也是最重要的一个证据，书中出现的中国地名大部分都用的是波斯人的叫法。

这些证据让人们不得不相信马可·波罗没有到过中国，但我国学者杨志玖教授对此提出了反对意见。我国的《永乐大典》中对当时事件的记载与《马可·波罗游记》中的记载完全吻合，而且还可以从《永乐大典》中确认马可·波罗一行人是在1291年离开中国的。杨志玖教授的这一研究成果，得到了中外学者的推崇和高度评价，被认为是判定马可·波罗来过中国的一个"极可靠的证据"。杨志玖教授还针对克雷格·克鲁纳斯文章中提出的四个"论据"逐一分析，作出了极有力的反驳。不过，杨志玖教授提出了《马可·波罗游记》中记述的一些错误和夸张之处，马可·波罗并不是专职作家，也没有接受过高深的教育，况且这本书是他在监狱中口述完成的，难免会有失误和夸张之处。

马可·波罗究竟来没来过中国并不是重点，重点是他的确留下了一部让世界认识、了解东方的"奇书"。

· 舒伯特终身不婚之谜 ·

舒伯特4岁学习小提琴和钢琴，而且很快超过了父兄，人们称他为"音乐神童"。

舒伯特热衷音乐。当时，从事这一职业的人，不仅收入不高，也没有地位。因此，父亲曾经强烈要求他告别音乐，否则就与他脱离父子关系，但他依然坚持。正是这种执着和坚定，才让今天的我们听到很多优美的乐曲，如《魔王》《菩提树》《鳟鱼》《死神与少女》《流浪者》等，还有他的九部交响曲中的《C大调交响曲》《未完成交响曲》，它们创造了19世纪著名抒情交响曲的新典范，仅仅这两部交响曲便足以奠定他一流作曲家的地位。

舒伯特被后世赞誉为"歌曲之王"。可令人不解的是，如此优秀的一个音乐天才，却一直过着单身的生活，一辈子都没有结过婚。照理说，舒伯特这样一位具有诗人的性格、羞怯而热情的人，他的联想力很丰富，作品中常常充满了浪漫的气息，他对爱情应该更为敏感，可为什么在他短暂的一生中，却没有得到属于自己的那份爱情呢？

根据资料发现，舒伯特是有过爱情的，他的作品《少年时期的梦》就是献给一位叫泰营莎·格罗普的女子的。但是，这个女子没有理睬舒伯特，而是嫁给了一位面包师，因为面包师的收入可以确保她衣食无忧。舒伯特还与一位歌手交往过，但最后也没有走入婚姻的殿堂。

为什么这些爱情没有结果呢？有些人把原因归结于舒伯特的相貌。

的确，舒伯特长得不讨人喜欢。传记作家们在对他的外貌描写中这样写道："他个子比一般人矮，手臂满是肌肉，手指粗而短，脸部圆得像月亮，前额狭小，脑门很大，嘴唇很厚，眉毛像两堆杂草，鼻子塌陷，没有鼻梁，鼻头上翘着，只有眼睛好看，但却被厚厚的眼镜遮住，即使躺在床上时，也常戴着眼镜。"所以，人们觉得，这样长相的男人怎么能赢得女人的芳心呢？

还有一些人把舒伯特没有结婚的原因归于他经济状况的窘迫和性格因素。

音乐在当时并不能给他带来很好的收入，他一生穷困潦倒，从未过上几天富裕的日子，他的一生甚至比莫扎特还要悲惨很多。他是一个专门作曲的人，并不能给人演奏，所以没有办法找到一份正式的工作来维持生计。虽然他出售了成千上万份作品，但那通常只能换来一顿饭钱。大家一定知道那首《摇篮曲》吧，这首世界名曲当时只为他换来了一份烤土豆。所以，他的生活只能靠一些朋友的接济，过得朝不保夕。在这样窘迫的生活境遇下，他当然没办法考虑结婚。

再来说说舒伯特的性格。从他的画像上来看，他的表情告诉我们，他的性格很内向，胆怯并且优柔寡断，他虽然喜欢和朋友聚会，但只限于一帮志同道合的音乐朋友之间。对于爱情，他表现得很谨慎，比如，他曾经暗暗喜欢上了他的学生卡罗琳·埃斯特哈赛，她是一个匈牙利贵族家庭的女儿，舒伯特考虑到自己的性格和处境，并没有向姑娘表白。舒伯特在日记中写道："当我想歌唱爱情的时候，它就会转向悲伤。""只要想到结婚，就会恐惧。""不论给予我的是爱情还是友情，全都是一种痛苦。"由此看来，他从来没有为自己的爱情打算过，也没有奢望得到别人的爱。

除了长相、性格与拮据的生活处境外，还有些人觉得舒伯特没有结婚还有可能是受贝多芬的影响。

贝多芬是舒伯特的偶像，舒伯特把他当作神一样崇拜着，舒伯特曾经说："有时候我也做过梦，但是在贝多芬之后，谁还能做什么事情呢？"可见，贝多芬在他心目中非常神圣。

舒伯特曾经怀着诚惶诚恐的心情去拜见贝多芬，可是却没有见到，直到贝多芬去世的前一星期，他才得以见了一面。在贝多芬的葬礼上，舒伯特是举着火炬送葬的少数人之一。舒伯特临死之前唯一的要求，便是想与贝多芬葬在一起，他的这个愿望直到1888年才得以实现。

大家知道吗？贝多芬也是未婚的，他在舒伯特那崇拜的心境中，有着一种神秘主义色彩。舒伯特也许想效仿他心中的偶像，满足于现在的生活，一心创作属于他心灵寄托的音乐，不愿去想结婚的问题。

一位浪漫主义作曲家，创作了无数经典，却没有享受过爱情的甜蜜。

· 拜伦为何一生背井离乡 ·

拜伦不仅是一位伟大的诗人，而且还是一个为理想战斗一生的勇士。

乔治·戈登·拜伦（1788~1824），是19世纪上半叶英国伟大的浪漫主义诗人，在他的诗歌里曾经塑造了一批"拜伦式英雄"。他那些热情洋溢、雄浑壮阔的诗篇不仅揭露批判了资本主义社会的种种弊端，而且给法国大革命后席卷全欧洲的民族民主革命运动提供了无限的力量和精神源泉。但是，这位英雄式的人物竟然在1816年4月离开了故乡，而且到死也没有再回去。拜伦为什么要"背井离乡"呢？世界各国的文史专家对此一直争论不休，至今没得出一个统一的结论。

有人认为，拜伦离开英国的原因是因为他婚姻的变故。英国的亨利·托马斯和美国的黛娜·莉·托马斯合著的《英美著名诗人传》一书中对这种观点进行了阐述。他们认为，拜伦的妻子密尔·班克是英国社会中见识平庸的女人，她常常幻想着把拜伦改造成自己想要的丈夫形象，而拜伦又属于那种不太顾家的人，他不喜欢被约束，因此，密尔·班克的做法让拜伦不能忍受。密尔·班克在无法改变拜伦的情况下，又找来医生为拜伦做检查，她坚持表示拜伦曾经承认自己有精神病。不过，即使这样，拜伦也不见有什么改变。万般无奈之下，密尔·班克就于1816年提出了离婚，她带着小女儿离开了拜伦，而且还多次对拜伦的名誉进行诋毁。于是，拜伦婚姻生活破裂了，他的声誉也因此一落千丈。拜伦的心灵也因此遭受了巨大的打击，只能被迫流浪异乡。他想到国外去缓解压力，过自由轻松的生活。

但是，有些人认为，拜伦因婚姻变故而离开祖国的论据太过于简单。拜伦离开祖国的真正原因是英国上流社会让他陷入极度失望，因此他才选择了出走。英国著名的史学家麦考莱提出了这种观点，他觉得英国上流社会对拜伦时而支持时而反对的态度是导致拜伦出走的根本原因。我国学者范忠存先生在他所写的《英国文学史提纲》中也提出了这种观点。当拜伦的作品《恰尔德·哈罗德游记》前两章以及其他诗篇发表的时候，他尝到了一夜成名的滋味。在此后的几年中，拜伦一直享有很高的地位和非凡的声誉。但是，他与妻子离婚的消息传出以后，社会舆论界响起了一片反对拜伦的声音，让这位高傲的诗人从高处一下跌落至谷底，他饱尝了世态的炎凉和人情的冷暖。他觉得自己已经被社会遗弃了，于是决定离开祖国，而且再也不回到这个令他伤心的地方。

除以上观点外，苏联学者叶利斯特拉托娃在她所著的《拜伦》中提出了另一种观点，拜伦是由于其政治信仰与英国统治阶级不同而离开英国的。拜伦从1809年进入英国上议院后就表示了他对封建专制主义的反感，他一直希望英国能建立起像美国一样的资产阶级共和国，他常常在上议院中大胆地提出与众不同的见解，同时也经常为工人造反、破坏机器活动辩护。他常常把一些社会上层人物置于难堪的境地，很快他便成了英国统治阶级想要斩除的眼中钉、肉中刺。

此时，有人私下与拜伦交谈，想要劝阻他改变自己的政治主张，而且还威胁说如果不改变的话就要对他进行政治迫害。但是拜伦对此毫不妥协，他表示决不让步，而且说："他们的迫害大不了使我离开这个社会。对这个社会我也从来没有满意过！"因此，在无力改变现实的情况下，拜伦只能忍受着内心的痛苦离开了祖国。

1824年4月，拜伦在希腊迈索隆古翁因病离世。而他说的"永远不再回国"，也许并不是他的本意。

· 安徒生是王室私生子吗 ·

每个人的童年中，总少不了《海的女儿》《丑小鸭》《卖火柴的小女孩》……

这些故事伴着我们成长。你知道是谁创作了这些经典的童话吗？他就是丹麦举世闻名的童话作家——安徒生。然而，这样一位为孩子带来无数童年乐趣的作家的身世，却一直是一个谜。

汉斯·克里斯蒂安·安徒生出生在丹麦菲英岛的欧登塞市贫民区一间简陋不堪的小房子里，他的父亲是一个为了生计而四处奔波的鞋匠，母亲以为人洗衣为生。安徒生的童年生活很贫穷，他一直梦想着成为一名演员，可以在戏台上演一演王公贵族等有权势的人。但是，演员这条路他走得并不顺利，他遭受到的挫折很多。正在这时，他忍着巨大的伤痛开始了文学创作，以此来抒发心中的悲苦。之后，他创作了《维森堡大盗》《阿英索尔》等剧本、《阿马格岛漫游记》等浪漫主义幻想游记和《卡尔里克·克里斯蒂安二世》等历史小说。

1835年，他出版了第一本童话集，为穷苦的孩子们创造了一个美好、幸福的童话世界。从此，他一发不可收，他每年的圣诞节都会创作一本童话当作圣诞礼物送给孩子们，就这样整整写了40年，一共160多篇作品。在人们的心目中，安徒生就是童话的象征，他是丹麦人，尤其是穷苦的丹麦人最引以为傲的人物。

这是世人熟知的关于安徒生的生平简介。然而，近几年，一些权威的传记作家竟然提出了令人震惊的观点。1990年，几百位丹麦专家学者在欧登塞大学举行了听证会，这里曾经是安徒生的故乡，他们听证的问题正是安徒生的身世问题。其中一位名为延斯·约根森的历史学家在他所著的《安徒生——一个真正的童话》一书中提出：安徒生出身王族，他是丹麦国王克里斯蒂安八世和劳尔维格伯爵夫人的私生子。书中这样描述：当小安徒生出生后，因为是私生子，所以王室打算把他寄养出去，于是就找到了欧登塞市的一位穷苦鞋匠，他便是后来安徒生的父亲。延斯·约根森之所以这样说是有根据的，他觉得安徒生虽然出身低微，但后来却打入了王族的圈子，出入于皇家剧院，甚至还曾在皇家的阿马林堡宫住过一段时间，这些是一个出身于贫苦鞋匠家的穷小子很难做到的事，可见安徒生的背后一定有王室的人支持着。

无独有偶，丹麦作家皮特·赫固也列举出了另一条证据。1848年，一位海军上将的女儿亨丽艾特·吴尔弗曾经在一封信中提到，安徒生发现自己似乎是王室之后。

当然，也有人拿出了反对的证据。安徒生在《我一生的童话》这本自传中，并没有提到过自己出身为贵族，而且连一点暗示都没有。在安徒生受洗礼的教堂资料中清楚地记载着："1805年4月2日星期二，凌晨1时，鞋匠汉斯·安徒生与其妻安娜·安德斯达特得一子。"

听证会的讨论仍然继续着，为了弄清这位世界著名作家的身世之谜，丹麦著名历史学家塔格·卡尔斯泰德获得允许，查阅了克里斯蒂安八世的私密档案，其中还包括这位国王的信件和日记。可以了解到国王的确有私生子，并把孩子寄养在别人家里，孩子长大后会给他在王室安排工作。但是档案中并没有找到有关安徒生就是私生子的记载。

安徒生留给人们的是人类灵魂中最诚实、最美丽、最善良的东西。

· 梵·高自杀之谜 ·

梵·高的《星夜》《向日葵》是全球最著名、最广为人知的艺术品。

梵·高以独树一帜的画风、荒诞不羁的行为、惊悚离奇的举止以及热情奔放的艺术追求，成为了世界艺术史上少有的传奇式人物。也许是天妒英才吧，1890年7月29日，27岁的梵·高在美丽的法国瓦兹河畔，以自杀的方式结束了他传奇的一生。梵·高去世后，人们在为其感到惋惜的同时，对梵·高的死因也产生了极大的兴趣，总觉得其中似乎有着不为人知的秘密。于是，人们整理出了各种版本的梵·高之死的原因。

官方的说法是，梵·高死于精神病。许多资料上都说梵·高因困扰多年的精神病发作而自杀。1914年，梵·高的弟媳约翰·娜出版了关于梵·高给他的弟弟泰奥的部分信件。书的序言中说，梵·高常年受到弟弟体贴入微的关怀，因为他身患严重的精神疾病，他不只是20世纪"野兽派"和"表现派"画家导师的艺术家，更是一位痴狂于艺术的殉道者。

慕尼黑著名的艺术史学家阿诺尔德认为，梵·高的病根来源于他长期严重的情绪低落、意志消沉，最终因神经承受不住压力而崩溃。梵·高长期在恶劣的条件下一刻不停地作画,他的健康受到了极大威胁,甚至常常会大白天出现幻觉,晚上又噩梦纠缠,他的心里总有那么一丝惆怅与郁闷,久而久之,他患上了精神病。

还有一种关于他的精神病来历的说法是,梵·高的精神疾病是因为洋地黄中毒导致的。美国著名的眼科医生托马斯·李认为,因为梵·高患有癫痫症,他的法国医生加歇就用洋地黄和顶针草来为他治疗。但是过度服用这些药物就会造成洋地黄中毒,中毒的典型症状就是神经系统受损,出现类似疯狂的症状。一个神经系统崩溃的人拿出枪来自杀,这个解释很合理,因此也就成为最官方的一种说法。

但是有些人又提出了另一种见解,他们认为梵·高并不是因精神病发作无法控制而自杀的,是因为他承受不住无尽的孤独而选择了结束生命。梵·高长相丑陋,从小就有自卑感,性格孤僻,喜怒无常,让人捉摸不透。他的这种性格和脾气使他无法与他人沟通,因此大部分人都对他敬而远之。梵·高也很少与人进行交流,因为他觉得周围的人都不理解他,对他充满敌意。再加上他的画当时还不受欢迎,生活上孤独无依,艺术上也处于困境,他不知道该怎样继续活下去,只能以自杀结束这种孤独的境地。因此,可以说,梵·高的性格可能是导致他最终自杀的根本问题。

还有一种说法更加直接,他们认为梵·高自杀的根本原因在于他经济上的窘迫。梵·高一生穷困潦倒,艰辛悲惨,在他最后的几年里,甚至只能依靠弟弟泰奥的接济才能维持生计。他一生所有的精力都用在作画上,哪怕有一点钱也会用于绘画,梵·高请不起专业的模特,他便买来一面镜子,自己做模特。他曾经在4天之内仅靠喝点咖啡度日,以致体力不支,牙齿断裂,但心志弥坚。令人心酸的是,梵·高的生前,他的大部分作品一直无人问津。梵·高曾经这样写道:"我们生活在一个我们所做的事情没有丝毫成功希望的年代,画卖不掉,即使卖很少的钱都卖不掉。这就是我们成为每一件意外事件的牺牲者的原因,我只是担心,这样的情况在我活着的时候是不会发生改变的。"

不过,也有人认为,梵·高是因为感情问题而自杀的。梵·高16岁时,曾在海牙的古比尔美术商行做小职员,之后因诚实可靠而晋升为伦敦分行的职员。就在这里,他遇见了一位令他一见倾心的姑娘——房东太太的女儿厄休拉。梵·高多次对姑娘示爱,深情款款地表达爱意,但姑娘却对他或不理不睬,或冷言相向,有时甚至还会嘲笑他,这令梵·高万分痛苦,他的初恋还没开始就破灭了。

之后,梵·高又向好几个人表达过爱意,但不是被人驳回,就是对方家人不同意,他一次次地饱受打击。梵·高迁居奥维尔后,他认识了加歇医生的女儿玛格丽特,并爱上了她,但至于是不是两人互相爱慕,这个我们并不确定。玛格丽特的女友利伯杰太太说,他们是互相倾慕,玛格丽特是很爱梵·高的。梵·高向玛格丽特求婚,但是却遭到加歇医生的强烈反对。

1927年,德国著名画家戈奇找到了加歇医生的儿子小加歇,小加歇很确定地说:"梵·高是因为失恋才开枪自杀的,我姐姐不但不爱他,而且还公开承认,她害怕这只有一只耳朵的画家。梵·高第二次给我姐姐画像时,他向我姐姐求婚,我父亲便与他争执起来,两人反目成仇。"这样看来,一连串的感情挫折的确让梵·高受到了很大刺激,最终使他抑郁、消沉以致自杀。

不过,也有人说梵·高的自杀是因为他嗜艾酒成瘾。美国堪萨斯大学教授、澳大利亚籍生物化学家兼艺术鉴赏家维·尼·阿尔诺德说,梵·高很喜欢喝艾酒,而艾酒中含有一种叫岩柏酮的有害物质,它是金钟柏树中含有的物质成分,就像我们见过的松节油一样。人们曾经对动物进行过实验,极少量的岩柏酮就可以破坏动物的神经系统,人如果长期摄入就会失去知觉,甚至引起癫痫。再加上梵·高吸烟相当厉害,香烟中的尼古丁和岩柏酮混合对人体的损害就更大。我们通过资料可以看到,梵·高在他生命的最后18个月里,经常胃痛、便秘、精神恍惚、出现幻觉,这些都是饮用艾酒的人常见的症状,那么这种状态下的人自杀也就不是什么奇怪的事儿了。

除上述说法外,还有些其他的论断。如美国的一位医生迈尔博士,根据梵·高患有青光眼而猜测,梵·高是一名画家,他怕失去最宝贵的视力而患上了抑郁症,压力越来越大,最后以自杀来解脱。再比如说,有人认为梵·高是因为过度思念母亲而自杀的。梵·高常常受到母亲的格外关怀,当他生病、挨饿或者神经极度衰弱时,母亲便会寄来烟草、奶酪饼等,他很想回到母亲身边,但是现实不允许他实现这个愿望,最终他绝望地对着自己开了枪。

梵·高的死因是一个谜,就像他离奇而又矛盾的一生。

· 托尔斯泰晚年为何离家出走 ·

托尔斯泰被称为"最清醒的现实主义作家"和"天才艺术家"。

1910年,已经83岁的列夫·托尔斯泰却离家出走了。同年11月7日,离家出走的托尔斯泰在阿斯塔波沃火车站离开了人世。

这个噩耗震惊了整个俄国乃至世界。人们在悲伤的同时,不禁要问:为什么已经进入耄耋之年的托尔斯泰会离家出走呢?人们对这个答案一直在探索着,并且各持己见,得不出一个统一的结论。

一些学者经过多方面研究后认为,托尔斯泰之所以要离家出走,主要的原因来自他的妻子——索菲亚·安得烈耶夫娜。

传记作家康·洛穆诺夫在整理托尔斯泰的生平资料时说过，托尔斯泰的晚年生活很不幸福，他的精神总处于痛苦中，引起这种痛苦的主要原因就是因为家庭不和。托尔斯泰最亲密的朋友切尔特科夫更是直截了当，他觉得托尔斯泰之所以选择离家出走，绝对是被索菲亚逼迫的，在忍无可忍之下才决定离开的。

这种观点与一些社会舆论正好相符。托尔斯泰1862年结婚，婚后一段时间，夫妻二人感情很好，但是从19世纪80年代开始托尔斯泰的世界观发生急剧转变之后，两个人的思想便无法沟通了，并且越走越远，以致彼此本来融洽的感情发生了裂变。

托尔斯泰在研究道德哲学和宗教伦理的基础上，于19世纪80年代初形成了"放弃私有财产""不以暴力抗击邪恶""用道德进行自我完善"为核心的托尔斯泰主义。自那时起，他便开始从事体力劳动，与农民为伴，过简朴的生活，以此实践着自己的理想。

托尔斯泰的理论引来了许多崇拜者和追随者，这些信奉托尔斯泰主义的人，促使托尔斯泰放弃了地主阶级养尊处优的生活方式，逾越了与普通百姓之间的鸿沟，但是也因此使他的家庭发生了巨大变化。在1885年和1897年托尔斯泰就曾经两次打算离家出走，但是矛盾毕竟没有达到那种足以决裂的程度，所以都没有真正实行，可是出现的裂痕却再也无法修补。

1910年7月，托尔斯泰找到律师秘密立下了一份有关文学遗产的遗嘱。这时的索菲亚，精神已经不太正常，她变得很狂躁，脾气也很坏，知道托尔斯泰已经立下遗嘱后，她便很急迫地想知道遗嘱的内容。10月27日的深夜，索菲亚趁托尔斯泰不注意，偷偷跑到书房里找寻遗嘱，结果被托尔斯泰发现了。托尔斯泰觉得自己已经忍耐到了极点，无法再对索菲亚容忍下去，所以他决定离开索菲亚，离家出走。这天深夜，托尔斯泰在小女儿萨莎和医生玛科维茨基的协助和陪同下，悄然离开生活了几十年的雅斯纳雅·波良纳庄园，他自己也不知道，这是他今生最不幸的一次出行。

由这些资料我们可以看到，他的小女儿是支持父亲离家出走的。这样看来，除了无法忍受索菲亚选择出走以外，子女们在托尔斯泰选择离家出走这件事情上也要负一定的责任。托尔斯泰的子女分成同情父亲和同情母亲的两派，特别是小女儿萨莎，她竭力支持父亲离家出走的做法，并且最后帮助父亲将其实施。

但是，很多人并不同意家庭原因这个观点，其中包括托尔斯泰的部分子女，他们更是对这个观点持强烈的反对态度。

俄国著名作家高尔基就是坚决反对这个观点的一个人。他觉得索菲亚在托尔斯泰生活和事业中起着不可替代的作用，占有决定性的地位。他的儿子伊利亚·托尔斯泰更是反问："难道我父亲从家里逃走，真是因为和他共同生活了48年的妻子的精神问题吗？"所以，他们觉得托尔斯泰最好的朋友切尔特科夫才是直接责任者。

托尔斯泰19世纪80年代观念突然转变时，对他影响最大的人就是他的亲密朋友切尔特科夫。切尔特科夫原本是上层贵族的军官，一直做得非常出色。但是他毅然抛弃了军职，舍弃锦绣前程，回到自己的庄园和农民在一起生活，并把部分财产分给农民。这种共同的道德理想把两个志同道合的人紧紧联系起来。托尔斯泰在日记中这样评价他与切尔特科夫的关系："他和我简直就是心有灵犀。"

从1883年开始，两人的关系就一直很好，直到托尔斯泰去世。托尔斯泰说过，他与切尔特科夫的这份友谊是任何人都比不上的。之后，在托尔斯泰手稿的收集、作品的出版、思想的传播等方面，切尔特科夫都做出巨大的贡献。

除了思想之间的交流与传播外，切尔特科夫也介入并干涉了托尔斯泰的家庭生活，上文所说的托尔斯泰秘密立下文学遗产遗嘱这件事，与切尔特科夫就有着密切的关系，他直接导演了托尔斯泰文学遗产继承权之争。

切尔特科夫劝解托尔斯泰从"放弃私产"的原则上直接推导出"非版权所有"的主张，以现在的话来说，就是他让托尔斯泰放弃自己的文学专利，有关托尔斯泰的作品，任何人都可以免费出版、转载或者修改等。所以，托尔斯泰听从了切尔特科夫的建议，于1891年宣布，凡是1881年后出版的所有托尔斯泰的著作，任何人都可以免费再版。1909年托尔斯泰又宣布，任何人都可以出版他1881年以前没有出版的文稿。关于这些文稿的其他事宜，由切尔特科夫负责。切尔特科夫并没有就此停止他的理论，在1910年7月22日他拟定了一份关于文学遗产继承权的最后遗嘱，让托尔斯泰在遗嘱上签了字。这就是上文出现的索菲亚偷偷寻找的那份遗嘱，其中的主要内容是，托尔斯泰的所有文学著作、未出版的手稿及个人日记、信笺等全部由小女儿萨莎继承，如果需要出版的话，那一定要由切尔特科夫负责。

起初，托尔斯泰并没有马上同意。于是，切尔特科夫马上给他写了一封"充满了责备和控诉"的长信，然后煽动其他信奉托尔斯泰主义的人也用一些过激的言辞来刺激托尔斯泰，比如"说是一套，做和生活就又是一套"，以此来指责托尔斯泰不立遗嘱。这时的托尔斯泰，已经"感觉自己被撕成了两半"，难以抉择，左右为难，矛盾进入空前的白热化。于是，他决定逃离，在田间与农民一起搭一个茅草屋，快乐地度过余生。

由此看来，切尔特科夫与一些托尔斯泰主义者的逼迫才是托尔斯泰离家的原因。但是，如果把责任全部推到切尔特科夫身上恐怕还是不太妥当，因此有些人觉得，如果想要知道托尔斯泰出走的根本原因，那就要看透他的心灵。

托尔斯泰对人生看得十分透彻，而且他道德高尚、意志坚强，虽然已经是风烛残年的老人，但是以他年老时的文稿风格来看，让他任由他人操纵摆布是不太可能的事。假设19世纪80年代时，托尔斯泰没有因为索菲亚而生出离家出走的想法,那么遗产之争的后果也不一定会这样。所以,有人便认为,托尔斯泰出走的根本原因应该从他的内心深处去挖掘。

托尔斯泰是一位有着崇高理想的人,他的这种理想和当时沙皇专制下的严酷现实形成了尖锐对立,因此,他的精神长期处于痛苦与矛盾中,之后在压抑的精神状态下,他选择离家出走。也许他只是为了缓和一下心情,但是不幸客死他乡,这使得他的人生结局有了几分悲剧色彩。

如果时间可以重来,我们重新整理下当时的情况。索菲亚如果能理解自己的丈夫,与托尔斯泰过着平淡但美好的生活的话;如果切尔特科夫及托尔斯泰的儿女们不在一旁推波助澜,而是疏通调解的话;如果当时的托尔斯泰主义者尊重理解托尔斯泰的话,那么,一个已经进入耄耋之年的老人也不会下定决心,冒着寒风,拖着衰弱的身体走上离家出走的道路去实践他所谓的理想。

斯人已逝,如此伟大的一位作家,却用一个如此悲惨的结局做人生的最后篇章。

·"猫王"普雷斯利猝死之谜·

普雷斯利可能籍籍无名,然而提起"猫王"你一定如雷贯耳。

"猫王"的本名是埃尔维斯·阿伦·普雷斯利。20世纪50年代后期,普雷斯利以他俊朗的容貌、标志性的扭胯动作和劲爆的舞蹈俘获了人们的心,他看上去像一只猫一样在灵动地跳跃。因此,他的音乐迷们给他起了一个昵称——"猫王"。那背头大鬓角、大墨镜、挂满金光闪闪亮片的白色立领紧身衣，成为全球摇滚歌迷心目中永远的记忆。

1977年8月16日，这是一个令全世界"猫王"迷无比伤痛的日子，因为这天，"猫王"普雷斯利在他的豪宅"优雅园"中突然去世，当时他年仅42岁。葬礼非常隆重，规模也是前所未有的。到现在，许多歌迷和普雷斯利的崇拜者还会去"优雅园"追思这位摇滚乐之王。

因为普雷斯利的去世的确太突然、太离奇了，所以全世界无论是不是"猫王"的歌迷都很想知道，1977年8月16日那天，"猫王"在他的豪宅中到底发生了什么事？为什么这样一位世界巨星没有任何征兆地就去世了呢？他的具体死因到底是什么？

那天的午夜时分，"猫王"和他的未婚妻金吉尔·阿尔登曾去看过牙医，他为什么这么晚了还要去他的专业保健医生那儿呢？"猫王"的保镖说，"猫王"拥有的崇拜者太多了，他为了避免被歌迷打扰，引起不必要的麻烦，所以才会午夜出去。

凌晨5点的时候，"猫王"与未婚妻一起去了格雷斯兰大楼亮着灯的球场，打了大约两个小时的球。回来之后，"猫王"向未婚妻道了声"晚安"之后就休息了。但是，当金吉尔下午两点左右醒来时，发现"猫王"脸朝下直挺挺地趴在长绒的地毯上，全身发紫。"猫王"的私人医生尼可波罗坚持要把"猫王"送到常去的巴提斯医院。之后，主治医生对外宣布，"猫王"因药物引发心脏病致死，终年42岁。因为"猫王"在去世前一直服用很多药物，甚至要吃8种药物才能入睡，所以因药物导致心脏病致死这一结论很有说服力。

不过，当时在百姓之间还有个传言，因为"猫王"曾经作为证人出庭指证过黑帮分子的罪行，所以，美国联邦调查局曾经在"猫王"去世前派人保护过他。正是因为这一原因，那些不择手段的黑道人物把"猫王"当成了眼中钉、肉中刺，恨不得杀掉他才痛快。

还有些人认为，"猫王"被人谋杀的可能性很小，因为"优雅园"有很多保安，而且黑道人物想杀人，也没有必要费那么大的周折，所以又有人提出了另一种猜测——"猫王"是自杀的。"猫王"的继母曾向外界透露，"猫王"在去世前曾给他的父亲写过一封遗书，大概内容是说，"猫王"现在已经患了癌症，承受着很大痛苦，他不愿再忍受下去了，所以干脆提前结束自己的生命，与在天堂的母亲团聚。但这封遗书是否存在很值得怀疑，而且现在"猫王"的父亲已经去世，所以根本就无法证实这一说法的真伪。

"猫王"去世后的尸检医生在他体内发现了14种成分不同的毒品，因此还有些人认为，他很可能在死亡前一次性吸食了大量的毒品，最终丧命。

种种说法层出不穷，但官方的说法只有一个，就是药物导致心脏病发作致死。1979年，"猫王"已经去世两年了，人们一直怀疑的药物致死的说法有了新的发现。12月13日，美国一位著名法医西里尔·韦希特在一次电视节目中，第一次对公众宣布："猫王"并非死于心脏病或者其他别的什么原因，他是因为把大约10种镇定剂合在一起服用致死的。他把镇定剂胡乱混合，对中枢神经系统起了相当大的抑制作用，所以他的心脏停止了跳动。这种现象是非常可怕的医学常识错误，专业的名字叫"复方用药"，也就是说，两个或两个以上的医生，在没有沟通的情况下给同一个病人开了处方，而这个病人把两个医生的处方药品混合在一起吃掉了。

1977年10月，在"猫王"已经去世几个月后，法医杰瑞·弗朗西斯科博士举行新闻发布会，宣布"猫王"死于高血压、心脏病和心血管病。这位法医拿出了证据，田纳西大学医学院对"猫王"做了彻底的病理学分析，认为药物致死的说法就是无稽之谈。当时"猫王"的私人医生尼可波罗博士也很同意弗朗西斯科博士的结论，否认了关于他的病人用药不当致死的传闻，并且非常肯定地告诉记者："假如他使用任何药物，我都会知道的，不合理的话我肯定会制止的。"

针对弗朗西斯科博士等人的结论，法医西里尔·韦希特透露了一个鲜为人知的秘密：在对"猫王"遗体进行解剖的当天晚上，浸礼会医院曾经准备了两份同样的人体组织样本，一套样本给了法医杰瑞·弗朗西斯科博士，另一套样本则由浸礼会医院的一名病理学家送到了加州梵尼斯生物科学实验室。这个实验室是美国最权威的病理学实验室之一，但是这里的化学家分析得出的结论，与弗朗西斯科博士报告的结论完全不同。西里尔·韦希特宣称他已经得到了实验室作出的病理学报告的副本，他就是根据这份报告作出"猫王"死于药物作用这一结论的。

报告中注明，"猫王"体内已经发现了包括安定药普拉西定、苯巴比妥鲁米那、丁二烯巴比妥、鲁米那在内的多种镇静剂，而且其中致命的主要成分是镇痛药可待因，这种药对中枢神经有抑制作用。

到此为止，你一定会有疑问，这么多镇定药，"猫王"怎么可能同时服用呢？正是根据"猫王"死后身体里这些药物的含量，法医西里尔·韦希特博士认为这位伟大的摇滚大师应该死于一场意料之外的医疗事故。那些给"猫王"开出镇定药的医生犯了一个原则性的错误，他们在为"猫王"开处方时，都没有弄清楚病人是否在服用药物、服用了什么药物。这样看来，"猫王"是死于那些不负责任的庸医手上了。

西里尔·韦希特的结论引起了很大反响，几天后，田纳西州的法官将"猫王"尸体解剖的整个报告公开，这个报告证实了西里尔·韦希特提出的疑点。浸礼会医院的病理学家们得出的结论与弗朗西斯科博士所做的结论出现了很多矛盾的地方。

一、弗朗西斯科博士的结论中写道,"猫王"的心脏增大了一倍,这种异常情况证实他患有高血压、心脏病。但是,浸礼会医院的病理学家们对"猫王"的心脏进行称重后表示,死者心脏重量为520克,以身高与体重的比重来看,他的心脏正常重量应该在350克到400克之间,这样看来,怎么可能增大一倍呢?

二、浸礼会医院的解剖报告中写道,医生们检查了"猫王"的心肌,并没有找到伤痕,也没有发现盐和水的滞留,所以不可能存在充血性心力衰竭。

三、医生们发现"猫王"只是患有非常轻度的高血压,而这种程度的高血压,绝不足以严重到要了他的命。

四、脑部的检查表明没有血块、梗塞或动脉瘤,也没有中风的迹象。

五、从解剖学的角度来看,即使是完成了解剖,也没有充分的依据可以确定死亡的原因,一般情况下,只有等毒理学报告出来后才能得出结论。弗朗西斯科博士是一名法医,不可能不懂得这些常识,而他并没有等毒理学报告出来就仓促地下了结论,这是不是显得有悖常理呢?

经官方的调查资料表明,"猫王"死亡之前的7个月内,尼可波罗博士竟给他开了高达5300片的各种兴奋剂和镇静剂!结论得出后,医疗委员会吊销了尼可波罗博士的行医执照3个月的时间。

1991年,"猫王"已经离开人们12年了,病理学家埃里克·穆尔海德博士公开证实了西里尔·韦希特博士的观点,"猫王"确实是因多种镇定剂合并服用致死的,并对当时没有站出来证实西里尔·韦希特博士的观点而表示了歉意。

本以为一切都水落石出了,可是自"猫王"去世后,竟然不断地传出"猫王"并没有死,还活在世界的某个角落里的说法,这种说法得到无数歌迷的认同。

很多人觉得,"猫王"在1977年8月16日突然去世的消息,实际上是正值盛年的"猫王"不想被一些虚名所累，想要逃脱尘世、远离喧嚣的一种手段。一些确信"猫王"没死的人们还提出了他们的证据，"猫王"的一位好友曾经说过："如果'猫王'知道还有这么多的人在关注他的话，那么他也许会在某个时候重新现身于世人面前。"根据这种说法，他们相信"猫王"的死只是一种假象，等"猫王"休息够了、想通了，他一定会跳着独特的扭胯舞出现在歌迷面前。这也许是歌迷们的一种美好愿望吧。

还有些"猫王"的崇拜者制造出了一个更加离奇的故事："猫王"的歌声太过于美好了，以至于一些居住在外太空的人听到了他的歌声，很是欣赏，便委派一些外星人来地球，把"猫王"给掳走了。因此，"猫王"并没有死，而是在一个与我们平行的未知空间和我们一样生活着。

加州的一位餐馆女招待称，她曾经看到过"猫王"在她的店里买过三明治。2003年10月，又传出了一条令世人震惊的消息。一位53岁的女游客，在美国田纳西州格里斯兰见到了"猫王"。那时，这位女游客在参观田纳西州格里斯兰"猫王"的别墅时，突然一位极像"猫王"的老年男子出现在别墅里，于是她便偷偷溜进了别墅并拍下了黑白照片。她坚信，她看到的这个人肯定是"猫王"。从照片上来看，一个老年男子坐在别墅前的一辆轮椅上休息，与"猫王"长得极像，只是看起来老些，这样算来，如果这个人是"猫王"的话，他已经是68岁的老人了，当然不再像当年那么帅气、潇洒了。看过这张照片的人都很惊讶，大家都表示，如果这张照片是真的的话，那么上面的老年男子有98%的可能性就是"猫王"本人。

时至今日，每年都会有近60万人前往田纳西州"猫王"故居"优雅园"参观，他的歌声与摇滚舞将永存。

图书在版编目(CIP)数据

历史的问号 / 丁奇编著.—北京：中国华侨出版社，2015.9（2021.2重印）

ISBN 978-7-5113-5681-9

Ⅰ.①历… Ⅱ.①丁… Ⅲ.①中国历史–通俗读物②世界史–通俗读物 Ⅳ.①K209 ②K109

中国版本图书馆 CIP 数据核字(2015)第 232648 号

历史的问号

编　　著 /	丁　奇
责任编辑 /	严晓慧
责任校对 /	孙　丽
经　　销 /	新华书店
开　　本 /	787 毫米×1092 毫米　1/16　印张/23　字数/365 千字
印　　刷 /	三河市嵩川印刷有限公司
版　　次 /	2016年2月第1版　2021年2月第2次印刷
书　　号 /	ISBN 978-7-5113-5681-9
定　　价 /	58.00 元

中国华侨出版社　北京市朝阳区静安里 26 号通成达大厦 3 层　邮编：100028
法律顾问：陈鹰律师事务所
编辑部：(010)64443056　　64443979
发行部：(010)64443051　　传真：(010)64439708
网址：www.oveaschin.com
E-mail：oveaschin@sina.com